名家人文通识课

——闳约大讲坛集萃

李安源 主编

2017年·北京

图书在版编目(CIP)数据

名家人文通识课：闳约大讲坛集萃/李安源主编．—北京：商务印书馆，2017
ISBN 978-7-100-14940-2

Ⅰ.①名… Ⅱ.①李… Ⅲ.①人文科学—文集 Ⅳ.①C53

中国版本图书馆 CIP 数据核字(2017)第 160101 号

权利保留，侵权必究。

名家人文通识课
——闳约大讲坛集萃
李安源　主编

商 务 印 书 馆 出 版
(北京王府井大街36号　邮政编码100710)
商 务 印 书 馆 发 行
北京市白帆印务有限公司印刷
ISBN 978-7-100-14940-2

2017年8月第1版　　开本787×1092　1/16
2017年8月北京第1次印刷　印张17¾
定价：45.00元

"闳约大讲坛集萃"编委会

主　　任：刘伟冬
副 主 任：谢建明　黄　惇
编　　委（以姓氏拼音为序）：
　　　　　陈　捷　陈　亮　樊　波　范晓峰　金　丹
　　　　　居其宏　孔庆茂　李安源　李立新　李　彤
　　　　　李小山　刘承华　刘　晔　吕少卿　沈义贞
　　　　　宋德泳　王　晨　邬烈炎　夏燕靖　徐利明
　　　　　杨曦帆　周京新
主　　编：李安源
编　　务：李　森　彭　燕　张婷婷　张德强　万　婕　王　杨

序

刘伟冬

（南京艺术学院院长）

"闳约大讲坛"是南京艺术学院自2015年年初开始打造的高规格的人文讲坛。时下不乏央视"百家讲坛"等媒体上的精品讲坛，但无奈这些讲坛庙堂高远，师生无法面见大师而亲得教诲。故南京艺术学院设立"闳约大讲坛"，将学界泰斗、海内名流邀约至校园里，和师生们当面交流、现场互动，使师生们在聆听与对话中拓展艺术视野，领略思维魅力，接受文化和观念的洗礼。诚如玄奘学佛，读得"真经"，见得"佛祖"方为圆满。

讲坛所命名的"闳约"二字，源自蔡元培先生所题上海美专校训"闳约深美"。所谓"闳"，就是要体现讲坛的宏博广智，讲座主题并不局限于艺术学科，而是延伸至文学、历史、哲学等各人文社科领域，主张观点多元、内容并蓄。而"约"则是要慎重选择，确保每一场讲座的真知实学，要在思想上有深度，观点上有锐度，此要求可以说是和"闳约深美"的思想内涵完全契合的。讲坛的创办旨在弘扬南京艺术学院的历史文脉和学术传统，这一文脉和传统肇始于南艺建校之初，时任校长的刘海粟四方游走，为上海美专招募人才，几十年间上海美专历任校董会成员可谓彬彬济济，有蔡元培、梁启超、黄炎培、康有为、于右任、胡适等，他们都曾为美专师生带来精彩的演讲。时至今日，重温美专旧故仍能感受到20世纪之初的那一次次思想上的中西碰撞。

今天西方艺术的潮流朝着观念至上的新方向发展，观念艺术、行为艺术、装置艺术、综合艺术、多媒体艺术大行其道；新载体、新材料的艺术发展不再需要传统的技能，而更注重如何去"思考"。当代艺术强调"观念至上"，犹如中国传统文人画一样，"技道并重"可谓今古一律。艺术院校一般以艺术实践教学为主，师生中难免有重技轻道的倾向。然而艺术家区别于艺人的最重要的标准并非技法，而是思想深度、人文视野与文化修养。"眼高手低"是修业精进的前提，而"手高眼低"则是制约技艺的桎梏。"闳约大讲坛"让师生们在大师的演讲中受到潜移默化的影响，润物无声地提高自身的文化品位和艺术品格。

作为百年艺术学府，南京艺术学院应该有与之匹配的文化底蕴，在办学中体现"闳约深美"的精神，形成浓郁的学术氛围、开放的学术环境、活跃的文化生态和良好的校风学风。讲坛的设立将进一步把人文通识教育融入南艺的精神之中，这样才可能培育出更多德艺双馨的艺术名家。然而人文熏陶不可一蹴而就，"闳约大讲坛"将通过每年奉献二十场左右的各类精彩讲座，让师生们浸润在文化的浪潮之中，从而造就校园里人文日新的气象。

这次，我们精选了2015年度十七场中外学者的讲座文字，将其结集成书，一为纪念，通过文字可以帮助许多读者重温现场，去回味和感悟一场场精彩、生动的讲座；二为传播，家有"宝物"，不敢什袭以藏，需公诸同好，带来更广泛和深远的社会效应。我们力求将"闳约大讲坛"办好，以遥接蔡元培先生"应用美学之理论于教育，以陶养感情为目的"的教诲，与刘海粟先生"中国新美术兴起"之寄望。

是为序。

2016 年 9 月 3 日

目　录

考古新发现与中国艺术史的再认识 …………………… 张朋川　1
剪不断理还乱的艺术边界 ……………………………… 周　宪　36
董巨派名笔：富春卷与剩山图原貌 …………………… 傅　申　61
结庐在人境
　——中国文化视野中的陶渊明 ……………………… 程章灿　80
书法传统的前世今生 …………………………………… 邱振中　104
数码相机时代与艺术写生 ………………… 靳尚谊　詹建俊　曹意强　133
北宋文人的仿古理论与实践 …………………………… 包华石　142
笔墨审美及其理论张力 ………………………………… 丛文俊　164
歌唱与生活 ……………………………………………… 李双江　177
谁是"顾恺之"？
　——明代后期鉴藏家关于六朝绘画知识的生成与作用 …… 尹吉男　186
玺印与中国古史研究 …………………………………… 孙慰祖　194
江南文化与昆曲美学 …………………………………… 吴新雷　216
明清主要绘画流派鉴定述要 …………………………… 萧　平　224
国学与人生 ……………………………………………… 徐小跃　231
唐宋诗词与现代人生 …………………………………… 莫砺锋　240
国学如何立名 …………………………………………… 刘梦溪　254
古琴述作及其相关问题 ………………………………… 吴文光　267

考古新发现与中国艺术史的再认识

主讲人：张朋川

时间：2015年4月3日
地点：南京艺术学院图书馆报告厅
讲座主持：南京艺术学院人文学院　李安源

我这一辈子老在改行，所以很难概括出一个称号。我在58岁的时候改行当了老师，现在教龄是15年，在座的有的老师可能教龄比我还长。最初我是想当画家，于是学了9年画，后来被分配到甘肃省博物馆，做了一个考古工作者。虽然我没学过考古，但是45岁就评了文博的正研究员，当时全国文博界只有两个人在45岁评上了正研究员，我属于破格评选的。在那之后我做了博物馆的业务领导，最后58岁当了老师。由此很难说我具体是做什么工作的，但是有一点可以确定：我是从士兵干到将军，从实践上升到理论的，这是我和别人不一样的发展道路。

我曾经代表国家参加过很多国际性的出土文物展览。在日本奈良举办的"大丝绸之路"文物展，一共有14个丝绸之路上的国家参加，我是中国随展组的组长；在美国的"帝王陵墓"展中，我也是参加随展组巡展的；后来我也在考古第一线，主持过大规模的考古工作。比如这一件器物（图1）俗称"马踏飞燕"，也有人叫它"铜奔马"，我第一次参加考

图1　东汉铜奔马

古工作就遇到了国宝。大概是因为我的运气比较好,这十几年中凡是我参加的考古工作,都会发掘出国宝,因此就和考古结下缘了,可以说我是从考古一线走出来的。

考古学的研究方法包括地层学和类型学,其中类型学是针对微观事物的,所以我最早的考古工作打下了微观研究的基础。南京艺术学院有文物鉴赏与修复这个专业,而古器物鉴定就是一个非常微观的方面。每个人的学习路子不一样,我总结自己这一生走的道路,是从实践上升到理论的,也是从微观走向宏观的。另外,我觉得中国历史的发展和其他国家的情况是很不一样的。第一,古代的中国就是一个大国,有一个面向海洋的辽阔的大陆;第二,我们国家几千年来的文明有一个传承的过程,这个过程当中有过若干个小的断层,但总的脉络是传承下来的。这两点是其他国家无法和我们相比的。而我们现在对古代中国的了解,看到的仅仅是一个方面,很多东西可能还在地下,将来还会有许多新的发现。这样说来,每一次新的发现,都会对我们的艺术史带来新的认识和看法。

首先是中国古人类的产生和发展源流问题,它的时间坐标随着发掘研究的进展,不断地更新而改变。过去中国发现的最早的人类遗迹是在北京周口店。1921年,当时北洋政府聘瑞典人安特生作为地质顾问,在周口店龙骨山发现了北京人。我上小学的时候教科书上是这样写的:中国最早的人是北京人,距今60万年到40万年。后来,我们的历史课本将时间往前提了,云南的元谋人距现在170万年;但是现在我们又有了最新的考古成果:2001年在河北阳原的马圈沟遗址,发现了距今200万年的人类生活遗存,这就将中国古人类的出现时间又往前提了。在这个旧石器遗址中,用的生产工具是打

图2　马圈沟出土的刮削器

制石器，最主要的品种是刮削器，图2是马圈沟遗址出土的刮削器，是我去年在河北博物院拍的照片。

在不断的进化过程中，古人类从刮削器又发展出两种工具：尖状器和砍砸器。这就形成了我们中国远古时期生产工具三个主要的系统：一是尖状器，尖状器是以它面上的一个点，即将尖状来作为使用功能的着力点；二是刮削器，它像一个刀片，是线状的切割；三是砍砸器，是利用它的一个面来打东西。这样来看，这些虽然是最简单的原始生产工具，却包括了点、线、面这三个方面的使用功能，由此，人们继续发展出各类生产工具。比如说尖状器中，小的尖状器后来发展成了箭，大的发展成矛；刮削器后来发展成了石刀等一类切割工具；砍砸器发展为石斧、斧头等。我们现在看这三类石器很简单，但是它们却形成了中国自身的一个工具系统，而它们与外国的工具又有所区别。我们来举个例子，中国古代的武器，比如吴国的戈，方向是由上往下砸，而外国的武器是往前刺的，这就说明中国的武器的使用与外国不一样。

第二个坐标的改变发生在2009年，是有关陶器的产生的时间问题。在北京大学与美国哈佛大学、波士顿大学联合进行的江西万年仙人洞遗址考古发掘中，出土了这样的陶罍底罐碎片（图3）。

图3　万年仙人洞出土的陶片　　　　图4　大地湾文化三足彩陶钵

经检测，它的年代为两万年前，是迄今为止世界上最早的陶器，这个发现被评为当时世界十大考古发现之一。如此一来，我们陶瓷史的发展源流就要被重新加以考虑和认识。

第三是中国彩陶起源的时间。我们知道，距今七八千年时，中国的制陶技术有了很大的发展，在国内的很多地区都发现了彩陶世界。最早的考古活动是在两河流域开展的，当时的两河流域发现了世界上最早的彩陶，距今

3

8000年。我在秦安大地湾工作了6年，最后在仰韶文化地层下面发现了大地湾文化，还发现了彩陶（图4）。

大地湾的彩陶上面有红色宽彩带纹饰，经过C_{14}测定，得出的年代为距今约8000年，这就说明中国的彩陶与两河流域的彩陶年代一样早。而且我们的彩陶有自己的特点，它是三足鼎的样式。如果说古代中国有哪一种器物延续的时间最长，那就是鼎形器。它一直被使用到现在，许多大学都有，也许包括我们南艺，请问大家有没有看到南艺校门内这样的鼎？（听众：有！）从8000年前到现在，一种器物的使用延续了这么久，全世界都找不出第二种器物。这是我们发现的北方最早的彩陶，但是没想到就在前几年，杭州萧山区跨湖桥又发现了彩陶（图5），而且也是8000年前的。刚得知这个消息时我还不太相信，琢磨它会不会是彩绘陶，因为南方有漆树，有可能是漆画在陶器上面。后来我亲自去了跨湖桥的遗址进行考察，看了以后发现，这件陶片是夹炭的，上面有红色陶衣，又用白色画了太阳，这里的彩陶普遍都像这样加了白色和红色的化妆土。彩陶的陶质是夹炭陶，因为南方是腐殖土，烧后其中的植物纤维就成了炭化的物质，这样的陶质如果直接去画彩陶的话会不好看，于是加了化妆土。好比一个人脸上长了雀斑，她就涂了很多白粉，去掩盖她的雀斑，所以南方的一些陶器或

图5　跨湖桥文化太阳纹彩陶片

图6　徐水南庄头
长方卯孔木柱

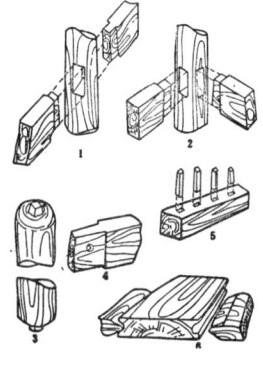

图7　余姚河姆渡木
构件上的榫卯类型

图8　河姆渡文化
干阑式房屋复原

4

者瓷器，都要加一层化妆土。比如我们的婺州窑、早期的越窑等，也都使用了化妆土，这跟当地陶土的质地有关。综上，现在不仅北方有8000年前的彩陶，南方也有了，这是考古的新发现。

在中国的史前遗址，还有一个重要的现象就是已经显示出中国古代建筑的木构框架和榫卯嵌接的特点：图6是我们最早的10000年前徐水的屋中的木构件，它有一个方形卯的孔；图7是我们宁波余姚河姆渡的将近7000年前的榫卯结构的建筑，这个木构框架和榫卯结构是我们中国建筑独有的特点。世界建筑有三大流派：一是埃及、希腊罗马的石构建筑，再有是两河流域的砖构建筑，第三就是中国的木构建筑。中国的木构建筑是以榫卯结构为特点，这就决定了中国人的房屋建造样式和居住空间，这些居住空间又决定了人们的生活方式和家具样式，以及艺术品的展示空间。所以我们要研究中国艺术史，首先要从建筑开始，否则都会是局部的研究，到不了宏观的地步。中国的建筑也分为三大流派：一是北方的木骨泥墙；二是南方的干阑式建筑（图8），现在西双版纳还保留着这种建筑；三是游牧民族的流动的毡包式建筑。

我们喜欢讲中国上下五千年的文明史，而西方的一些学者认为我们只有三千年。他们认为文明有几个标志，其中一个标志就是成熟文字的出现，但我们现在所发现的最早的成熟文字只有20世纪20年代殷墟中发现的甲骨文，而这些文字也只记载了商王世系的历史。目前我们一直在说夏、商、周，但是外国人不承认我们有夏代，因为我们拿不出夏代确凿的实物证据。因此，我们有一个很大的工程，叫"夏商周断代工程"，国家为此花了很大力气，但是考古结论不是一蹴而就的，目前我们还没有达到足以定论成果的程度。我发掘过新石器时代的许多遗址，据推断应有夏代的存在，夏代考古它正处于一个量变到质变的过程，只不过我们还没有达到能够向世界证明夏代的程度。其实现在已经有很多的考古发现都说明应该是有夏代的，比如我们发现了二里头文化的青铜器（图9）。

严格来讲，这些青铜器主要是用于祭祀的，应该叫青铜祭器，距现在3200年，相当于夏代。其中一类重要的器物就是鼎，可以它说是中国最早的铜鼎，与后来的鼎有很大不同：它的足部是中空的。这类铜鼎的前身是陶鼎，是从陶鼎发展为铜鼎的。

我们看到的这种爵（图10）是三条腿的，现在很多考古书和电影上都表述错了，实际上它是一个温酒器。凡是有三条腿的器物，下面都是要架火的。大家想，如果这是一个饮酒器，这么长一个管子，需要头仰很高才能将

图9 二里头文化铜鼎　　　　图10 二里头文化铜爵

酒倒入口；再说喝酒为什么不直接喝，而是要通过一个细长的管子才进入嘴中呢？这样肯定是错误的。爵口一头的长管是注，将温好的酒注入饮器中。

二里头遗址位于洛阳西边，我们在偃师发现了宫殿的遗址（图11）。

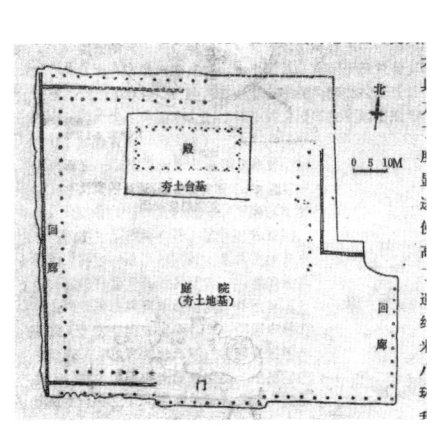
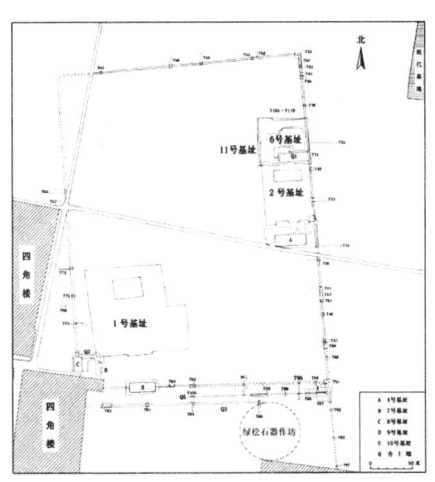

图11 二里头宫殿遗址　　　　图12 二里头宫城遗址平面图

它的宫殿包括地基、殿堂，旁边有走廊，当中有庭院，而且还有大门，这开创了中国古代建筑形制的先河。二里头的外围还发现了长方形的宫城（图12），面积有10.8万平方米，这意味着二里头时期已经出现了城市，而城市的出现也是我们走向文明的一个重要标志。这是一件二里头遗址出土的绿松石铜牌（图13）。

考古人员还发现了一个绿松石的作坊，里面有几千块绿松石。中国哪里出产绿松石呢？我们江苏省没有，很多城市是不产绿松石的，它的主要产地在湖北的武当山,在秦岭南麓的郧县、房县一带,这种绿松石的硬度为摩氏6,而河南基本没有绿松石。所以二里头时期,古人是把绿松石从很远的地方运到这里,还加工成了装饰品。这是一件长约20厘米的大型龙形器(图14):

图13　二里头遗址镶绿松石铜牌

这是把几千块绿松石磨成方片儿,再将它们镶嵌在一起,如果没有专业的高水平手工业者,单纯靠个体劳动是无法做成这样的。这些都证明了夏代时,已有高端统治者役使的大量的专业手工业者,社会已经具有了高度发达的文化水平。

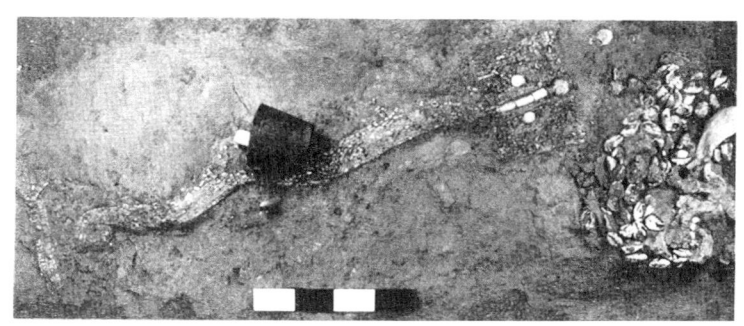

图14　二里头墓绿松石龙形器

商王朝时期的国家结构有了新的布局,中间是一个中央王朝,四方由若干个方国构成。据说商代时有三千方国,西周时候是八百方国,到了东周春秋时候变成了十几个国家,战国时候成了七个国家,最后秦统一了中国,我们中国的发展大致就是这样的一个过程。这是在商代早期出现的方鼎(图15)。我当时请教社会科学院一位研究青铜工艺的专家:做一个圆鼎要容易得多,而制作铜方鼎在工艺上要复杂得多。那么为什么要把这样一个重器做成方形而不是圆的?郑州的商

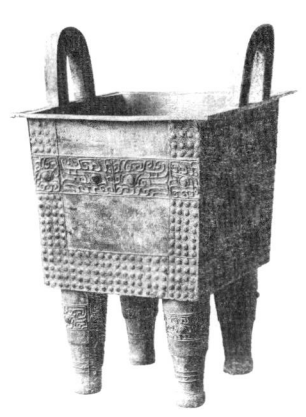

图15　郑州杜陵方鼎

城考古工程里出土了这样一对铜方鼎,叫杜陵方鼎,尺寸很大,有1米高,并且一对鼎具有相同的重量级,这充分说明了当时制铜工艺的精确性。这件器

物四面都是兽面纹，四足也装饰了兽面纹，一共是八个兽面纹，我们由此可以认为：方鼎上饰兽面纹，是为了用来威慑四面八方的方国，所以要把大铜鼎不惜工本地做成方的形制。所以对于被称为饕餮纹的兽面纹纹饰，我们有了新的解释。再有，新中国成立以后，殷墟的后续发掘中，最重要的就是妇好墓的发掘，妇好墓出土了400多件重要的铜器。妇好是商王的一个重要妃子，她能带兵打仗，是女中豪杰，她死后墓葬规格很高，这是她的墓中出土的几件青铜器物（图16、17、18）：

图16　妇好墓铜方彝　　图17　妇好墓铜鸮尊　　图18　妇好墓铜钺

这件钺上有一对老虎，虎口中含着人头。在商代的其他方国中，都出现过很多艺术水准很高的铜器。其中一个方国（有人认为这是古代的蜀国）

图20　四川三星堆铜面具

图19　四川三星堆铜立人　　图21　四川三星堆铜人首

遗址——三星堆，这里的考古发现令全世界为之震惊。

三星堆出土的铜立人，高度是2.62米，当时包括中原商王朝在内，全世界都没有如此高大的青铜人像。而四川三星堆古国和独特的青铜立人，在史书资料中竟然完全没有记载，而且这里出土的大批铜面具、铜人等也都非常令人震惊。除了四川三星堆，长江中游一些地区商朝晚期的青铜器也很发达。这是江西新干大墓中出土的青铜器（图22、23）。

图22　江西新干铜虎　　　　　图23　江西新干虎耳鼎

这件铜虎长53.6厘米，是大型的青铜兽形雕塑。这里出土的鼎在耳上都有一对铜老虎，说明这个方国存在着虎崇拜。

大家对这件器物肯定很熟悉，它现在是国家博物馆的镇馆重器——四羊方尊（图24），出土于湖南宁乡。另外一件是虎食人卣（图25），当时出土了一对，现在一件在法国巴黎，一件在日本泉屋博物馆。大家可以看到在湖南宁乡出土的这些青铜器，它们的精美程度已经超过了中原地区，很大一部

图24　湖南宁乡四羊方尊　　　图25　湖南宁乡虎食人卣

9

分原因是江西和湖南有铜矿,而中原地区没有铜矿。在商代晚期王权衰落以后,南方拥有铜资源的方国也自己铸造铜器。

到了商代晚期,各个方国的艺术都开始逐渐发展,如果没有这一段时期蓬勃的发展,就没有后来的楚文化、蜀文化,围绕这时期的许多考古成果也让我们重新认识了中国的青铜文化的发展过程。

那么,到底什么时候将青铜器叫作青铜礼器?我想应该是从周代开始的。书上把很多古代器物叫作礼器,甚至新石器时代龙山文化的黑陶也叫礼器,这是不对的,因为周代时才形成了礼制,比如天子是九鼎,诸侯是七鼎,大夫是五鼎,因此只可以把周代的青铜器叫作礼器,这是我们的新认识。到了战国时期,冶铜技术、装饰艺术又发展到了新的阶段。

图26　中山王墓四龙四凤座铜案

过去认为中国青铜艺术的高峰是在商周,现在的新看法是在战国时候。战国的青铜艺术远远超过了商和西周,下面是一个当时很小的国家——中山国的王墓出土的器物:

这是四条龙和四只凤相互缠绕(图26),上面原来是一个漆案,后来漆案坏掉了。

图27是一个错银的翼兽;图28这件虎噬鹿座是错金银的。

图27　中山王墓铜翼兽

图28　中山王墓铜虎噬鹿座

图29是湖北随州曾侯乙墓出土的青铜尊盘,它的尺寸很大,底下是一个尊盘,有专家认为它是用失蜡法铸造的,尊盘上的纹样非常精细,称得上是玲珑剔透,我们现在可以叫作精密铸造。另外图30这套编钟也很有名,

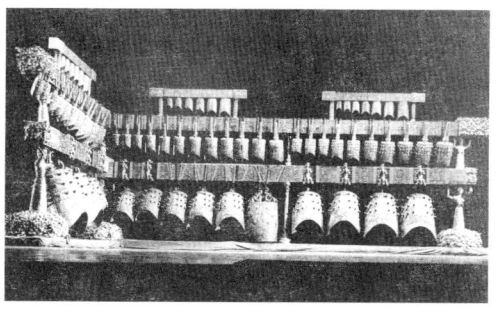

图 29　曾侯乙墓铜尊盘　　　　图 30　曾侯乙墓编钟

每一个编钟的声音都不一样，这也说明了制造铜器的精密程度。图 31 这件青铜器形状很特别，我在上课时候拿这件器物考过我的学生，今天因为时间关系就不卖关子了，告诉大家，这是"冰箱"。把这个盖子打开，中间是个罐子，里面用来放酒，周围有空间可以放冰块，再把盖子盖上用以保温，这就是冰鉴，是古代的"冰箱"。

图 31　曾侯乙墓铜鉴　　　　图 32　曲沃晋侯墓地铜鸟尊

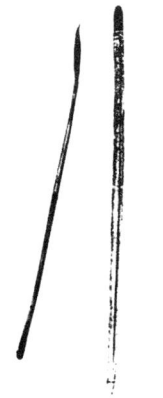
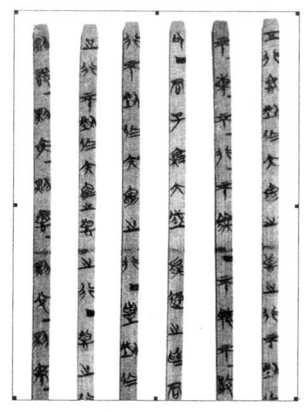

图 33　信阳长台关楚墓毛笔　　图 34　郭店楚墓竹简

图32是晋国的青铜器,是晋侯墓地出土的铜鸟尊。我刚从山西回来,这是在那里拍的照片。从这些器物可以看出,青铜艺术的高峰不是商周,而是战国。

在战国楚国时代,产生了两种书写用品,一种是毛笔,一种是木简。图33这支毛笔出土于河南信阳楚墓,笔头材质是兔毫。图34是郭店楚墓中的竹简,写的是《老子》,这件《老子》与我们现在的版本不太一样,现在的《老子》是"道生一,道生二,道生三,道生万物"。而这部《老子》竹简所说的是"水生万物",其实这种说法很科学的,生命是从哪儿来的?最早就是水生万物。这样的一根根简横穿起来是最早的书籍,我们把书写好的简用绳子编连起来,就叫"册","册"字就是两片竹简中间拴了绳子。多册放在一起,再用布包裹起来,这就叫"卷",现在说"第一卷第几册",是和过去简牍的使用和收藏形式息息相关的。竹简的出现,决定了1953年以前书本的汉字排列都是竖排的,也决定了汉字的横向的排列是从右往左,因为竹简的书写空间决定了书写是竖排的,但是很多外国文字都是横排。我们的书法、字画是用软毛笔,外国的字画是硬毛笔,这也决定了不同的艺术发展的方向。还有重要的一点,当时的一些绘画是画在帛上。

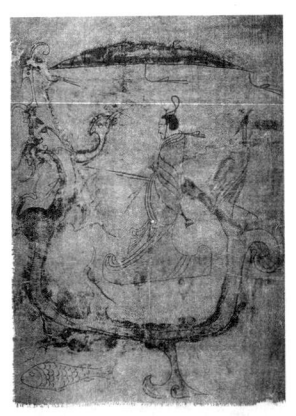

图35 战国帛画驭龙人物图

图35是新中国成立后,长沙楚墓出土的帛画,可以看出两千年前的线描功底以及毛笔的运用,说明那时候的绘画水平已经非常高超。此时还出土了一整套矮足的系列家具,我在前面提到过,中国房子的进化是从半地穴式上升到地面的,在秦安大地湾进行考古发掘工作的时候,我和我的同事们一共挖掘了200多座新石器时期的房屋,当时房屋的顶高只有1.9米左右,所有建筑的顶高都比外国石柱建筑要矮,属于比较低矮的房屋空间,所以我们中国就有了这样一种几千年来的居住方式,叫"席地跪坐"。"席地跪坐"是从黄河流域发现的,因为很多仰韶文化陶罐底下都有"席"的印纹。几千年来,一直到宋代以前,我们都是这样席地跪坐的方式,日本是学习唐朝的起居方式,所以到宋代我们坐在椅子上后,日本很多人还是习惯跪坐在榻榻米上,仍然是席地跪坐的模式。在人们席地而坐的情况下,中国产生的最早家具都是矮足,图36就是楚国的一套矮足家具。

图36　楚国系列家具　　　　　　　　图37　案

图38　鸟足案　　　　图39　俎　　　　图40　几

这组器物中有案（图37）和鸟足案（图38），切肉的桌子叫俎（图39），几（图40）是用来干什么的呢？比如说我在这里讲课，有三间房，每间房都放三张席子，就有九张席子，做九宫格的排列。我们有个成语："你看那个人真穷，穷得没有一席之地！"这个"席"就是测量我们房屋面积尺寸的一个标准。有这么九张席，我在中间对着门的靠墙中央的一张席上讲课，那我坐的这张席就是"主席"，两边的就叫"列席"。大家都跪在那里，如果今天听我讲，大家就要跪两个小时，父母罚跪也没体验过这么长的时间吧，所以这个"几"就用来在跪坐乏了的时候靠一靠，于是又叫"凭几"。中国几千年来的这一套家具，就是以人体为圆心，手臂为半径，家具直接放在地上，要用的东西都能触手可及，这就决定了家具的高度和每一件器具在组合使用中的尺寸。现在很多人做学问都从微观的角度讲，而这些从家具组合使用出发的认识是从宏观的角度，中国房屋陈设中，任何器物的展示方式都是以人为中心的。

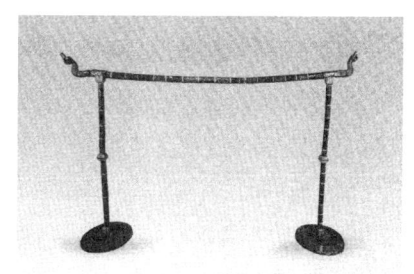

图41　衣架

图41是一个漆木器的衣架，它有很多种颜色的装饰，显示了战国时期就已经达到的高超技艺。

图42是耳杯，很多人认为它是用来喝酒的，因为它就是在王羲之的《兰

13

图 42　耳杯　　　　　　　　图 43　盒

亭序》中提到的"曲水流觞"的喝酒的觞，其实觞具有多种功能，可以用来吃饭，也可以用来喝酒，用两只手抓着长柄。收的时候把它摞起来，用盒子（图 43）装在一起，便于携带。

图 45　盘　　　　　　　　图 46　卮

漆器的历史比书画的历史要早，我们可以看出，在当时的漆器上已经可以画很流畅的线条了（图 45、46），他们使用的是硬毫的毛笔——兔毫或者狼毫，如果不用硬毫的笔是没办法用漆作画的。中国的大漆很黏稠，不能使用羊毫这样的软毫去画漆器图案，所以要用硬一点的毛制笔。

楚国人的音乐和舞蹈很发达，图 47 是跟音乐舞蹈相关的一件楚国鼓，它的巧妙之处在于利用三个支点把它支了起来，非常聪明。

现在讲到了秦，图 48 是被誉为世界第八大奇迹的秦始皇陵兵马俑。

考古新发现与中国艺术史的再认识

图47　虎座鸟架悬鼓　　　　　图48　秦陵兵马俑1号坑

西方美术史中过去讲中国古代是没有雕塑的，一提到古代雕塑就是希腊和罗马，但是自从"文化大革命"期间发现了秦始皇陵陶兵马俑后，这一观点就发生了改变。秦始皇陵的发掘工作一直没有中断，这些兵俑的身高都是1.8米，马也是真马的尺寸，数量有8000多尊，这个数据意味着秦陵这一个地方发现的雕塑，比整个希腊雕塑的总和还多，这不仅改写了中国雕塑史，

　a. 将军俑　　　　　b. 武官俑　　　　　c. 武士俑　　　　d. 跪射武士俑

  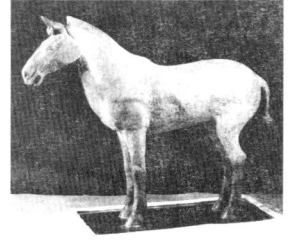

　e. 饲养人俑　　　　　f. 脸部特写　　　　　g. 陶马

图49

15

也改写了世界雕塑史。这些雕塑非常写实,脸部特写、包括头骨的各个骨骼点都非常准确(图49),另外女性衣服的质感、细节刻画等,会让人误以为是后人仿制雕刻的,8000多件雕塑中没有一件是一模一样的。

有一位研究中国雕塑史的台湾学者跟我讨论,问能不能用几句话概括中国雕塑的特点。我说如果讲古代雕塑,单打冠军是古罗马,但是团体冠军一定是我们中国,就是因为有秦始皇陵兵马俑。这是中国雕塑经过了很长时间形成的一个非常重要的特点,即会摆一个阵势,而不是以某一个雕像为主。比如不论走进哪个寺院,前面是韦陀菩萨,后面是四大天王,再进去是罗汉院,是排列有主次顺序的雕塑群体。

到了汉代,墓葬形式不断发展,人们开始用石头、砖头来做墓。因为汉武帝以后,儒家成为统治思想,儒家有一点很重要的就是"孝道",君君臣臣父父子子,这样一种关系就意味着你对父不孝就会对君不忠,而君王又是大家庭中的家长,地方当官的会叫"父母官",所以一定要提倡"孝"。汉墓中的随葬品是历代墓葬中最多的,考古人员最喜欢发掘汉墓,因为会有很多收获,最不愿发掘清代的墓,一是因为臭烘烘的尸体还没烂掉,二是随葬品也不多。汉代除了丰厚的随葬品外,一些不好用实物表现的,就画作壁画。此时的"升仙"思想非常流行,已开始讲人的灵魂会上天升仙,最多的画面是升仙的天界,这时天上仙境会在壁画中表现出来;第二是在汉武帝时期,董仲舒提倡的阴阳五行学说,其中提到代表四方的神:东青龙、西白虎、南朱雀、北玄武,这些都是墓室壁画流行的表现题材。出现最早的壁画墓是西汉早期的梁孝王墓,那里有画在顶上的《四神云气图》(图50)。

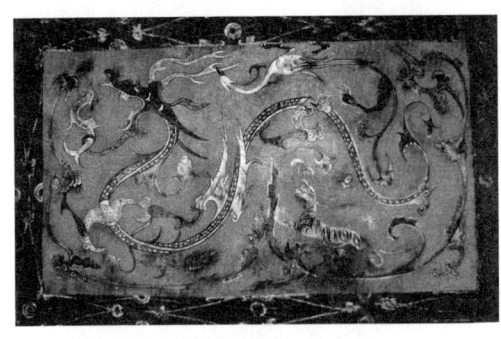 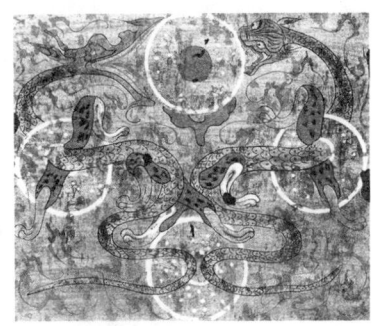

图50 梁孝王墓《四神云气图》　　图51 咸阳龚家湾汉墓《青龙白虎图》

两千多年前我们的壁画水平已经相当高,后来在咸阳地区也发现了描绘天上景象的壁画(图51),这些都是在以前美术史资料上找不到的最新的考古成果。西汉晚期到东汉,战乱纷争,产生了豪强地主,他们有自己的军队,王莽篡权之后，南阳的刘秀集结了当时的豪强地主，打败了王莽，所以东汉以后，统治者对豪强地主非常优待，随后产生了汉代的庄园经济。所以东汉时候墓中的壁画就很少画天上的内容了，壁画变为主要描绘人间，即现实生活中的庄园，比如豪强在桥上看桥下的农妇以及农人耕种的情况等。

图52　西安理工大学西汉墓《贵妇宴享图》　　图53　洛阳朱村东汉墓《宴享图》

图52是一幅贵族墓壁画，妇人们坐在榻上，周围的人席地而坐，描绘了歌舞升平的场面，这就是一个典型的庄园题材。图53是宴享图，描绘了一男一女并排坐在帷帐中，桌上摆放着一些酒器。还有一些壁画是反映车马出行盛况的，有些车马出行的场面表现得非常宏大，彰显了墓主人的身份和权势。像下面这幅图中（图54）这种中间有伞盖、四边没有遮挡的车称作轺车，一般需要有县令的官职才可以坐。县令是六百石，县长是四百石，大的县中最高官职叫县令，小的叫县长，地区一级以上的官员为二千石，县令是中干，再下来科级干部是四百石到一百石，主簿、文书、功曹相当于初级干部。六百石官职以上的人才可以坐轺车，并且有很多附加的延伸条件，比如正的省部级的官员才可以使用红色的轮子，皇亲国戚的伞盖才可以用鎏金，不同级别的人坐不同的车子。前面开道的人称为伍佰，县一级开路只能用四个人，这里他们使用了八个，意味着使用者的官职是有两千石身份的，所以他会不厌其烦地将展现自己地位的仪仗队画在墓中。

图55是密县打虎亭汉墓的一幅宴享图，主人坐在帷帐中，这是画中的一个局部，汉代的男女不同席，所以男性坐一排席子，女性坐一排席子；在宋代以前是分餐制，所以吃饭是每人一个案子，很多进食的侍者排成一队，有的拿菜，有的拿主食，轮着在每人的食案中分给各种食物。大型宴会时，还会有

图54　安平东汉墓《车马出行图》

17

图 55　密县打虎亭东汉墓宴享图

杂技表演和音乐舞蹈，壁画显示这种宴享伎乐的现象早在汉代就有了。

下面是厚葬风气下的汉俑展现。

图 56　西汉武士俑

图 57　西汉舞女俑

这是非常重要的一环。我们知道，从孔子时代开始就用俑来代替活人殉葬，孔子曾表示此时不用活人陪葬已是"礼崩乐坏"、不讲礼数了，但这也从侧面说明此时随葬俑已经是非常常见的了。这种随葬俑有几个特点，首先汉代墓的俑的数量和种类已远超过秦，东汉时候地主庄园的生活已经反映在墓中壁画上，所以人间百态都进入了此时的雕塑题材；第二是这些陶俑都是合范模制，所以外形是越简洁整体越好，如果是张牙舞爪的形象会不好脱模，并且不能太琐碎，造型简洁也便于更好地雕塑，所以形成了中国雕塑外形的特点，即都比较概括整体，这是几千年来的制模工艺带来的造型特点。细节表现得不够怎么办？就用彩绘来补充，这又是一个特点。从战国开始一直保留到现在的寺庙的雕塑一直都有彩绘，这也与希腊罗马的雕塑不同。总体来说，我们要把握中国传统工艺的特点来研究中国的雕塑。

大家看汉代的俑形象都非常概括和夸张，这里有说唱俑（图 58）、吹箫俑（图 59），还有杂技俑（图 60）。图 61 表现的是"六博"，是一个博戏，博具有点像骰子，投下去如果是有好骰面的，他就赢了，还有个配套的棋盘，赢的人可以往前走几步。

考古新发现与中国艺术史的再认识

图58　东汉说唱俑

图59　东汉吹箫俑

图60　汉代杂技俑

图61　汉代六博俑

图62　汉代舞女俑

图62是江苏出土的舞女木俑，像我们打太极拳的样子，非常生动。接下来是汉代的木雕艺术，表现技法特别概括，每一道刀法都尽显痕迹，很精彩，比如这件武威出土的木牛拉犁（图63）。另外一件是江苏出的汉代木虎（图64）。

前面已经提到武威雷台汉墓。我1965年第一次参加考古发掘就是参与雷台汉墓的清理工作，雷台墓中出土了这件非常著名的铜奔马，器物非常精美。奔马三足腾空，一足踩在飞鸟上，平衡支点约1厘米，整匹马17.5斤重，这么大的质量就靠这1厘米的支点来保持平稳；另外，它主要表现的是马的速度比飞鸟还快。我看过很多马

图63　汉代木牛车

的造型，有的马长着翅膀，身体朝前，是千里马，骑在马上的罗马伟人雕塑，马腿最多是一足抬起的。但是像这样能三条腿腾空的马，全世界就这一件，三足一抬起来整个马身就腾起来了，这样的艺术造诣是非常了不起的。

19

图 64　汉代木虎　　　　　　　图 65　东汉铜奔马

汉代还有一批生活中使用的器物，确实体现了美观与实用的完美结合。以前这两者是分开的，观赏器专用作观赏，实用器的观赏效果就会比较差，而汉代时候的器物，既具实用性，又具观赏性。图66这件器物很有名，叫长信宫灯。这是从汉武帝的兄弟、河北中山靖王刘胜的妻子窦绾墓中出土

  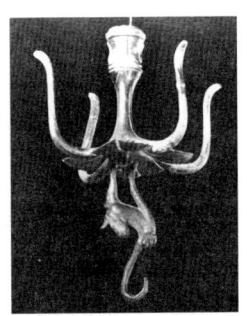

图66　西汉鎏金　　　　　　　　　　　　　　　　图68　西汉倒悬
　　　长信宫灯　　　图67　西汉铜羊形灯　　　　　猿臂铜吊灯

的，他们夫妻俩是分开葬的，窦绾是窦太后家中的女孩，许配给了刘胜，窦太后的宫殿就叫长信宫，这件器物当时就是作为陪嫁带来的，上面还有长信宫的铭文。这件灯具上方可以调节灯照方向，关键是它的铜人身子是空的，里边放水，它的胳膊相当于一个虹吸管，冒出的烟通过胳膊进入有水的铜人腹中，所以这件灯具燃灯时，没有烟冒出来，是无污染的，按照我们现在来讲是环保产品。这件器物陈列在国家博物馆中，我从八个角度拍了长信宫灯，有的器物背面是无法观赏的，但是这件器物背面也很好看。我拍器物通常都拍八个角度，在法国卢浮宫拍维纳斯也是八个角度，如果说以后某天维纳斯被破坏了，来我这里可以找八个角度的维纳斯。图67是一个汉代的羊灯，里面放油，把盖子打开，它就在这灯架上。图68是一个吊灯，上面是莲

花，下面是只长臂猿，长臂猿的一只胳膊往下一弯就变成一个钩子，现在哪里有艺术构思这么好的吊灯设计啊！

 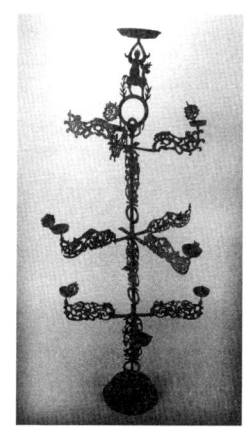

图 69　西汉铜鸟形座　　　　图 70　东汉铜连枝灯

图 69 是一个大雁形的灯。旁边这件是连枝灯（图 70），总共有两米高，所有的叶子和灯架都可以拆开，分别装进箱子，用的时候再重新组装。所以，汉代是器具设计想象力非常丰富的时代。

现在讲到最后部分，多元整合的魏晋南北朝艺术。

图 71 是嘉峪关魏晋壁画墓，嘉峪关壁画墓的发掘是我参加完雷台墓发掘后的考古活动。这时候"文化大革命"开始了，我的出身不好，造反派组织不好参加，后来听说嘉峪关在戈壁滩发现了一座壁画墓，当时人们都不愿意去，因为那里是荒无人烟的地方。当时问谁愿意去，我说我去，问为什么你去啊，我说我是壁画专业毕业的，学壁画的，我不去谁去啊。那时候阶级斗争太厉害，我出身又不好，到那个地方就没人管了，最后就让我就去了。运气真是好，嘉峪关挖了 8 座墓，6 座是魏晋时期的壁画墓，一共发现了 312 幅壁画。我在戈壁滩干了一年，没有地方住，只有住在驴圈里头，用土坯砖搭成床腿，上面放个门板就是床了，铺上稻草，被子是从旅馆租的。没有门，用麻布袋当门帘，就在这样的条件下干了一年，但是我心里很高兴，挖的墓里面有很多壁画，壁画内容很丰富。后来我就学着写发掘报告，1971 年《文物》月刊复刊，没人教我写发掘简报，就自己去酒泉图书馆借以前的文物参考资料，学人家的发掘报告，按照格式依样画葫芦。我当时 30 岁，1972 年的发掘简报就刊登在《文物》杂志上，我后来又写了一篇论文，也发表在《文物》杂志上，北大考古系的主任宿白给我审的稿，直到今天我还保留着他用铅笔为我批改的稿子。这么一想，我当时改行做考古是命中注定的，这时我

图 71　嘉峪关 3 号墓

图 72　嘉峪关 5 号墓《信使图》

也很难再选择做其他的工作了。

　　现在有没有人带着邮政储蓄卡？卡上面就有这个信使的图像（图 72）。我与这幅《信使图》壁画有着神奇的缘分。当时我们挖的一座大墓是 3 号墓，里面有 100 多幅壁画，3 号墓上面是一个大的封土堆，旁边还有个小封土堆，底下应该有小墓。3 号墓古代时候被盗过，盗过 3 号墓之后打了一个盗洞又进入旁边的 5 号墓，我们发掘 3 号墓时发现了这个盗洞。当时我比现在还瘦，别人都爬不进那个盗洞，一试只有我能爬进去，于是我顺着盗洞从 3 号墓爬到了 5 号墓中，一进去 5 号墓就看到了色彩鲜艳的壁画，我拿着大手电筒一看：哎呀！这个墓好精彩！还有那幅引人注目的《信使图》壁画。出来后我就跟大家汇报，说这里的东西很精彩。后来又组织人从上面把这个墓发掘了出来，这张《信使图》的图像，除了我们邮政储蓄卡封皮用，日本奈良的邮电局也用这个做招贴。嘉峪关壁画墓中有许多描绘现实生活的壁画（图 73、74）。

敦煌也发现了魏晋时期的壁画墓（图75、76）。

敦煌从魏晋时期就出现了壁画墓，所以敦煌有画壁画的传统，这种画壁画的传统一直延续到了十六国时代。看到敦煌魏晋墓室壁画有如此成熟的技艺，可以得出结论，这里一定有一批专业的画工。我们在河西地区发现和清理了超过一百座的壁画墓，此时的壁画从简单逐渐走向写实与精细，这些发掘资料填补了中国美术史魏晋绘画实物资料的空白，为前敦煌艺术的研究做了很好的铺垫。

图73　嘉峪关5号墓《炊庖图》

图74　嘉峪关5号墓《狩猎图》

图75　敦煌佛爷庙湾《抚琴图》

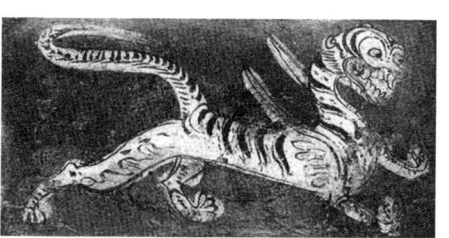

图76　敦煌佛爷庙湾《白虎图》

在嘉峪关新城魏晋壁画墓发掘之后，又发掘了酒泉丁家闸十六国时期大型壁画墓。

图77　酒泉丁家闸《击掌起舞图》

图78　酒泉丁家闸《奏乐图》

图77是几位乐伎坐在席子上演奏，其中的一个双手拍击鼗鼓，乐伎的弹奏击拍很激烈，头上的发髻在飘扬，非常生动。当时这里叫"凉州"，唐代乐志中提到，凉州乐是非常重要的，它和中原地区的乐舞存在很大的不同。中原地区以丝弦乐为主，古琴、瑟等乐器适合演奏慢节奏的乐曲，而西凉乐乐器演奏是以鼓来掌控节奏的，鼓属于打击乐器，所以有鼓乐的舞蹈一直是快节奏、慷慨激昂的，比如新疆的手鼓一响，没有缓慢的，一定是快节奏的舞蹈。敦煌墓室壁画中，有的人物手里拿着麈尾扇。麈尾是一种大鹿身上的硬毛，是魏晋时期文化人的标志。我以前见过老照片上的朱德总司令衣服口袋上插一支钢笔，那时候插一支钢笔说明是文化人，现在没人插钢笔了。魏晋时拿麈尾扇代表着是文人名士，大家可以去看鲁迅的一篇杂文《魏晋风度及文章与药及酒之关系》，他讲当时玄学盛行，人们爱辩论。道教中有两个流派，一个是符箓派，就是张天师拿着宝剑，写个符，用以捉鬼；还有一派是炼丹派，一说是可以长生不老，大家都不相信，另一说就是强身健体。当时最有名的服用品叫五石散，跟我们现在的摇头丸有点像，吃了后人会非常亢奋，身上发汗，辩论时就来劲了，慷慨激昂。那时候天很热，辩士把衣服一脱，又因为出汗，苍蝇蚊子就围了过来，于是就产生了麈尾扇，用来驱赶蚊虫，还可以用作辩论道具。从此麈尾扇就成为名士的象征，图78这幅壁画上主人手持麈尾扇就是为了标榜墓主人有文化。

　　最后进入这次讲座的尾声，北朝有许多考古发现是令人耳目一新的，我们需要重新看待北朝的文化艺术。我们在南京习惯于讲六朝文化，东吴、东晋、宋、齐、梁、陈，所以正史中讲，江南是文化重地，虽然打仗打不过北方，但是文化更先进。这里出了两个了不起的人物，一个是书圣王羲之，一个是画圣顾恺之，但是我们留下来的六朝绘画雕塑艺术并不多。在南京和丹阳等地，最有名的就是南朝大墓中的竹林七贤的砖画，现在藏在南京博物院；丹阳的辟邪石兽等也代表了这一时期的艺术水平。但是这些雕塑如果和北方

图79　娄睿墓《出行图》

的石窟寺放在一起，比如敦煌莫高窟、炳灵寺、麦积山、北石窟寺，再到大同的云冈石窟、洛阳龙门的宾阳三洞、邯郸的响堂山、太原的天龙山，相比之下南京的栖霞山石窟就显得小巫见大巫了。那种规模和气派是北朝留给我们的，但是，我们万万没想到新发现的北朝壁画墓的绘画水平也很高：

图79是山西太原娄睿墓中的壁画，是在墓道中画的。这个墓曾经被盗过，所以墓主人的图像受到了破坏，但是墓道中的壁画就有大概30米长，画中人物有几百人，非常宏大的场面。为了我们能够近距离地观察，山西博物院将整个壁画搬到了地下室的库房。壁画中这种人物的表现技巧，包括人物面部的表现角度都是不同的。

图80　娄睿墓《出行图》（局部）

图81　娄睿墓《出行图》（局部）

在文艺复兴以前，欧洲中世纪的绘画都是正面人物，两脚八字叉开，最有名的就是索菲亚大教堂的一排国王、王后像，都是正面像。但是这些北朝壁画却能画各个不同角度的人物，汉画描绘的是具有装饰效果的剪影，但是此时北朝能表现多角度的人物形象。其中有一米多高的人物像，大家看这个人物面部（图82）刻画的几个要点，鼻骨和脑门的轮廓的勾线都非常准确而肯定，胡子的刻画尽显了飘逸的灵动感。以前我们只知道唐代的画很精美，没想到北朝的绘画水平也很高。

图83是太原原地保留的北齐徐显秀墓中的壁画，壁画场面非常宏大，可以说当时全世界都没有这样的绘画水平。所以现在的中国美术史远远不是过去所讲的美术史，我们每年都有新的考古发现，会不断展现完

图82　娄睿墓《侍吏头像》

图83　徐显秀墓《宴享出行全图》

图84　徐显秀墓《宴享图》

全不同的中国艺术史。

　　这幅壁画表现了一群人，后边有一组屏风画，旁边有站立着弹奏乐器的女子，像现在的女子十二乐坊。上面是覆斗形的帐，《孔雀东南飞》里面提到过覆斗形的帐，这里有了图中的形象资料。站立在帐前左右的两位女士，跟现在朝鲜族一样，是束胸，不是束腰，它们后来演变为隋唐的女装，隋唐女装就是束胸的，到宋代时候变成了束腰。唐代的女性很多是会骑马的，杜甫有一首《丽人行》的诗，讲的就是杨贵妃一行骑着很漂亮的马走在街上，被很多人围观。汉代时候的袍服是无法骑马的，因为袍子坐不上去，所以游牧民族的袍子一是短，二是开叉。满族女子的旗袍开叉是因为她们入关时候也骑马。大家以为开叉是在表现其他的一些意义，这是错误的理解。从这幅图还能看出北齐的女性穿着靴子，因为普通的鞋是无法踩稳马镫的，她们还穿石榴红的裙子、露着肩膀，然后再披一块很宽的薄纱，现在我们流行的宽披

图85　徐显秀墓《出行图》

图86　徐显秀墓《侍女图》

肩,中国在一千多年前就有了。

图 85 也是一幅出行图,上面的扇子是用孔雀毛做的,非常漂亮。大家注意旁边这幅画(图 86)中的女性,她戴着假发套,假发套还有根绳子垂下来,就像我们现在香港法官戴着的假发套一样。她穿着的锦服上面有一圈联珠纹,这是波斯锦,因为当时中国的丝绸传到了波斯,于是波斯人也学会了织锦,鲜卑人就特别喜欢波斯锦。

图 87　九原岗墓门墓道

图 88　九原岗《凤鸟天马图》

前年在山西忻州九原岗北齐墓,发现几十米的墓道都画满了壁画(图 87、88),画上的大门建筑表现的是新的一种斗拱方式,非常宝贵,据说以前从没发现过。壁画分为三层,上面是天上的神仙,中间是狩猎图,下面是仪仗队。

图 89 是山东临朐县的崔芬墓,是北齐时候的壁画墓。大家注意,这幅壁画中描绘的是男性墓主人两手摆开的动作,后来有相传是阎立本画的《历代帝王图》,其中的晋武帝的姿势,和崔芬墓壁画上主人的姿势一模一

图 89　崔芬墓《出行仪卫图》

样,这就说明帝王图中的晋武帝早有所本,因为北齐壁画要比阎立本的画早很多年。后来我发现,宾阳洞里的帝王图也是这样双手摆开的动作,穿着宽袍大袖的服装,因为这样的姿势摆开后,两个袖子垂下来会显得形体庞大,很有气势。

还有一种是北齐壁画墓里出现的屏风画,尤其是成双数的折叠屏风,这是崔芬墓中的屏风式壁画(图 90)。这时屏风人物画的模式就是一棵树下画一个高士,我们南京博物院的竹林七贤还配了一个荣启期,荣启期不是贤

人而是仙人，他与其他七人是没有关系的，但是为什么要配成八个？因为当时的屏风都是双数，为了组成一个八扇屏，用他凑份子的。大家注意竹林七贤的每一个人后面都有一棵大树，我们可以把整幅画裁成八条屏风，所以它是八个屏风合成的作品。这样如果八扇摆开，每一扇都有一棵树，就很具装饰性，比较整齐。

西安的安伽墓出土了一个石床（图91），旁边是折叠的屏风（图92）。从细节图可以看出当时屏风的最早样式是画

图90　崔芬墓《树下贤者》

图91　安伽墓《围屏石棺床》

图92　安伽墓《彩绘屏风》

面分上下两部分，后来到唐代屏风画的画面发展为上中下三个部分，很具装饰性，到北宋时候才开始打破这种屏风画的装饰性构图，所以构图方式是不同时代发展的产物。由于新的考古发现，对后来包括卷轴画的由来以及演变形式，提供了许多非常好的资料，这是以前的美术史没有涉及的范围。

另外还有一点，北朝佛造像是在变化中发展的。概括来讲，第一时期是"二手"的佛造像，它们不是从印度来的佛造像，而是通过中亚传播来的"二手"佛造像。中亚的亚历山大打到了阿富汗，被帕米尔高原所阻挡，没有东至新疆，但是把希腊的艺术带到了中亚地区。希腊与传入中亚的佛教艺术相融合，产生了犍陀罗艺术，所以最早的佛像是穿着希腊式的大衣，留着希腊式的胡子，头上是卷发，和印度人是不一样的。综上可知，传到中国内地的佛像并不是来自印度的原生态的佛像，而是"二手"的犍陀罗样式。到了北魏时候，孝文帝的母亲是位很能干的汉族人，叫冯太后，孝文帝因此受过很好的汉文化教育。孝文帝下令将鲜卑族的服装取消，一律穿汉服，并且大力

推行汉文化，这就到了第二时期。此时的佛再不穿希腊式的大衣了，而是穿上了宽袍大袖的汉服，从皇帝开始自上而下皆行汉化，所以这时的造像并不是受南朝士大夫的影响。据史书记载，当时南朝20多次向北朝进贡，因为南朝打不过北朝，只好进贡求和，甚至将太子作为人质送到北朝，所以南朝士大夫的装束是不可能改变北朝佛像的装束和形象的。

a. 北齐青州佛造像 　　b. 北齐青州佛造像 　　c. 北齐青州佛造像 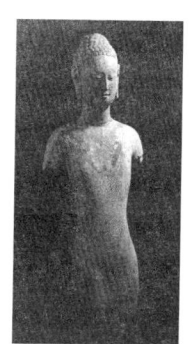　　d. 北齐青州佛造像

图 93

接下来到了北齐，这是我们发现的山东青州的佛像（图93），共有400多尊，这些佛像的特点是薄衣贴肉，属于地道的印度风格，过去讲的"曹衣出水"，就是形容人像从水里出来一样。东晋有个僧人叫法显，他留下来一本《法显传》，他去西天取经比唐僧要早，《佛国记》说现在拿到的佛像都是"二手"的，于是他就说一定要到印度找到原生态的佛像。他走了三年才到印度，回来时候因为走陆路太远，想改走水路从印度出发，想到广州登陆，结果一场台风把他刮到了山东青州，这就是法显带来的原生态的佛像。至于

a. 北齐河北邺城佛造像 　　b. 北齐河北邺城佛造像 　　c. 北齐河北邺城佛造像

图 94

为什么孝文帝时候佛像会改变，是因为当时的汉化政策受到了鲜卑贵族的强烈抵制，尤其是北齐的"去汉化"，北魏晚期佛像的"宽衣博带"、"秀骨清相"，北齐佛像已不再沿用。

在 2012 年，河北邺城遗址的一个埋葬坑令人震惊地出土了 2895 尊佛造像（图 94），这一个坑里的佛像比希腊罗马的雕塑加起来还要多，并且大部分是用汉白玉制作而成的。我专程去了一趟邺城遗址进行考察，那里出土的佛像多用河北曲阳产的汉白玉制成，所以这一批佛像比青州的佛像规格高。最早时候，邺城是曹魏首都，后来将邺城扩建，成为北齐的首都，邺城成为中国第一座南北中轴线走向、宫殿在后、前面是各个小区的城市，奠定了唐长安城的建筑格局，可见北齐是非常了不起的。我们也许会提出如此多的汉白玉为什么陈列摆放在寺院中等一系列问题，所以，中国北朝的艺术史，不论是绘画还是雕塑，都值得去重新认识。其中有一个佛头，当时看就觉得漂亮极了，非常美。中世纪的时候，欧洲圣母脸上什么表情都没有，她是神，没有凡人的气息，是文艺复兴时期的拉斐尔把圣母人性化了，而我们的菩萨很早就人性化了，从北朝开始，我们的佛像已经面带微笑。

图 95　北魏青釉瓷碗　　图 96　北魏白釉瓷杯

图 97　北齐绿彩白釉长颈瓶　　图 98　北齐绿彩黄釉罐　　图 99　北齐三彩白釉碗

最后一点，北朝时候产生了彩釉白瓷，揭开了陶瓷史的新篇章。这是近年在河南的巩义窑出土的白瓷（图95、96、97），以前我们讲最早的白瓷是从隋代开始的，现在提前到北魏了。以前越窑的胎土是比较发灰的，这里却是白的，邢窑的土就很白。外国与中国对瓷器产生的时代的看法是不一样的，外国人认为中国的瓷器史是从隋代开始的，它的瓷土是白的，有的白瓷是透光的，我们认为青釉瓷器是在东汉产生的。但是现在我们的白瓷的产生提前到了北魏，到了北齐不仅出现了白瓷，而且上面出现了彩釉，有的在黄釉上又上彩釉（图98），有的瓷器上又有两三种颜色。图99就是安阳相州窑出土的三彩碗，将我们三彩的时代提早到了北朝。很多东西的坐标点都发生了变化，很多都要重新认识。瓷器上施黄釉有两个目的，唐代的一些黄釉瓷是仿金器的，到明代时用黄釉瓷做祭器，皇帝祭五方时，祭中间的一方使用黄色瓷器，于是也有霁红祭南方，霁蓝祭西方，还有白色和黑色，所以五方使用不同颜色的祭器，开启了我们彩釉的时代。我的讲座就到这里，谢谢大家！

提问与回答

李安源： 时间过得非常快，张教授的精彩演讲马上就要结束了，可以这样讲，用考古图像来介绍中国的历史文化艺术，在我看来除了张教授，实在找不出第二位合适的人。更难得的是，张教授讲的历史不同于我们平时书本上看到的，而是通过他的实践与经验得出的，他所讲的历史、文化与艺术，都是值得我们重新审视的。如果我们今天写中国文化史，通过这些考古新发现，我们可以展现一个焕然一新的世界，与过去我们的阅读是完全不同的。张教授的研究方法是从实践到理论，我觉得每一个做理论的人都应该从实践入手，再有就是从微观到宏观，我们能感受到张教授是非常渊博的学者，但他也讲述自己是从微观做起的。今天在座的有很多老师、博士生、研究生、本科生，我想大家肯定有很多问题想请教张朋川老师，大家可以举手提问。

听众： 张老师，您好！感谢您从考古发现与艺术史的角度为我们带来一场非常精彩的讲座，我是从苏大艺术学院毕业的，现在在南京博物院工作，也在南艺人文学院做兼职教师，所以我想从个人角度向您提些问题。我们是艺术学科背景出身的人，在博物馆工作，也从事一些考古发掘方面的研究，我觉得我的学术历程和张老师差不多，那么我们艺术学学科背景的人在博物馆应该持有一个怎样的研究目标和方向，怎样才能更适合自己，包括平时应该更注重哪方面来发挥特长、弥补不足，需要在博物馆中有怎样的一个定位和发展？因为张老师这么多年来从事博物馆事业又有非常突出的成绩，希望您能给我们一些经验建议，谢谢！

张朋川：我了解到你最近在做一些大遗址的保护工作。首先，博物馆顾名思义是以物质藏品为主的。作为一件物品，只是一个点，我们保管人员会接触到更多的物品，这些点都有很大的局限性。我们在做点的时候，就应该注意到器物共存的情况，它和哪些东西组合在一起，不应该孤立地去看事物。第二是做遗址时，这些可移动的文物原先是放在怎样的空间、环境中的？我曾经举过一个例子。我有一段时间在研究彩陶，现在博物馆陈列的彩陶都是放在柜子里，实际上当时原始人的彩陶不是这样放置的。中国产生桌椅是很晚的，大概到南宋时候渐渐使用桌椅了，以前彩陶都是放在地上，所以人们看彩陶最好的角度是从上面往下看。有一次我给大家放彩陶图案，用了很多从上面看彩陶的样子，都精彩极了，甚至比正面看彩陶都精彩，大家就明白了，原来我们看彩陶最好的位置是从上面看。所以，这样一件器物，需要我们放在当时的空间、环境中，尤其是大的遗址中看。外国的艺术学一定要讲建筑，西方艺术史一定会讲希腊罗马建筑、哥特式建筑等，宗教绘画大多都放在教堂建筑里面。可是我们中国美术史是不讲建筑的。我们美术史中文物艺术品当年是怎样摆放和收藏的？给谁展示？在怎么样的环境中观看？等等，每一种艺术品产生的形式，都是在一定的人、环境、使用方式里产生的。比如我就写过一篇文章《中堂是怎么产生的》，就是由于我们了解到在明代晚期时候，苏州大户人家有了砖墙，苏州西山和东山的明代建筑里面是有砖墙的，苏州在明代有给北京皇宫烧砖的窑，后来大户人家也有了砖墙，一个大家庭，四代人住在里头，木板的房子是不隔音的，我小时候住在南京的旅馆，都是木板的隔墙，旁边屋子里的任何举动都能听得到，这样一个大家族如果都住在木板房是不行的，而砖墙隔音效果好，而且将房子分成各种格局。关键是我们之前的大屋顶是用柱子承重的，我们的木构建筑盖不了太高的房子，是因为就靠这几根大木柱子承重，有了砖墙以后就承担了一部分木柱承重的使命。所以到了明代晚期时候，东山西山的厅堂的高度要到4米以上。以前我们的条幅画是放在屏风上的，厅堂变高后，原先的屏风和屋高就比例不协调了，于是把可移动的折叠式屏风，大多是六扇屏，放到后面作为顶天落地的背屏，现在看我们的拙政园等厅堂的背屏，都是六扇屏组合成的，厅堂出现了高大的背屏，过去条屏画的尺寸放在背屏上是不行的，所以就要画3米以上的大幅书画，像常州博物馆里的文徵明的书法，高达3.2米，就挂在厅堂背屏上面，所以这类字画也称作中堂。后来我做过一个统计，明代后期的很多字画都是3米以上，因为背屏上没有那么大的画挂在那里是不行的，所以产生了新的样式叫中堂。每一个画种产生的样式都是有条件的，我只是说了其中的中堂产生的原因。其他如册页为什么会产生，为什么明代会产生折扇扇面画？每一种画种产生的背景，比如斗方画的产生，这些论文都没有人做，你们去做的话，都会充满新意的，这都是和它的建筑、环境、人际交往方式有关。《长物志》中曾谈论在什么样的房子里挂什么样的画，这说明我们不能孤立地看待一件器物，否则学问会做得很小，我们要将它外延。所以人文学院有个最大的好处，就是它是一个综合学科，是综合地研究文化艺术的学院，这比单独研究某一方面有更好的优势。

听众：张教授，您好！刚刚听了您从艺术学角度谈论考古新发现与再认识，您刚刚讲到的主要是偏重雕塑、壁画。后来，卷轴画从隋唐以后渐渐盛行，我想请教您，怎样从考古学和艺术学角度来看卷轴画？

张朋川：关于这个问题我专门写过一篇文章《卷轴画的起源》，谈了最早的卷轴画产生的背景。在汉代，汉简横向缀连成册，多册卷为一卷，就有卷了，是横向展开的。后来佛教传入，我们要抄写佛经。佛经的量很大，但是我们已经有了纸，就用纸张抄写，当时佛经没有桌子上摆的，当时叫硬黄纸，质地比较硬，最后要用杀虫的黄色染一遍，为了不让虫蛀，我们叫"染潢"。后来裱画里的"装潢"就是这个意思，将纸装起来，染上黄檗。藏经洞里一千多年的写经都没有虫蛀，就是因为加入了白芨等物质。有张相传是北齐的《校书图》，就是手持的纸很硬，可以拿在手中写。还有顾恺之的《女史箴图》中，仕女手里拿的纸也很硬。包括王羲之写在笺纸上的作品也会是比较硬的材质，不会很软，因为它不是放在桌子上的。但是佛经是写在纸上的，纸有个好处，可以一段一段拼接起来组成长卷，然后再卷起来，但是它不像竹简不怕压，所以就在写经纸卷里面夹一根棍子。我们邮寄画时，会在画里放一个筒，把它卷起来。但是放在经卷中这个轴，容易掉出来，后来就改良了，把木轴的中部削除一点，两端的轴头大一点，可以卡住经卷。我在甘肃省博物馆的时候，见到许多早期的写经，最早有前凉升平十三年的写经，所以了解早期到晚期卷轴的变化，能拿到第一手观察的资料。削这个中间低凹的木轴其实很麻烦，有聪明人想办法，在木轴条的两端加上了轴头，木轴和轴头的连接是榫卯结构的。到了北朝时候，越来越讲究，有的轴头还镶嵌螺钿，所以卷轴画的这个卷最早是手卷发展而来的，就是先有手卷，后有立轴。立轴是起源于屏风画的形式。《历代名画记》中讲到名人屏风画的酬金，吴道子画一扇屏风是多少钱？我记得是两万，阎立本等是一个档次。第二档是一万五，他们都是以一扇"屏"来论价的，没有说以卷轴画论价，所以说，在中唐那个时候，书画最主要的买卖品类是屏，所以当时唐代屏风画是最主要的绘画形式。我请我一个博士将全唐诗里头所有屏风画的有关内容摘出来，他居然找到300多首提到"画屏"的诗，像杜甫等人的诗中有直接描绘屏风画的内容。我在敦煌莫高窟曾有机会把窟中所有的屏风画量了一个尺寸，这些屏风画平均的尺寸是1.18米×0.59米，现在的四尺宣，裁成4张，大致就是这个尺寸。这个尺寸一裁二就是斗方，长和宽的比例是2∶1。我这里有几百个数据，古代传世的画基本上是这个尺寸。屏风大部分是画在绢上的，郭熙父子的画论里头讲，把屏风上旧了的绢画拆下来，再把新的绢画换上屏风去。后来我明白，绢的后面是放底衬的，这样便于日后拿下来，但是有的画是请名家画的，不舍得扔掉，就会装裱成横卷的卷轴形式。然而是把它倒过来，写经前面有隔水，还有天头、地脚，都在立轴中保留下来了，这样屏风上换下的条幅绢画就可以把它收藏起来了，这也是条屏画称呼的来历。慢慢立轴画也就兴起了，但它是在手卷的后面。艺术从宫廷走向民间，走进豪门，卷轴画才有普及的条件，立轴画也就达到了最兴盛的时候。

听众：今天确实跟张老师学了不少东西，特别是新发掘的北朝的壁画，请张老师跟我们谈一下北朝的壁画和《历代名画记》里的记载会不会有一定的关系。

张朋川：比如说刚才讲的娄睿墓，有的学者认为是北齐画家杨子华画的。我看到初唐时候，对北齐的画是推崇的，当时有彦悰写的《后画录》，里面对杨子华的评价非常高。到安史之乱后，所作的画论的看法就变了。北朝时候的北齐是非常厉害的，很多东西都是有创造性的，比如绿色的琉璃瓦是从北齐开始出现的，还有南北中轴线的城市，还有中国戏剧的"分角色"也是北齐开始的。北齐只有几十年的历史，但是文化非常昌盛。服装也开启了唐装的先河，男性袍子开始分叉，戴蹀躞带，别荷包，穿靴子。还有一点是被大家忽视的，它受了波斯的影响。因为北齐的皇帝除了信佛教以外，有个皇帝还信祆教，就是拜火教。波斯的浮雕艺术在世界范围内看都是非常好的。我们的宾阳洞里突然间出现了大型浮雕帝王礼佛图、帝后礼佛图，这些高水平的浮雕，前面没有起跑助跑的，一下子就到了高峰，我觉得和引进了外来的艺术表现手段是有关系的。对很多事情的认识要重新评估，比如在河南安阳的修定寺塔，美术史很少提到，我说这个塔是五星级的，整个宝塔的四面都是菱形的浮雕，浮雕水平之高，令人感叹。我看修定寺塔除了受佛教影响，还有很多波斯文化的影响。我们中国美术史上是很少谈论到波斯文化影响的，比如说早期敦煌壁画为什么用红色打底，很多墓门都用红色，因为波斯最流行红色。所以现在很多问题需要用更广阔的视野来看待。北齐的壁画我们也讲了，那时候就有屏风画，杨子华屏风画画的是宫廷里的生活，我们的考古发现也证明了屏风画是这时兴起的。

  张朋川 1942年生，江苏常州人。曾任甘肃省博物馆研究员，副馆长。现为苏州大学博物馆馆长，教授、博士生导师。主持过秦安大地湾等重要的新石器时代遗址的田野考古发掘工作；主持和参加了嘉峪关、酒泉等地魏晋壁画墓和甘肃古代岩画的考古工作。主要著作有《〈韩熙载夜宴图〉图像志考》《中国彩陶图谱》等。

剪不断理还乱的艺术边界

主讲人：周宪

时间：2015年4月15日
地点：南京艺术学院图书馆报告厅
讲座主持：南京艺术学院 刘伟冬

非常感谢刘院长，也感谢南艺给我一个机会，刚才刘院长的一席话让我想到了很多事。一个校长，当他有激情的时候，这个学校的发展就会很好，而且他提出了一些新的理念，这对于发展学校的文化确实很重要。我们南京大学也是一个百年老校，我们学校的领导班子也刚刚调整过，新的书记刚刚上任，提出的口号和刘院长的想法不谋而合，也是要重建南京大学的校园文化。刚才刘院长讲的一点我觉得是非常深刻的，其实，在座的各位同学，你们正在年华最好的时候，成长的这段记忆是一生中非常难忘。我和你们的院长本科是同学，我本科是南京师范大学毕业的，我是1978年考上大学的。南师那个校园给我们留下了非常深刻的印象，我想我现在就是不去南师大，那个空间在我脑海里都能呈现出来。因为毕竟你年华最好的时候，曾在那里读书、在那里学习，甚至在那里谈恋爱，很多事都是在那里发生的，所以一个校园的文化其实对一个学生的成长是非常重要的。当然光是一个物质的校园还不够，我们南京大学最近在做一些事情，我也是受校长之托，正在主持一个项目叫"南京大学悦读经典计划"，"悦"是喜悦的悦，不是阅读的阅。这个项目推出来，我们南京大学的老师通过网上评议将书目确定为60本书。这60本书是南京大学本科生四年在校必须要读的。所以，提高学生全面的文化素质，对于中国的大学生来讲已经变得越来越重要。我们学校跟南艺还不一样，我们学校的专业性更强，搞艺术的人多少要知道一点其他的，例如历史、文化、哲学、社会等。我们南京大学很多专业，比如学计算机、物理学、天文学等专业的学生很少接触其他领域的知识，所以南京大学一直有一个想法，就是把学生塑造成一个全学科的人，当然这是不可能的，你一定有你的主修，因此，我想讲座的形式就变得尤为重要。我现在在南京大学兼了一个职务，叫南京大学人文社科高等研究院的院长。我们高研院举办过很多次非常精彩的讲座。我们的讲座也从来都是不动员，你爱来就来，但是南京大学的学生还是比较喜欢讲座的，很多讲座经常都是地上坐得满满的，台上坐得满满的，学生有时候冬天坐在水泥地上，所以我也是非常感动。就像刚才刘院长所言，有时候一场讲座对于一个人的成长是有相当大的帮助的，确实是这样。在我学术成长的过程中，我也清楚地记得一些讲座对我产生的深刻影响。我就不说废话了，感谢各位老师同学来听我的讲座。

我今天讲的这个题目其实是一个很大的题目，根本不可能由我单独来完成，所以我叫它"剪不断理还乱"。因为这个事是没有结果的，但是为什么要讲这个问题呢，我觉得这对每一个学艺术的人都是很重要的。首先我们讲艺术有没有边界或者说艺术的边界是一个问题吗？其实，有的问题我们并没有去思考，有很多哲学家说过，比如有一个德国的哲学家讲，往往我们最熟悉的东西就是我们最缺乏思考的东西。大家都在学艺术，你们考上南京艺术学院，你们都知道你们在学什么，不一定真的很清楚。比如，当我问你们什么是艺术的时候，你们未必能答出来。所以，艺术有没有一个边界，它是不是一个问题，首先我们把它提出来。边界这个问题实际上是很明确的，边界就是说它有一个内和外，在边界就是它，不在边界就不是它。比如说，我们的年龄有边界，南京大学规定六十岁要退休，那这就是一个边界。比如说性别，性别有男和女，当然现在有一些变性的，比如国家地区都有边界。南艺也有一个边界，刚才你们校长也说了，他管校园内的事，校园外的他也管不了，比如说到旁边马路上，那不是他的事，他也不用管，但是校园内他要管，这是他的职责。所以，我认为边界对于任何一个事来讲是一个定性，就是规定了它是什么。如果我们这样来思考，艺术有没有呢，艺术有，或者说艺术还比较复杂，因为这个概念，我们用英文的方式来说，英文有一个大写的单数"Art"，还有一种写法叫小写的复数"arts"，那你说你讲的是哪一种艺术？如果是学美术的，美术当然就是它的边界，假如我是学舞蹈的，舞蹈也有它的边界，所以，我们在这里就碰到很多问题，因此我们认为需要讨论。在座的各位同学，你们的成长中，如果不回答、不思考这个问题，我觉得是有缺憾的。

那怎么来思考的呢，我们先来找一件作品。不知道大家熟不熟悉，这是

图1

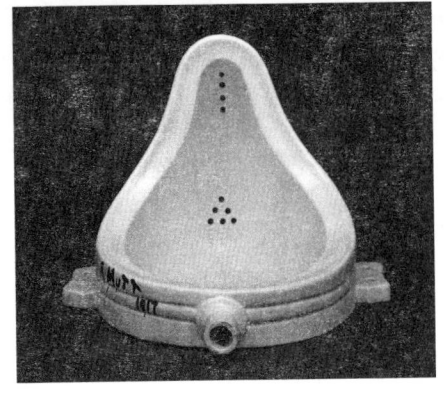

图2

图3

一个非常前卫的俄罗斯画家，叫马列维奇，这幅画的名字叫《白色上的白色》（图1）。大家看，其实什么都没有，一个方的白色上面画了一个方的白色，两个白色，当然色差有一点点，你说这个是艺术吗？这个（图2，杜尚的《泉》）大家比较熟悉了，其实这个我们不能叫艺术品了，英文一般叫"ready-made"。现成做好的一个东西，很多人讲这个东西有什么意义啊，我们在男厕所看到的太多了，到处都有。有什么意义？意义非常之大！这个东西本身并没有多少意义，但它所提出来的问题很有意义。这个我就不用讲了，大家都知道的，这是安迪·沃霍尔的《布里奥的盒子》（图3），但是这后面的故事你不一定知道。我讲一个故事给大家听，安迪·沃霍尔在美国的MoMA，也就是现代艺术博物馆，做了这个东西，展出之后，在美国大家已经都认可了，它其实不是现成品，是他亲手做的。在座的同学不知道有没有去过现代艺术博物馆，其实这个东西非常大，大概有1.5米的一个盒子，这个东西后来出现了什么事情呢，这个故事也是我读书时发现的非常有趣的一个例子。这个当时在美国已经被认为是美术馆可以展出的一个当代艺术的作品。于是，有一个加拿大的策展人说，我要弄到加拿大去展览。于是他就要把这个东西在美国包装好，运到加拿大，我们知道美国和加拿大虽然是挨着，但是毕竟是有边界的，因此它要入关，入关的时候就要报关。加拿大的法律是这样规定的，如果是创造性的艺术品，用于展示的，是不要关税的。如果不是，就要上关税。结果报关的时候，海关的人就说这是什么东西，打开看看，一看是这个，这个是什么东西，策展人说这个是艺术品，海关的人认为这个怎么是艺术品呢，上税。结果这个策展人就非常恼火，就跟他们解释，说你们太没有知识了，现在纽约的 MoMA 都已经展出很长时间了，海关他不管，他只认定这个不是艺术品。后来没办法，就找了加拿大国家博物馆的馆长，说你来看看这到底是什么，馆长看了以后，不知道为什么会说出这样的话，馆长说我看这个东西不像艺术品，不像艺术品是什么意思呢，就是你得上税，结果没办法就上税了，只有上了税之后才能展出，所以这个策展人就非常沮丧、懊恼。加拿大的文化跟美国差得太多了，在美国大家都认为它是艺术品，为什么到你这里却不是艺术品了。这实际上也向我们提出了一个问题，这是艺术吗？是艺术品吗？我们要不要把它看作是艺术品呢，或者说我们用什么样的方法认为它是艺术品？这是一个很有趣的问题。在今天，这种现象变得越来越明显。图4这个我不知道大家知不知道，是何云昌最近做的一个作品，它的名字叫"春天"，3月份在798做的，当时做的时候，我的一个朋友是央美的，他在现场，他拿微信拍视频

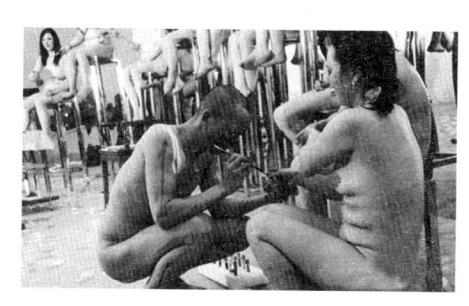

图4

给我看，一边拍一边跟我讲，这是何云昌坐在那儿，医生上来给他消毒以后，在他身上拉口子，把这个血弄出来，他就用这个血给每一个裸体的女性，把她们的手指甲、脚趾甲都涂上血。当时在展出的时候，通过我朋友给我发的微信，看到整个过程中在旁边观看的人陆续倒下去了几个。在身上拉口子，你说这个事情多残忍，结果我朋友说不行，他也要走了，再看也倒下去了。后来我在网上看到整个过程。

那么我们就要来问这叫艺术吗，这是不是艺术？如果是艺术，你能给出我什么理由说它是艺术。我们知道，今天当代艺术走极端的事件太多太多了。还有这个（图5）大家可能比较熟悉，这是美国的一个，我不知道大家是不是叫他

图5

艺术家。他叫 Christo，是一个保加利亚人，他申请了很长时间要把德国柏林的国会大厦包起来，结果最后被批准了。议会一个星期休会，他就用这个布把楼包起来了。他做了很多，图6也是他的作品，争论非常多，这个作品叫作"Running Fence"，翻译成中文是《奔跑的栅栏》，这个作品诞生的过程中产生了很多的争议，最后上到法院，打官司、上电视台等等，他说这整个过程都是艺术。如果这么来看，你说上法院、庭审也是艺术的话，那我们认为艺术的边界在哪里呢？这些例子都是比较极端的。还有一个也比较有趣，也是一个美国的艺术家，画面上大家都在看，看什么呢，其实什么都没有，这就做成了一个作品。我们知道今天的艺术越来越概念化，他并不在乎要做什么出来。所以，艺术的边界对我们来说是一个问题，或许大家平时并没有认真地思考过，只是用一些视听方面的东西来说明一下。

图6

讲到这个地方，实际上艺术的边界这个东西存在吗，它跟这个南京市的边界、江苏省的边界、国家的边界不一样，它是一个实体的，你这个地方插个指示牌，这个地方出去就是尼泊尔，这个地方出去就是哈萨克斯坦。但是，艺术的边界在哪里？它实际上是我们想象的一个边界。曾经有一个社会学家叫安德森，他写过一本很有名的书，同学有兴趣可以看一下，叫作《想象的共同体》，也有人翻译成《想象的社区》。这本书里面就讲了一个很有趣的东西，比如说我把这问题交给大家，你们来说，什么是中国人，你怎么知道你是中国人，你怎么知道他也是中国人，中国人的概念是怎么形成的。安德森给出了很多结论，其中有一个非常有趣，他说艺术、文学教会我们，使我们产生了我们自己的民族性。比如我们从小读《静夜思》，我们读《游子吟》等等，你的母亲、父亲，你的爷爷、奶奶给你读，你慢慢就学会了；学会之后，当你掌握一种语言，你就会发现你跟那些和你使用同一种语言的人是一样的。中国人和中国人在一起是很难看到差别的。中国人和中国人的差别是怎么看出来的呢，只有当你和非中国人在一起的时候，比如你到国外去，你会发现中国人的习惯跟别人不一样。比如，我曾经在夏威夷一个很高档的饭店的电梯里看到上面写了四个字："不准吐痰"，用的是汉字。全世界那么多人到夏威夷，没有用别的文字去写这个东西，就写了四个中国字在那里，这让我当时觉得很受侮辱，它就是针对中国人的。平时你吐一口痰，你根本不在意，你觉得这很自然，但是你在这里吐痰就不对了，而且它就是告诉你不能吐，不然要被处罚的，而且只有中国人会吐。后来你发现了我们的文化跟别人不一样。还有中国人最好玩的是什么？中国人的吃。我们随便举个例子，你到国外之后，你最难过的就是吃，中国人其他都能适应，你谈到吃，中国人就没有办法了，这是我们的饮食文化决定的。几千年了我们都是这样的，民以食为天，中国人对吃这个感觉，全世界任何一个国家比不上中国，无论从我们吃的精细程度，还是吃的丰富性来看。你到欧洲，你到美国，蔬菜就几种，他们天天就吃那些。中国的蔬菜，不同的季节、不同的东西、野的、家里种的、大的小的，各式各样的都有。所以文化是通过想象来的，而想象要有一个媒介，媒介是很重要的。所以，我们今天来谈这个艺术的边界，实际上我跟大家在讨论一个想象的问题。想象何以有一个艺术的边界呢，不然我们怎么叫南京艺术学院，你总要想象一个东西，当然这个想象会落实到很多具体的问题上。

因此，各种各样的艺术美学都在讨论这个问题。当我们把它看成一个问题的时候，就带来了一个比较有趣的思考方向，就是这个问题是什么时候出现的。如果你说艺术有一个边界，它是一个问题，那什么时候才会出现这个问题？我的研究心得是，这是一个现代问题，在古代不可能有。我们来举一些例子，我们今天讲原始艺术，其实在原始人的生活中，它根本不是艺术，比如说原始的壁画，它根本不是供人观赏的，今天我们知道艺术是给人欣赏的，它不是，它在非常黑暗的地方，点个火把也看不清楚，那你说它是艺术吗？其实在原始社会它不是，它服务于巫术，服务于当时的生产劳动，它并不是欣赏的对象。我们往近一点看，到了文艺复兴时期，出现了很多全才，比如达·芬奇，他真的是一个无所不能的人，他的东西可以说是太富有想象力了，可以说他在每一个领域里面都非常优秀，他做过工程图，他设计过飞机。不知道大家有没有看过他设计的飞机，后来加州理工学院的学生正是根据达·芬奇画的图把飞机造出来了。不过，遗憾的是，飞机造出来以后飞不上天，因为达·芬奇那个时代的空气动力学还没有现在这么先进。但是我们可以想象一个问题，如果文艺复兴时期出现达·芬奇是可能的，那么今天出现达·芬奇肯定不可能。比如在座的各位同学，你们既是工程师，又是科学家，又是雕塑家，又是画家，可能吗？不可能。你们一到学校，就被限定了，就在一个领域里学习，在一个领域里获得知识，在一个领域里接受训练，所以今天没有一个人能够是全能的。因此,从这个意义上讲,今天中国的大学教育一个非常重要的问题就是怎么突破专业的界限。其实,我倒是觉得你们南京艺术学院好多学科互相交融,艺术也和其他的学科交融,你们还有人文学院,这是非常好的。当然还请了一些校外的老师来讲课,因为一个学校和一个学校的传统也不一样,可以让学生接受更多的教育,我们虽然不能变成全人,但是我们思想应该丰富。因此,今天的艺术已经跟古代不一样了,所以今天才会有这样一个问题出现。

我今天在这里跟大家讲一本我平时比较喜欢看的书。明末清初有一个叫李渔的思想家、艺术家,我们这里也有搞戏剧的,搞戏剧的同学一定对他不陌生,他有本书叫《闲情偶寄》。这本书一共分八部,第一部叫"词曲部","词曲部"就是讲怎么写剧本、怎么写对白,因为中国写剧本都是用诗的方式来写的,即怎么有音律、好听。然后是"演习部",讲怎么演戏。然后是"声容部",讲什么样的皮肤好看,这里边他解释为什么中国人喜欢白色,为什么白皮肤的女性就好看,大眼睛怎么样,黑白分明的眼珠怎么样,眼珠转得快的人怎么样,他都讲,厚嘴唇、薄嘴唇,他都分析。还有居室部、器玩部、饮馔部、种植部、颐养部。大家可以看到,一个古代文人写的东西可以说是无所不包。这些在今天的我们来看,很多都和艺术有关系。所以,林语堂曾经说过,全世界的文人中间,唯有中国的文人会写吃,其他国家的文人都不写。因为吃是一个很低级的事儿,是生理的满足,但是中国人从来不忌讳,尤其是大作家,很多都涉及,例如曹雪芹在《红楼梦》里面关于饮食就谈了很多很多。从这个例子,我就想到,在中国的传统文化里,艺术和非艺术的界限根本就不存在,我们没有这个思考。我们的生活是高度艺术化的,我们可以看李渔,他一生有一个绰号,叫蟹奴。我们都知道螃蟹是很好吃的,吃起来也有讲究,从水里打上来以后,要怎么样放在清水里过,过了以后要怎么进锅,怎么进嘴,这样一个过程,螃蟹的鲜味才不会跑掉,这些都有讲究。而李渔就特别喜欢吃螃蟹,所以也给他家丫鬟起了一个名字叫蟹奴。所以在古代并没有艺术与非艺术的界限。因此,作为一个问题,我想它是属于现代的。

我来给大家讲一下西方的历史,我们知道从中世纪到文艺复兴,到启蒙运动,再到18世纪,西方社会发生了一个巨大的变化。这个变化当然从文艺复兴就开始了,就是宗教慢慢地开始衰落。一位很有名的德国社会学家叫马克斯·韦伯,他有一个非常精彩的"韦伯命题"。这个命题问的是"现代化"为什么会出现在新教国家。新教就是宗教改革之后,从传统的天主教转向新的基督教,这个改革使西方社会发生了很大的变化。为什么"现代化"不能出现在儒道国家,比如中国;为什么不会出现在伊斯兰教国家,比如说埃及,一定出现在新教国家?他给出的一个理由是新教中包含的伦理学跟资本主义是完全一致的。你别看是宗教,实际上它的主要观点是社会的现代化,就是宗教慢慢在我们生活中被去掉,或者被淡化、边缘化的过程,也就是宗教和世俗的分家,没有这个就不可能有现代化。大家知道大学最早都是神学院,如果没有这个,那么今天世俗大学就不可能存在。因此他就提出来,他说这个分化导致了五个最重要的价值领域——经济、政治、审美、性爱、知识或者科学——的独立。它们原来都要按照宗教的学说来解释的,比如你说地球不是中心,你说太阳是中心,那你就要被绞死,你不符合宗教学说。比如弗洛伊德讲过人具有动物性,人有本能,但如果我们坚持人是上帝造的,那弗洛伊德的理论就不可能成立,人的动物性也就会受到批判。所以,宗教的伦理决定了艺术不可能成为一个独立的领域。大家如果去过佛罗伦萨的博物馆,你会看到,从中世纪到文艺复兴时期的作品,完全都是宗教题材。当然如果你对宗教不熟悉,你会觉得他们画的都是一样的,没什么变化。那么这个变化其实是非常重要的,韦伯说:艺术之所以能崛起,变成一个独立的人类文化领域,就是因为和宗教分家。他有很多描述,我今天不说了。

当然,还有一种理论比较有趣,是德国的一个社会学家提出的,他说最重要的区分还不是宗教和文化,是我们劳动的场所和家庭的分离。过去,大家知道在农业社会里面,劳动就在你家里、周边,回家喝点再出来种地都没事儿。但是,现代社会是不一样的,你要出去上班的,就是你的工作场所和你的住家根本不会在一起。他说由于这个区分导致了一系列的区分,比如说劳动的分工、知识的分工、性别的分工等。我们今天看到的现代社会就是他描述的这个样子。当然,今天又有新的情况,你要是开个网店,你可以在家里上班;你搞个设计,也可以在家里上班,这是新的职业。我的一个结论是,我们今天所讲的"艺术"完全是一个现代的概念,在古代没有,在文艺复兴时期也没有。那么是什么时候出现的呢?我找到一张图(图7),非常有趣,这个图正好说明了今天的社会。大家看这个图里面很多很多的方格子,这就是我们

图7

今天的社会，每一个人都在一个或者两个格子里面成长、生活、生老病死，你就是这样。今天早上，我在百度的新闻里看到一个消息，一位优秀的中学老师写了这样一封辞职信："世界那么大，我想去看看。"太精彩了，她就是要从这个方格子里面走出去，那两句话太震撼人了。大家知道现代生活是什么样子的，就是这个样子的，你要被限制在这里面。所以，韦伯有一个非常著名的理论叫"铁笼理论"，他说，现代社会每个人都被关在一个铁笼里，每个人都是这样朝九晚五。像我们也要在学校里接受考核。比如说，我现在跟学校的领导提出一个想法，我自己认为我们南京大学的学生基本是这种方格式的，进校就决定他要干什么，所以我们现在能不能培养一些跟这些东西不一样的，那才是最有趣的。除了当科学家、留学，将来当老师、研究者等等，你还有什么别的吗？应该有的。

之所以会出现"现代"这个概念，有两个非常重要的时间点，我跟大家稍微介绍一下。一个是1746年。18世纪中叶，法国神父、哲学家巴托写了一本书，名为《归为单一原则的美的艺术》，这本书里的概念非常重要。他把艺术分成三种：一种叫美的艺术，一种叫实用艺术，还有一种叫机械艺术。艺术这个概念在西方的语境里面，它本来是指技能、技巧，甚至是指巫术。比如说在莎士比亚的戏剧里面，哈姆莱特使用的"法术"，现在把它翻译成"法术"，但你去看英文，其实就是"Art"。因此，巴托讲艺术就是要区分一下，技能有各种各样的，一种是美的，一种是实用的，一种是机械的。美的艺术成立的唯一理由就是让我们情感愉悦。但是它很少，少到可怜，只有五种：音乐、诗歌、绘画、戏剧和舞蹈。我想这五种南京艺术学院都有。我们今天回过头来看，巴托讲的这个东西是对的。只有这么少数几种，因为只有这几种才是让人情感愉悦的。大家记住，这个概念出现于1746年。所以我们在英文里面有个词，翻译得很混乱，英文叫"fine arts"，或者"fine art"。我们举个例子，像美国休斯敦美术馆，就是"Museum of Fine Art"。"美术"是什么意思呢，美的艺术，而"美术"今天在中国还有更具体的意思，它主要是指造型艺术。因此，从巴托那个"fine art"到今天的"fine art"已经不一样了。因为他当时有复数，叫"fine arts"，有五种，而当我们用单数的时候，基本上说的就是我们今天的造型艺术。第二个时间点是1750年，只差4年。前面所说的事情发生在法国，这个事情发生在德国，一个很有名的哲学家，叫鲍姆加通，他认为要有一个学科——"美学"——来研究人的感性，就是你的那种趣味，你的那种经验，最好的经验是美的经验。那美的经验是什么呢，就是艺术。所以他有很多结论，最完善的东西就是美的，美的东西就体现在艺术中。所以，我们要创立一个学科来研究这个领域。这么来理解，大家可以看到这两个事件里面，有一个非常重要的东西，就是要给艺术划边界。什么叫艺术，要区分，要分化，要和别人不一样。所以后来黑格尔在《美学》的第一卷里面，第一段结尾就讲，"美学是艺术哲学"。

今天，很多概念就是在那个时候确立的，讲到这个地方我就稍微说一下哲学，我们知道康德在美学和西方思想史上具有举足轻重的地位，他创立的三大批判一个是关于思想的，一个是关于意志的，一个是关于情感的，分别叫"纯粹理性批判"、"实践理性批判"和"判断力批判"。这三大批判讲的是什么呢，就是我们今天讲的真善美。其实，德国古典哲学就区分为三个东西，一个是逻辑学或者叫作认识论，就是讨论认识是如何可能的，我们怎么样认识真理，所以它是关于真的。第二个是伦理学，我们什么样的行为是合理的，这个问题今天在中国变得越来越重要。我认为中国今天这个伦理学是亟待大家来讨论的，我们看到太多的事情都跟伦理学有关系。而伦理学是实践理性，是关于意志的，跟"善"有关。第三个，康德认为还有很重要的不同点，因为纯粹理性和实践理性是分裂的，要有一个桥梁，这就是判断力。判断力是关于我们趣味的。趣味这个词在英文中非常有趣，英文叫"taste"，"taste"意思有很多，比如我们尝东西的味道，这里是关于情感的，就是关于美的。也就是说，我可以简单地归纳，到了18世纪的时候，我们有关现代艺术的概念形成了，艺术被划出了边界，我们说这样才叫艺术，那样就不叫艺术。这里我就不展开说了，看一下最后几句话，就是真善美这个东西最后变成了三个层面，每一个都有一个内在结构。德国一个非常有名的哲学家，叫作哈贝马斯，他说有三个结构，一个叫认知——工具理性结构；一个叫道德——实践理性结构；一个叫审美——表现理性结构。简单地说，就是真善美。我们当然要讲真善美，孔子也说过要尽善尽美，但大家知道，其实真善美，从近代以来就开始分裂了。

讲到这里，我就要说到一个比较有趣的现象，艺术这个问题从启蒙，从18世纪中叶往19世纪发展，又出现了什么样的变化呢。我们知道在艺术中、在文化中出现了一个很重要的流派叫现代主义。现代主义提出了一个非常重要的问题，就是"艺术就是艺术"，不是别的东西，这样艺术才有边界。如果艺术不是艺术，是别的，艺术就没有一个定性，就没有边界了。那么它是怎么提出这个问题的呢？我们来稍作回顾一下。现代主义从时间上讲，大致从1850年到1950年代，有100年的历史。从空间上来讲，大概分两条线，一条是巴黎—伦敦—纽约，这条是西欧；还有一条是中欧和东欧，就是维也纳—柏林—彼得堡—哥本哈根。现代主义的这两条路线有一点不同,我就不展开说了。那么在这个过程中间,现代主义艺术要确立一个怎样的重要概念呢,就是叫作"艺术的自主性"。艺术是独立自主的,艺术和别的东西不一样,它有它自己的定性,因此就出现了一个很有趣的艺术流派叫唯美主义。其实今天这个概念大家应该都很熟悉了,今天是一个很唯美的社会,很多方面都在追求唯美,穿得漂亮,吃得好,器具要好。其实,我们所有的消费,都跟我们人的身体有关,今天这个社会有一个很重要的特征叫作体验社会。我前两天到杭州去开一个会,参观了农业部的茶叶研究所,茶叶研究所有一个项目就是让我们去品它今年清明前的龙井茶,顶级的,每个人只能尝一杯,上来这个杯子非常漂亮。总经理上来给我们介绍的时候说,你们今天喝的茶很好吧,你们有没有注意到今天这个杯子也很好。杯子非常有特点,杯子是玻璃抽的真空的,他说这个杯子叫作美人腰,你拿到这个杯子就好像是挽着美人腰一样。它那个透明的杯子能看到茶叶一根一根的在里面。茶叶研究所的副所长说,你们看这里面有三种颜色,哪一种茶叶是最好的、顶尖的,如果不是这样的杯子你就看不出来。所以,我们讲今天的社会是一个高度体验性的社会,东西不但要功能好,还要体验,所以就要设计,因此唯美主义就出现了。当然这也引发了很多问题,最重要的就是我后面一句话,即"文化的观念"在19世纪变得越来越重要。每个民族、每个国家都在确立自己的文化,而且文化变得有等级了。我们讲有雅和俗之分,有高和低之分。唯美主义是在19世纪后半期,在英国、法国、美国出现的一个思潮,有几个代表人物,其中最有名的就是英国的一个剧作家,叫王尔德。如果大家去看看王尔德的照片,你们会发现王尔德很有趣的,穿的衣服都是我刚讲的美人腰的衣服,非常紧身。他被称为堕落的一代,后来被关进了监狱。他就提出了三个原则。今天我们来看这三个原则很有趣:第一,"艺术除了表现它自身之外,不表现任何东西";第二,"一切坏的艺术都是返归生活和自然造成的",你要回归生活,艺术就是坏的,艺术要留在艺术里;第三,"生活模仿艺术远甚于艺术模仿生活"。他讲的这三个观念,简单来说,就是一句话,美这个东西在生活中没有,艺术中才有,生活是不可信的。他讲了一个很有趣的例子,大家一定看过莫奈的很多画,可能你们对莫奈的这几幅画不太熟悉。莫奈画了一组伦敦,他画了伦敦之后,王尔德提出了一个很有趣的问题。他说,我们生活在伦敦的人,从来没有人说过伦敦的雾是紫色的,他说莫奈画了之后(他其实没有点莫奈的名字,但是莫奈确实画了伦敦的很多景色),人们才突然注意到了伦敦的这个特点。因此,王尔德有一个非常重要的理论,他说看和看见是两个东西。我们天天都在看，我们其实没有看见，画家告诉你，艺术家告诉你，什么样才叫看见。这话讲得很有道理，所以大家看他最后第三条，"生活模仿艺术远甚于艺术模仿生活"就变成了我们今天非常重要的原则。今天的艺术在指导生活，很多设计师说你应该怎么生活，你家应该怎么装修，你的衣服应该怎么穿，你的东西应该怎么吃，等等。你看莫奈画的这些东西，可能大家都不注意，教堂因为每一分钟光影的变化，色彩发生了变化，我们的视觉也发生了变化。这些东西，到了莫奈这个时代就被强调出来，为什么呢，追求它才能看见，我们日常是看不见的。

讲到这个地方，我要跟大家分享一个我觉得很重要的理论。这一理论的代表人物是奥地利的一位艺术史学者，叫泽德迈耶尔。我们中国还没有人研究他，我最近有个博士在做他的论文。他是维也纳学派非常重要的人物，他提出了很有趣的问题，他说艺术在古代的时候是整合的。他举了一个例子，他说你看建筑、绘画、雕塑、装饰和园艺这五个东西是合在一起的。比如说，帕特农神庙，神庙里面既有建筑，又有雕像，又有绘画，又有设计或者叫作装饰，又有园艺，全都在一起。但是今天我们看到，这些东西完全分家了。搞园艺的是园艺的，如你们这里的景观设计，搞绘画的是绘画的，搞雕塑的是雕塑的，搞建筑的是建筑的。我不知道南艺有建筑系吗，我们学校有建筑学院，建筑学院的院长和我也比较熟。他经常说建筑放在理科里面就是小弟弟，你说物理学、化学这些学科，建筑怎么能放到理科呢。它放在工科里面，计算机之类的学科又把它压倒了。它又想归到我们人文学科里面。其实，在国外，建筑学是跨学科的，既是工程的又是人文的学科，建筑学和艺术史的关系是最近的。但是，今天完全不一样。我顺便说说，现在好多建筑设计师是没有文化的，我对我们南京大学校园文化的设计也非常失望。那个时候，我们书记很恼火，说江苏评最美校园，南大根本没有得到提名。原来在学校领导班子工作的时候，我经常跟他们唱反调，我是少数人，最后他们不听的。他们就想，赶快用两年把这个学校建起来，建筑设计师也是。我有的时候跟建筑学院的院长开玩笑，我说你们这个真的要提高文化，你们什么流行设计什么，这是不行的。校园设计不是一个短期行为，你设计出来的校园应该是能够长期在这里待下去，而且是有特点的。

言归正传，后来，艺术中的某个东西被独立出来，甚至线条也被独立出来。线条今天成为艺术纯粹性的表现。我们知道后来很多西方很伟大的艺术家，都非常注重线条的那种张力。大家看一下，这是马蒂斯画的，几根线条把一个人勾勒出来。我们不要从形准上去考虑他，我们从线条本身的表现

图 8   图 9

力上看，马蒂斯真的是无与伦比的。你别小看这几根线条，你画不出来的。看起来容易，其实不容易（图8）。这样的画家很多，这个是毕加索。这一类的东西可能大家都很熟悉，其中线条作为一种独立的表现手段被用来表达。这时，你可以看到艺术已经分化成什么样了，色彩没有了，形没有了，光影没有了，单独的线条就可以表现。毕加索画的这几个小动物多么精彩（图9），这才是极简主义，他要到一定的水准才能画出这个东西，线条的表现力在这里可以看出来是淋漓尽致地表达出来了。因此，我们可以说，艺术变成了一个非常独立的领域，而艺术的纯粹性变成很多人追求的东西。艺术应该变得很纯粹。如何变纯粹呢？你就要去创造这样的东西，我自己觉得中国艺术比较缺少这个东西。中国的艺术家不太喜欢追求艺术的纯粹性。我们要么是比较功利的，要么是比较商业的，很少有人真正在艺术的纯粹性上下功夫。所以我就想到，今年我们博士生考试，我出了一个题目，是论述"一切艺术的最高境界都趋向于音乐方面"。在所有的艺术里面，音乐被认为是最纯粹的，因为它不模仿，就是纯粹的，一模仿就不纯粹了。所以，纯粹性就变成了19世纪到20世纪的一个理想，大家都在追求。

图 10

那么怎么去追求呢，我们下面就该讨论了，我举几个我比较熟悉的理论：一个是美国学者、批评家格林伯格的，他研究的是美国抽象表现主义绘画。我们先来看看抽象画。康定斯基的好多作品都没有题目，就是线条、色彩的构图。这个是纽曼的，这幅画的名字叫作《谁害怕红黄蓝》（图10），你看一条蓝边，这边还有一条黄边很窄，中间还有一大块红。我在美国现代艺术博物馆看过这幅画，非常震撼，很大，有七八米，其实什么都没画，油漆就可以了，根本不需要你去画。那这几个东西有什么意义呢，有的人就做了一些研究。有一个叫格林伯格的研究者，他讲得很有道理，他说文艺复兴以后，西方人发明了透视，绘画就不停地要和雕塑来竞争，我们知道雕塑是三维的，有光影，它只要立在那儿，就是三维的。所以西方艺术史一直在讨论，是绘画好呢，还是雕塑好呢。这是很有趣的争论。达·芬奇也发表过文章，他说绘画几百年来，一直在向雕塑学，学习如何在一个二维的平面里创造出一个三维的幻觉和深度空间。他说艺术走错路了，绘画到了20世纪，艺术家发现，绘画不要这样的，绘画本来就是二维的，艺术家一直在掩盖这个二维的特性，要把它表现得像三维的。他说绘画就应该回到绘画自身，这个才是叫找到绘画安身立命的根据。怎么样让它回到自身呢，就是要回到平面性。当你把平面性凸显出来之后，绘画画什么你就不在意了，你就看不见了。你就看画，看它的色彩、造型、光影，你就欣赏这个了。

讲到这个地方，有一个很有趣的问题就被提出来了，就是后来弗莱说过的一句特别著名的话，他说，"一张人脸的素描不是一张人脸，而是一张素描"。其实仔细想想，这句话讲得很有道理，它让你看素描，不要你看到人脸，也就是让你看到艺术，而不是艺术表现的那个主题。最近我又重读了贡布里希《艺术的故事》，其实这本书大家都应该读。导论里面讲的就是这个东西，他说我们看艺术有两种方式：一种方式是我们看这个艺术画的是什么，画的是一个老头、一个老太太，还是画了一个什么人；还有一种是我们看艺术是怎么去表现的，艺术家用什么样的方法来表现。其实我们并不关心他画了什么，我们关心他怎么画。他说，艺术史和艺术批评家要告诉公众的事情就是让你知道，艺术家如何用合适的方法去表现这个对象，这个对象本身并不重要。跟这个观点是一模一样，就是我们要学会去看艺术。所以，内行和外行的区别在什么地方呢，外行一看，这画了一个房子，内行不是这样的，看门道的人就说这个房子有什么特点，怎么被他表现出来的。这样就带来了一个问题，也就是说，艺术为了追求自己的纯粹性，就要给自己确立一个边界，不但这样，每一门艺术都要确立一个边界，绘画要有，雕塑也要有。

我们把视线放得再远一些，再广阔一些。我们说现代主义有一些总体的特征,美国的社会学家丹尼尔·贝尔做了一个非常好的概括,他的一本书,我也建议大家读读,叫作《资本主义文化矛盾》。你要想了解西方现代,要看这本书,从社会、经济、政治、文化到艺术,在这本书里都做了很好的表述。贝尔的这本书指出,现代主义有三个原则:第一个原则是艺术和道德的分治,艺术变得与道德无关;第二个原则是对创新和实验的推崇;第三个原则是把自我奉为文化的准绳。今天,我们对于这三个观念都不陌生了,今天中国艺术实际上也体现了这三个原则。这样大家知道,分家就使艺术变成一个独立的东西,艺术有自己的规定和边界,这就出现了一个非常重要的概念,叫"艺术的自主性",英文叫"autonomy",什么叫自主性,就是艺术有它自己的规定性,它是为自己服务的。它的标准也是自己的,不能拿道德原则、政治原则、文化原则,也不能拿社会的价值来判断艺术,艺术有自己的边界。也就是说,艺术的根据在艺术自身,而不在艺术之外。这样,真善美就分家了。美是一个独立的判断,善不适用于对美的判断,所以,我说叫美的艺术。这非常重要。今天我想大家都有这个体验,你去学什么,你说学艺术,你学的什么艺术,我学舞蹈、我学音乐,等等,一定会对艺术有一个想象的边界。没有边界你不会到这里来,而老师也是要告诉你,让你体会到什么是边界。这就是我们讲的现代主义对艺术边界的一个确立。

但是我们知道今天这个社会又出现了新的变化,现代主义已经过去,我们今天的社会,西方来讲是后现代,中国人现在依旧很谦虚了,说我们是发展中国家,还处在现代化的早期阶段。中国虽然已经成为第二大经济体,GDP 很高,但是我们的人均产值和美国比还差得很远。中国其实最重要的东西不是这个。根据我的经验,中国最重要的是中国人的素质、人的现代化,这个差距非常大。大家看现在新闻上的报道,在飞机上把门打开了,把空姐给揍了,在飞机上又怎么着了,中国人怎么是这样的呢。今天这些东西好像过去没看见,穷的时候这些东西看不见,现在你富了,你走向世界,到处给人家看。柏杨有一本书叫《丑陋的中国人》,当然,我们这样说好像中国人都是这样的,也不是,但确实有些人是这样的。我自己认为中国离现代化的差距不是物质的差距,不是盖个楼的问题。当然,我们今天面对的这个社会比较复杂,就不展开来说了。那么今天是什么情况呢,大家看,我有一个想法,就是,今天后现代出现之后,我们说现代分化,把艺术都分开了,后现代又把这个分化再去分化,就是把这些艺术确立的边界重新填平。我们现在对这个社会有好多说法,后现代的、信息的或者是消费社会。从西方来讲是从 1950 年开始,我们中国应该是从 1978 年开始,在座的同学可能你们都没有什么体会,我是经历过的。"文革"之前到"文革"之后,中国的变化真的太大了。那么发生了哪些变化呢,简单地讲,现代性和后现代性的差别很大,现代性是一个分化,不断地区分,后现代性就是把这个区分的东西去掉,所以后现代性有一个非常著名的口号,叫"跨越边界,填平鸿沟"。这是美国的一个批评家写的一篇文章,就是现代主义确立的这些东西,我们都给你填平。我们今天这些东西在中国当代艺术中间也成了一个很明显的景观。就是说,那些现代主义的原则不再有效,艺术进入了日常生活。

关于这方面,我讲三点。第一,艺术品变成了消费品。刚才我们提到巴托的那个看法,就是在18世纪的时候,艺术家说艺术是让我们精神愉悦,愉悦就是消费,过去艺术里面有一种精英主义,今天不一样了,我们日益走向民粹了。所以,有很多人来研究,有一个研究是法国人做的,他研究在几十年的周期里面,去卢浮宫的都是一些什么人,他的研究很有趣,最终发现到卢浮宫的永远都是同一批人,即我们称为中产阶级的那批人。穷人不会去,真正很富有的人也不去,就是那些中间的人才反复去看。也就是说,他这个书的名字很有趣,英文把它翻译过来叫《区隔:趣味的社会批判》。实际上我们讲的这个审美趣味不是人人都有的,只有社会的一小部分人有。其实我想在座的各位同学学艺术,通常家境都是比较好的,在西方,学艺术史的人绝对家境是非常好的。这个我比较有经验,南大请过很多搞艺术史的老外来,一问,不是贵族就是社会名流,反正都是很有钱,他们从小家里就有艺术的熏陶。由此我发现,一个社会里存在不同阶层,而人和人之间对艺术的感觉其实是不一样的。这样,后现代就提出了一个很有趣的问题,艺术怎么会变成全社会的呢?答案是商品,艺术变成消费品。在座各位同学可能没有经历过,我经历过这个时代,我80年代中期在北京读书的时候,当时讨论的一个很重要的问题叫电影是不是商品。今天绝对不会问这样一个问题,电影怎么会不是商品呢,投资是马上要有回报的,没人看这个电影你就失败了。所以我认为今天商品化在中国非常的恐怖。所以艺术界从它原来的严肃性,从一种膜拜价值转向了艳俗和日常性。艺术今天缺少一种东西。最近北京大学美学中心搞了一个活动,讨论什么呢?就是艺术的神秘性。艺术应该有一点神秘性的,我们今天没有,艺术已经降到非常低的位置,艺术已经变成了我们的日常生活,变成了我们的消费品,变成了我们不齿的东西,所以今天这个艺术有好多问题。艺术成为消费品之后,艺术的精神功能就受到了遏制,它不再能让我们提神。大家知道崇高这个概念,在西语里面还有一个很重要的意思叫升华,今天艺术不让我们升华,我们也不需要升华。我随便举个例子，今天的电影如果10分钟还不能抓住你，人就要走了，所以要速度、要暴力。有一个英国的学者，她写了一篇很有名的文章，叫作《叙事电影和视觉快感》，在这篇文章里面，她说今天的电影不讲故事了，故事不重要了。什么重要呢？画面。画面什么重要，身体。谁的身体，女性的身体。为什么，她说，今天的电影，摄影机的镜头就是男人的眼睛，女性就变成了一个猎物，不断地在被看。因此她说，电影故事讲到一定程度的时候，它就要弄点什么出来，像调料一样，电影就有人来看了。所以，我们会看到网络上经常跑出来一个女人的照片，让你去点击，这种例子太多了。所以，到了这种程度的时候，艺术是不是出了一点问题了，大家可以来考虑。变成了消费品的艺术和早期启蒙运动时候对艺术的设计已经不一样了。

　　第二，资本。今天的艺术是高度市场化的。我们知道艺术最早是由贵族资助的，在文艺复兴时期，很多艺术家是被美第奇家族供养着的，我有钱我来资助你，或者我来购买你的画。当然，我们今天看到，资本对于艺术的介入，已经把艺术的边界彻底消解。中国很多当代艺术家，他们的价位都很高，之前曾梵志的《最后的晚餐》在香港拍出了天价——1.2亿港币。现在还有很多，大家都在讨论这个人值多少钱，那个人一尺画多少钱，他们都是有价位的。你当上了一个中国书协的主席、副主席，你的价位就不一样了，每个人都有身价，不是艺术，而是你的金钱标志着你的地位。所以，今天资本已经进入了艺术，但是接下来的问题显得比较复杂，就是资本对艺术到底是好还是坏，或者说是利大于弊，还是弊大于利，这有很多的争论。我们可以看到，没有资本，今天文化产业搞不起来的。我们南京大学之前请了一位非常著名的法国哲学家，叫斯蒂格勒。这个人很有传奇性，他很激进，他16岁的时候去抢银行，把抢来的钱分给穷人，被判了6年。有一位法国非常著名的哲学家叫德里达，去监狱里面给他上课。这挺感动人的。他也就成了德里达的学生，跟德里达是同时代的人。他写过一篇非常好的文章，我把它编到一本书里面了，那本书叫《艺术理论基本文献·西方现代卷》，大家如果有兴趣的话可以去看看。他的一个基本思路是，今天的文化产业基本上是一个资本的骗局，今天的文化产业将把所有人变得没有创意，把人们变成被动的消费者，不停地去消费。他尖锐地批判了今天的文化产业，尤其是英国的。当然我不能说他的理论就一定是对的。但其实他提出了一些我们平时忽略的问题，就是文化产业的背后，文化产业对于社会进步的作用到底有多大，这确实是值得我们思考的。那么，格林伯格提出来，他说先锋派非常激进，要反叛、要与资本主义对抗，甚至反对商业的介入，但他说，其实所有的先锋派都有一个黄金脐带，跟这个社会连在一起，如果这个脐带不吸收金钱，先锋派是不能生存的。所以他就讲先锋派有两面性，有与商业的暧昧性。那么，我们今天看到资本、拍卖、收藏、市场。我现在看不惯的是很多商人有钱了就来玩收藏，一个个变成了艺术的赞助者，变得很有品位，也发表过有关艺术的很多演讲。其实他们骨子里基本上什么都不懂，但是他们有钱。南京搞了很多画家村，盖了很多楼，让他们进来，然后赞助你，把你的画买下来。我有一个朋友，是一位书法家，他有一段时间一直在犹豫，有一个商人要包他，一年给他400万，说你写的所有东西都要按照我的要求来写，他就比较犹豫，他觉得这400万让自己很轻松，不用烦了，也不用推广自己了，但是自己的个人自由也没有了，就来问我，我说你怎么能把你自己卖掉，你就值400万？也许明年你价值600万呢，对方要求一签要签10年，所以他比较犹豫。我说你这个事情不能干，你的自由是无价的，你哪怕只卖20万，但是你的生活是有幸福感的，你这400万就没有幸福感了。所以，我们现在看到艺术很多都在受资本的影响，尤其在中国，艺术就变形了，你说这还是艺术吗？这很难说了。艺术家逐渐由自由人向雇佣角色转变，我们不禁要问是谁决定艺术呢？是你还是那个有钱的人？其实这个问题在西方艺术史上也多次提到，大家如果有兴趣看一下西方的风景画，西方风景画的发展过程中，赞助人的品位决定了画家要去画什么。我们现在很多人认为，比如特纳，说他画得不好，什么地方不行，比如说康斯坦布尔，你说他画得不好，或者什么地方有失误，其实不是这样的，好多因素是买画的人决定的。我最近看了一个电影，大家知道的那个《戴珍珠耳环的少女》，那个电影里面非常清楚地说明了荷兰当时买画的人如何决定艺术家的命运。从这个角度讲，艺术家在这个社会事实上地位是卑微的，基本上是一个匠人。你虽然很有才能，但是离开了这些人你没办法生活，这个问题就不展开说了。

第三个就是艺术和生活的界限没有了。我们不知道哪里是艺术，哪里是生活，艺术进入日常生活已经变成一个景观了，所以有一个非常重要的概念叫"日常生活的审美化"，这个概念很多人提过，其中有一个比较有名的人叫费瑟·斯通，我们也请他来南京大学做过演讲。他说，日常生活的审美化有三个东西。第一，艺术与生活的界限消失了；第二，生活转换为艺术；第三，视觉文化的崛起，就是要看得见。最近有没有同学看到中央戏剧学院保安的那个事，今天早上还报道的，说他正在写一本书，就是有关漂亮不漂亮怎样去定价，中央戏剧学院很不开心，就把他解雇了，他说还要继续研究。

今天，在我们这个社会，其实漂亮是有价的。那么，艺术与日常生活的界限完全消失之后就带来了很多问题。比如，我在这里面举到的，鲍德里亚有一个很有名的理论，叫作"超现实"，或者"超级现实"，或者叫"超真实"，他讲的就是刚才王尔德讲的，不是艺术模仿生活，而是生活模仿艺术。他有一个很重要的理论，他说用我们今天很流行的话叫策划，艺术都是被策划出来的。因此，他说地图和地域的关系就改变了，过去是先有一块地，我画一个地图。今天不是，今天我们先把这块地改造成比如说迪士尼乐园等，然后我们再画一个地图，关系完全变了。更重要的是，他说今天在艺术的生产领域里面，复制或者摹本变得更为重要，一幅作品进行有限的复制，你很难说哪一个比哪一个更好，因为原作只有一个。所以，他说模仿、复制变成当代生活中最重要的，这不仅仅指艺术品，我认为今天我们的生活方式、我们的意识形态、我们的语言、我们的思想都是在不断地复制，所以我们在讨论艺术的时候有一个很重要的问题，就是艺术如何提供一种非同一般的对生活的看法，这个最重要，比什么都重要。当大家去搞文化产业的时候，我们最终会发现大家搞的东西都一样，无论你是画画的，还是做什么的。因此，从这个意义上来看，艺术与日常生活的界限消解之后，艺术本来的界限就不存在了。所以，艺术变得越来越模糊。

我想用几幅作品来说明一下，这个我不知道大家有没有看过。这是很有名的玛格利特的画（图11），英文名称叫"The Human Condition"。在这幅画里大家可以看到，那幅画和外面的景是融为一体的，到底是真的还是假的呢，我们乍一看也不知道。我们的艺术今天跟生活就是这样的关系，我拿这幅画来说明的意思就是艺术已经被嵌到生活里，一幅风景画已经被嵌到一个风景里。这幅画（图12），我不知道大家有没有看过，这是加拿大一个最

图 11　　　　　　　　图 12

近非常走红的超现实主义画家的作品,他画了很多东西。这幅画大家仔细看一下,能不能看出他的奥秘,他正在用剪刀剪布帘子,可是布帘子后面就是纽约曼哈顿的夜景,这到底是景呢,还是他剪出来的呢,他画了很多非常有趣的东西。图13也是他的作品,我非常喜欢这幅画,上面是一个拼图,拼成一个真的东西了,人走到那个空间里面去了,到底是艺术呢还是生活呢,到底

图13

是真实的呢还是不真实的呢,是虚构的呢还是真实的呢?我们根本无法考证。艺术正在改变我们,我可以举出很多例子,比如说我曾经看过一个英国学者的研究,在伊拉克战争期间,美国的飞机轰炸伊拉克,记者去采访第一批返回航母的飞行员中的一个人,飞行员下来之后兴奋得不得了,因为他再怎么打也没有实战过,第一次投弹、第一次射击、第一次都是在空中实战,回来以后CNN的记者就去采访。在那个航母上,你知道那个飞行员说什么吗。飞行员说真精彩,跟好莱坞的大片一样的,就是他就炸了一次以后,回来觉得和好莱坞的大片是一样的,他的感觉、他的评价就像是鲍德里亚讲的,我们现在评判现实的东西是按虚拟的东西、按假的东西来评判。假的比真的更真实。今天我们这个社会就是这样的。这些都证明我们今天这个社会关于艺术产生了很多很多新的变化。

最后,我有一个结论,等会儿我们给大家时间讨论,如果大家有问题的话。我自己认为艺术的边界对我们来说是一个难题,难题在于,第一,它是必要的,没有这个边界我们无法知道自己在做什么。海德格尔说,艺术家和艺术品是循环的。艺术品是靠艺术家来界定的,艺术家是靠艺术品来界定的,他们两个就循环来循环去。比如在座的各位同学,你们是搞舞蹈的,就要用舞蹈来证明你是舞蹈艺术家;你是搞设计的,要通过你的设计来证明你是设计艺术家。每一个人都是通过他自己的劳作来证明他的存在。但是他说,艺术家靠艺术品来界定,艺术品靠艺术家来界定,这个循环你怎么界定,你没法儿界定。他说,必须要有另外一个概念,就是超越艺术家和艺术品,就是艺术。因此,艺术是界定艺术家和艺术品的那个更加形而上的原则。他

讲这个话的意思其实是给我们一个启示，当我们去讨论任何艺术家和艺术品的时候，我们必须还有一个隐而不露的、更重要的形而上的假设，那是艺术。不然你怎么去讨论呢，没有办法，所以我说艺术的边界是必要的，但又是不可能的。

为什么不可能呢，我有几个想法和大家来分享一下。第一，艺术创造本质上就是对任何规则的反叛，我们没有听说过哪个艺术家按照哪个规则来做的，我们经常听到的是艺术家来反规则，因此是不可能有一个关于艺术的定义、一个格子把艺术家放在里面创作，那是不可能的。即使是你从你老师那里学的东西，你也可能会超越。同时也没有既定的原则规定艺术家必须如此，我们在学校里面教授这些东西都是最基本的，最后我们看到有创意的那些学生他们超越了这个，他们超越了自己的前辈、老师而在艺术上有所创新。所以，石涛说："至人无法！"没有法、不需要法，有法这个艺术就没有生气了，这样来讲，艺术不是没有边界的吗，那为什么还要研究这个问题呢。所以，我自己的一个看法是，艺术史就是在不断打破既有的规范、艺术边界的种种原则过程中推进的。所以，我简单地讲，在艺术边界的问题上，艺术家和艺术理论家的关系是紧张的、冲突的，艺术理论家讲了很多什么重要什么不重要，当你讲这个话的时候，艺术家就把你推翻了。我们刚才看到杜尚的、安迪·沃霍尔的画就是用来推翻某种艺术理论的。所以，有一个美国的概念艺术家叫 T. Meehan，他非常有名。如果某人说他的作品是艺术，那就是艺术。这是他一个非常有名的口号，后来变成很多人写文章讨论的一个原则。那么这样来说不是艺术就没有边界了，你说艺术就是艺术，你说不是艺术就不是艺术。但是大家不要忘了，艺术一方面是高度个性化的，另一方面艺术是一个社会交往的符号，你要让别人了解、理解、体验到你艺术的意义或者意图。

所以，在这里，我认为艺术家和艺术理论家之间的关系是高度紧张的。这里面就带来一个问题，从我自己来说，因为我自己就是做理论的，我经常在想这个问题，我们的研究有多大用处呢，我们跟同学说艺术的历史、艺术的原理、艺术的理论有多大用呢，其实有的时候你要不断地反思。我下面要说到一个理论。今天做艺术研究的人面临的一个问题，就是从艺术立法者变成了阐释者。在19世纪的时候，西方很多美学家会为美学立法，为艺术立法，告诉人们什么是好的价值。今天我们这个功能越来越受到了挑战。你说也没人听了，艺术家实际上自己就确定了什么叫美的标准。比如我随便举个例子，在英国有一个非常著名的组织叫"布卢姆斯伯里"团体，成员主要是剑桥大学的学子，里面很多人很有名，比如我们讲到的克莱夫·贝尔、罗杰·弗莱都是这个组织里的，还有大家知道的女作家弗吉尼亚·伍尔芙、经济学家凯恩斯等许多人。那个小组对19世纪英国文化观的确立具有至关重要的作用。这个小组，他们写文章、他们画作品、他们提问题，我们今天美学上很重要的形式主义理论，叫"有意味的形式"等，都是在这里提出来的。他们奠定了19世纪到20世纪英国文化的基本形态，所以他们是立法者。今天的英国艺术不再是这个角色，不管你在什么报纸上写文章，不过是一说而已，因此就变成了一个阐释者。过去是定标准，现在不是，现在是说它为什么这样。于是就产生了一个很重要的理论，一个比较有趣的理论，我在这里跟大家介绍一下这个艺术界的理论。什么叫艺术界理论，就是美国的一个叫丹托的美学家，他来研究我刚给大家看的那个安迪·沃霍尔的盒子，他就研究那个，围绕为什么把它看作艺术品，提出一个理论。他说什么叫艺术界呢，艺术界就是把某物视作艺术，需要一种眼睛看不见的东西，一种艺术领域的氛围，一种艺术史的知识，他说这就是艺术界。也就是说，我们把那个盒子看作是艺术品，后面还要有一个东西，那个东西他说是理论的氛围，是一种史论知识，这个话讲得是有道理的。我们今天每一个同学，当你们做艺术的时候，你们一定会进入艺术的语境叫"context"。你进去以后知道前人怎么搞，现在怎么搞，将来可能会往什么方向发展，没有这个东西就不可能有你的艺术理解。所以正是在这个意义上，我说艺术理论、艺术史知识对大家是非常重要的。为什么我们学任何一门艺术，学舞蹈的要学舞蹈史，学音乐的要学音乐史，学绘画要讲绘画史，就是这个。给你一副眼光，给你一个理解的机能，你就对艺术的理解不一样了。艺术并不是你坐在家里凭空想象的，它要进入一个历史情境。最近几年他的观点又有新的发展，他说，所谓不再讨论艺术边界这些问题，实际上我们是在讨论一个艺术的存在理由，我们要对这些理由进行一个论辩。其实每个艺术家都是一样的，我觉得你们刘院长讲得非常好，他说，一个伟大的艺术家实际上都很有底蕴、很有文化，我们可以看到毕加索，他讲的很多话非常的精彩。比如说，毕加索传记里面记录了一个非常有趣的事情，就是他去看了一个儿童画展。出来之后，好多记者追着他，说大师你来说说。你猜毕加索说了一句什么话，这句话实在令人费解。毕加索说，我跟这些孩子一样大的时候，我画得和拉斐尔一样好，但是我一生都在学着像这些孩子那样画画，这不好理解。他说他和孩子一样大的时候画得和拉斐尔一样好，但是他一生都在像孩子们这样。为什么呢，因为孩子没有太多的艺术的成规。这里面反映出一个东西，我们在创作的时候，艺术如何不断地超越，不断地超越其实是有他的话语根据，有它的理由，并不是没有根据的。所以，所有的艺术应该都能解释出它的根据来。所以，我想各位如果从艺术界的理论空间中了解一下你所从事的艺术的发展，它的历史，它的变化，它的哪些原则已经被超越，对你的艺术发展是非常有益处的。

最后，我想说一下我的结论，艺术必有边界，没有边界我们也给它画一个边界出来，这是正题。第二，艺术没有边界，怎么可能有边界，有边界艺术就不能发展。其实我觉得这两个陈述之间的关系是紧张的，我们都在这个紧张的关系中间探索我们的生存空间、寻找自己的出路。我们是在没有边界中间找边界，没有在边界被打破了之后再立边界，所以，我的一个基本想法就是艺术的边界是一个变动的概念，是一个历史的概念。这个变动的概念、历史的概念就构成了艺术史，或者某一门艺术的历史，所以我们思考艺术要有一种弹性的边界意识。因为我也参加过一些讨论，最后我发现有些讨论很奇怪，要么就回到过去，要么就认为什么都没有，我觉得这两个观点都不对。比如说关于中国画、水墨画，水墨到底是什么，吴冠中说过笔墨等于零，还有人说笔墨已经死了，还有人说中国画是废纸，等等。其实，我们如果心平气和地来看，它有它积极的一面，也有它的问题。如果你真正进入了艺术这个话语圈，进入到刚才我所讲的艺术史理论的氛围，了解到艺术史的知识，我想你就不会这么说。因此，我总的一个想法就是，我没有什么结论，大家看到的是剪不断理还乱，的确如此，对我来说也是。我做了一辈子的研究，其实没有一个很明确的结论。我的主张是，艺术是发展的，艺术的边界也是发展的，对艺术边界的思考也是发展的。所以，在座的各位同学，也许你们关于艺术有自己的体验，有自己关于边界的看法，但那也只能是你个人的看法。就整个的艺术发展、文化的进步来讲，边界是不断位移的。我想最后用鲍曼的一个说法来结束我的演讲，他曾举一个例子说，今天的消费社会就像一个百米赛跑，等你跑到终点的时候你会发现终点前移了，终点不在那儿，就是你还没跑完，你好不容易跑到终点，但你觉得终点没完。他讲的就是我们的消费欲望是没有止境的，我们今天得到了苹果5就想苹果6，苹果6拿到了我们想要苹果6S，6S拿到了苹果7就开始在想了，苹果7以后是8……他这番话是讲另外一个问题，我把它放到我们这个艺术边界里面。也就是说，今天当我们认为艺术边界应该在这个地方，艺术的边界已经前移了，艺术家的创新不断把艺术边界推向一个新的空间。因此，从这个意义上讲，边界不可能千年不变的，边界就是我们不断探索、不断推进的那些观念、想法和价值。所以，在座的各位对于中国未来的艺术来说都是生力军，能对中国的艺术做出什么样的贡献就取决于你们能把这个边界推到多远。更重要的是，在全球化的条件下，中国当代艺术已经对世界发生影响，这个文学做不到，文学实际上对世界的影响远不如艺术。所以，我想在座的各位同学如果你们去思考这个问题，将会找到你们自己的答案，也会在你们自己的艺术实践中有所创新，对我们整个民族的文化、对中国的文化走向世界都有一份责任，一份义务，当然这需要你们花气力，我今天的讲座就到这里，谢谢大家。

提问与回答

刘伟冬：周老师的讲座为我们解读了艺术的边界，下面请同学们积极向周老师提问。

听众：周教授您好，我是南艺人文学院大一的学生，我听您在讲座的时候多次提到中国当代艺术这样一个说法，我想请您解释一下，这个当代是指时间上的当代还是意识上的当代，就是我们说像美国当代艺术那样的当代？

周宪：我讲的当代艺术是一个比较成熟的说法，今天我就不讲先锋艺术了，讲当代艺术，我讲的就是这个意思，就是比较先锋的、比较反叛的、比较激进的艺术，就是当下的，而不是一个简单的时间概念。因为今天我们在美术界经常讲当代艺术就是指这样一个艺术。所以，现在先锋派的概念或者前卫艺术的概念已经越来越少了，我讲的当代艺术就是今天在中国存在的，有很多，像我刚才讲的曾梵志等很多人，比如过去说的4F这一类，南艺也是有的。我顺便说一件事，因为我也是省政协委员，我每年给政协写提案，曾经就写过一个提案，我知道这个提案不会有结果，我的提案是大力发展江苏的当代艺术。江苏这个地方是比较保守的，广州、重庆甚至成都也是非常休闲的城市，也是和南京有点像，但是成都的当代艺术做得非常好，南京的当代艺术不太成气候，当然我知道写这个也不会有什么答复。一般写提案总有一个结果告诉你一下，我这个提案提交上去之后，没有任何人跟我说我这个提案被哪个部门接受了，我也不知道我这个提案最后去了哪里。我也和江苏的很多画家谈过，为什么江苏的国画、水墨那么强，而当代艺术这么弱，是江苏的文化问题吗，还是什么？这个问题也是挺值得思考的。一个地方的艺术的活跃程度跟它的文化是有关系的，有时候我们说江苏这个地方，比如说浙江那边有很多东西江苏应该去学。我随便举个例子，江苏人做生意是不离开家的，但是你想想浙江人，满世界跑，你在哪里都能看见浙江人，这就是它的文化。再比如说，你到深圳，因为我去搞那个文化产业的调研，深圳真的是很有活力的一个地方，因为那个城市的历史很短，人都是从全国各地来，它没有自己的传统。南京这个地方，这个传统你看不见的，它就在影响你。因为我是从小在这个地方长大的，在这儿出生，我在这儿已经活了60岁了，对这个城市我太了解了，你慢慢就被影响了，一方水土养一方人。所以，当代艺术在江苏确实是这样的。当然，南艺有很好的艺术家毛焰，毛焰的作品在整个当代艺术上也是可以书写重要一笔的，但其他的就不多了。我经常去武汉，有一些朋友在那里，我到他们画室里就经常跟他们聊，他们看问题就跟我们不一样，是什么问题当然我没有很好地去研究。另外一个问题就是当代艺术具有反叛性，它有时候会惹出一些麻烦来，这也是一个比较敏感的问题，所以政府也不太提倡，但是我觉得艺术应该是多样性的，不应该是江苏一讲出去就是国画，也应该有一些当代艺术家的。

周宪 1954年生，江苏南京人，南京大学文学院教授、博士生导师，教育部"长江学者"特聘教授。研究方向为美学、文艺学和文化研究等。主要著作有《美学是什么》《崎岖的思路——文化批判论集》《20世纪西方美学》等。

董巨派名笔：富春卷与剩山图原貌

主讲人：傅申

时间：2015年4月18日
地点：南京艺术学院图书馆报告厅
讲座主持：南京艺术学院　刘伟冬

在好几年以前，当时浙江省博物馆的《剩山图》拿到台北故宫展览，跟台北故宫的《富春山居图》两张合在了一起，温家宝先生对这个事情很关注，所以有了这样一个新闻。而我真正研究黄公望的《富春山居图》是在1973、1974年，为什么呢？因为当时香港大学有一位教授叫徐复观先生，他是很有学问的一位老先生，本来在台湾教书，后来到了香港，他出过一部很重要的著作叫作《中国艺术精神》，这本书写得很好。后来他开始研究这两张《富春山居图》，我们大家知道《富春山居图》有"双胞案"，乾隆皇帝前后收藏过这样两张画，他当时与大臣研究，最终认为子明卷，就是画给子明的这一幅是真的，画给无用师的无用师卷是假的，所以引起了很大的争议。

我们先来看黄公望的画像（图1），这幅画实际上是20世纪初期画的。《剩山图》流传到吴湖帆手中，他请了一位画家，根据元代或者是明代木刻的黄公望像，画了这样一幅画像。我刚从杭州赶过来。在杭州期间，有一位浙江富阳人氏邀请我去富阳参观筲箕湾，说他们发现了黄公望墓和他晚年隐居的地方。我曾经在80年代访问过那里，当时找了一位

图1

骑三轮机车的人帮我一起找黄公望墓,没有找到。现在不仅找到了,而且还发展成一个观光区。那里题写了"元高士黄公望结庐处",结庐就是指隐居的地方,在那里结了一个草庐来隐居。

那附近有一座山头,山顶上有一个墓,他们认为那就是黄公望的墓,我那天专门从山下爬到了山顶。墓的形状看不太清楚,旁边有围墙、土堆,这个就是黄公望的墓。

我正好路上采了一点野花,就在黄公望的墓前,捡了点菊花放在墓前,然后我拜了拜墓。同行的人一起拜,大家都在鞠躬。他们说黄公望是道士,很会看风水。

今天我们要讲的这个主题分以下几个简单章节:杭州的《剩山图》与现收藏于台北故宫、1350年完成的《富春山居图》;《富春山居图》源自于董源、巨然派别,而不属于李成、郭熙、范宽这一派;《剩山图》的真假问题,所谓的古画都有争议性;还有《富春山居图》的双胞案:子明卷《富春山居图》,被称为乾隆爱侣,长伴君侧,子明卷就是刚才讲的画给子明这个人的那卷,另外一卷是画给无用师的;最后讲《剩山图》与《富春山居图》原貌的重建。

2011年在台北故宫举办了"山水合璧"特展,当时温家宝先生在展览期间讲了这句话:因为我们是兄弟。但是报纸上把这一半的图接错了,《剩山图》应该是在卷的右手,左边是《富春山居图》,右边是《剩山图》(图2)。

图 2

现在我们来看看《剩山图》(图3),它完全用披麻皴,披麻皴很光,长披麻。但是你如果仔细看的话,有一块地方可以看出来和其他地方不一样。中间有个地方纸比较白、比较新,笔墨也不是原来的笔墨。假如用现代科技仪器一看,就知道是后来人画的。旁边隔了一段距离还有一个洞,旁边第二个洞是大洞,边上还有小洞。为什么会这样?我们需要了解一下情况。大家知道

《富春山居图》曾经被收藏家投到了火里,因为收藏的人太喜欢这张画,不希望这张画被别人占有,于是在临死之前,点了一堆火,把他钟爱的收藏都投到了火里,所以靠火的那边就着了,然后就往里烧。

你们假如仔细看台北故宫的《富春山居图》的全貌(图4)的话,会发现有一段都是有洞的,后来修补过。往后的洞越来越小,慢慢就没有了,所以后面是很完整的。为什么会这样呢?当时收藏家的侄子看到这么一张精彩的画投到了火里,有点遗憾,背对收藏家,乘机把另外一件不太重要的作品投到了火里,把这件作品抢了出来。可是画卷前段已经着火了,前面这段叫作引首,往往有人题字,有前隔水和后隔水。引首前面还有一段卷绫把画卷包起来,所以卷起来时先从外面开始烧,前面已经烧坏了,烧到后来洞就越来越少、越来越小。

图3

图4

现在我们把《剩山图》和台北故宫的《富春山居图》接起来,大概就是这样子(图5)。但是为什么叫《剩山图》呢?就是火烧之后,刚好在接缝处有一个洞,把它去掉揭下来就变成"富春一角"。吴湖帆得到这《剩山图》以后就题了"山川浑厚,草木华滋"。还有沈尹默题的楷书"元黄子久富春山居图卷真迹烬余残本"。《剩山图》差不多是一尺多长,沈尹默的题跋说"此为荆溪吴氏云起楼所藏之本也,

图5

前幅尚有数尺",就是说在《剩山图》前面还有好几尺,但是都被烧掉了。所以待会我会用其他参照临本来复原全图。

刚才讲这件作品被火烧了一部分。台北故宫《富春山居图》的洞比较小,浙江博物馆的《剩山图》仔细看洞不仅多,并且比较大。另外要特别讲一下,古代的手卷大部分都是一段一段的,因为受手工制作宣纸的局限,没有办法像机器制纸那样做成整卷,都是接起来的。用一个竹帘捞纸浆,捞起来以后成一段,所画的手卷就需要一段一段接起来。两段相接的地方往往有收藏家或者画家自己盖的骑缝印,也叫骑缝章。下面还有一件类似的作品就是子明卷,乾隆皇帝以为它是真的,可是我们现在大部分的学者,都认为它是假的。但是徐复观先生持相反的观点,他要替乾隆翻案,认为乾隆看对了,我们看错了,他一直讲子明卷是真的。我1965年进台北故宫,1968年离开,经常有机会将两卷摆在一起比较。开始也看不懂哪一卷真,哪一卷假。假的这一卷也画得很好,尤其像清初四王之类画家的作品,那时主要是对黄公望的真迹还不了解。

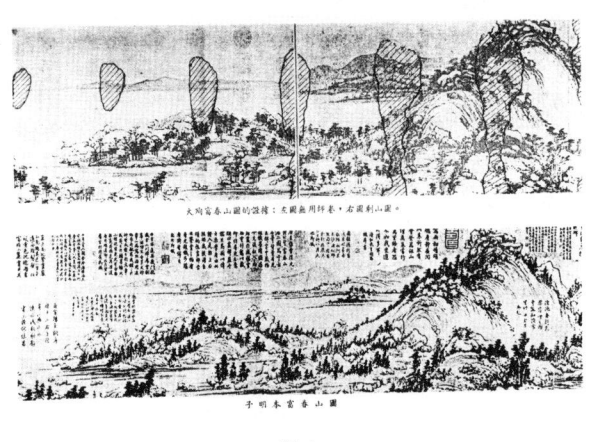

图6 这一张《剩山图》补的部分,是我1973年根据浙江省博物馆《文物考古》杂志上的长卷画的,仔细看笔墨不一样,后来1974年又画了一张。1982年,上海的丁羲元先生也画了《剩山图》的补全图,他画的跟我画的大同小异。

图6

到了2009年,浙江省博物馆的查永玲女士写了一篇文章,又附上她画的《剩山图》,她画的补全部分是用黄颜色所标出的,所以基本上缺失的补起来都是这个样子。最左边的半个洞就是接纸地方的半个洞,另外半个洞在台北的无用师卷上面。

《富春山居图》为千古名笔,乾隆题赞。假的那卷上面题得密密麻麻,真的这卷只有这一段,而且不是乾隆皇帝亲笔写的,是他题了以后让一位文臣(侍从)替他写了上去。

这里顺便介绍一下中国山水画的几大派别。《富春山居图》属于董巨派。董源、巨然是五代北宋南宗的祖先,以前我们称为南宗山水的代表。董源传世作品有《夏景山口待渡图》与《潇湘图》等。《潇湘图》本来是张大千收藏的,后来为北京故宫收藏。当时清宫旧藏流散到东北很多,包括溥仪携出宫外的称之为"东北货"。民国初年,允许溥仪住在宫里,他就把宫里很多重要的小画、手卷和册页悄悄拿出来。手卷卷起来一般都是一尺左右高的小卷,可以放在皮包、袖子里。许多名画,他以鉴赏为名,再以"赏溥杰"为名,溥杰是溥仪的弟弟,私运出宫。这一批作品在伪满洲国政府倒台时流散了出来,其中就有董源的《潇湘图》。董源有一件很大的作品叫《龙宿郊民图》(图7),这是台北故宫一张比较重要的画,但是看整张跟《富春山居图》好像没什么关系。因为宋朝的画,主山都非常庞大。这张画跟范宽的《溪山行旅图》不一样,《溪山行旅图》是很高大的一张,主山在中央。可是这张画是从近看起,一层一层伸延,有弯弯曲曲的河流一直到远处。我们再来看《富春山居图》的这部分,就很像刚才看到的《潇湘图》一类的构图,所以黄公望的《富春山居图》的确属于董巨派。

图7

图8

这是现藏于台北故宫博物院、传为巨然的《秋山问道图》(图8)。我最早有一篇论文是《巨然存世画迹之比较研究》,因为古代的画尤其北宋的画流传下来的不多,而且巨然名下的作品风格都不太相同,所以我做了一些比较研究。这《秋山问道图》是标准的长披麻皴,山顶上有矾头,所谓"矾头"就是山林里很多堆积起来的大石头。董巨派到南宋时期只有一个江参(江贯道)。南宋另外有一位重要的画家叫李唐,李唐随宋高宗南渡到了杭州,他发展了马远、夏圭这一派。在日本有一张南宋的画,画得非常精彩,叫《潇湘卧游图》,东京国立博物馆收藏。只知道作者姓李,是从安徽舒城来的，到现在为止还没有讨论出来这张画究竟是谁画的。南宋除了江贯道之外，像董源、巨然这一派的画作只有少数几张，大部分的画都是夏圭、马远的风格。董巨派传到元代有了赵孟頫（赵子昂），他的《鹊华秋色图》和《水村图》都是标准的董巨派，但是已经改变了北宋气势庞大的感觉。赵孟頫是一个全才，他不但画董巨派，也画李郭派，比如他画的《重江叠嶂图》（台北故宫博物院收藏）与《双松平远图》（美国大都会博物馆收藏），这两件作品就完全是李成、郭熙的风格。在美国纳尔逊美术馆有一张传为北宋许道宁的《秋江渔艇图》，画得非常精彩，是李成、范宽这一类别的。

图9

刚才讲到南宋的李唐，他作有《江山小景》（台北故宫博物院收藏）。但是李唐跟李郭派、黄公望相比是另外一种风格。还有夏圭，在台北故宫有一件《溪山清远图》。这幅作品非常精彩。北宋被金人打败以后，迁都到杭州变成南宋，北方江山都成为了金朝的土地。金朝的统治其实接续到北宋时代，所以北宋很多画家就在北方就变成了金朝的画家，可是到现在为止我们真正确定金朝画家的画很少，大部分12、13世纪的画，我们都归为南宋，其实应该是金朝。北宋占了一半的江山，他们一定有很多作品留下来，所以金朝的画我们将来还要再挖掘。图9是台北故宫博物院收藏的武元直的《赤壁图》。这是想象中的赤壁，但是这张画非常有名，为什么

图10

呢？因为作者是金朝非常有名的画家，这幅画卷后还有一位金朝书法家赵秉文非常精彩的题跋。

我们现在再来看《剩山图》的真假问题。这幅画跟后面所谓的《富春山居图》相比，有些笔法不一样。首先讲《剩山图》和无用师卷，你们看无用师卷的局部，这两幅应该是一张画（图10），但是中间好像接不起来，笔法也有点不一样。左边这幅披麻皴的线条是比较光直的，而右边那幅的线条干，运笔非常枯，并且有扭曲的状况。这是所谓"解索皴"，就好比一根绳子原有好几股，把它展开来以后形成了这样。左右两幅好像是不一样。即使是无用师卷同一卷画里面也有很多不一样，所以你可以推测说它是假的。有人就用这个方法来解释它和《剩山图》为什么接不起来。但是我们仔细看，这个村落、小房子还有远树的画法都是一样的，几条直线代表树干，然后横点代表树叶。再来看很多其他部分的比较。右下角这幅最右边的山头就有比较光直的披麻皴，而左上角的山头就是比较卷曲、干枯的皴法，有点像王蒙的画。元代后期有元四家：黄公望、王蒙、倪瓒，还有吴镇，他们都属于董巨派，但是每个人都有自己特殊的风格。其实这幅手卷后面还很长，描绘的景色不太一样，仔细看的话有很多不同的笔法，但不能说这一卷有几个人在一起画，其实还是只有一个人在画。我要讲的意思就是开头的《剩山图》还是他画的，但是每一段风格会有点不一样，因为这么长的一张画不是一次完成的。还有一点，《剩山图》左边就是《剩山图》的后面一半，中间最上面有个"骑缝印"。这枚印章是吴之矩的，吴之矩是一位董其昌时期的收藏家。这张画是从吴之矩转到他侄子那里收藏，后来才会被烧。只要这个印章是对的，那这张画就接得起来。但是有的学者反对，觉得这山怎么跟这山连在一起呢。其实他不知道这里有洞，有洞的地方重裱，把洞补起来以后，要请画家来靠他的想象来画，补洞上的画叫"全补"，而全补往往改变了原作的造型。现在要特别注意这枚印章，这个印在《剩山图》上有，跟前面的长卷相比是同一枚印，只要确定吴之矩这个印是对的，那么《剩山图》应该是属于原作的一部分。再讲这个印章，是《剩山图》跟后面接缝的地方刚好有个印，刚好烧到下面，没有烧到印。本来有接纸的地方把它分开，这个印章就各留了一半，我们可以把它还原，左一半右一半拼接起来，刚好是一个完整的印章。

上面是刚才我们看到的《剩山图》的部分，它只是长卷中的一部分，下面是《富春山居图》的整个长卷。我们看到后面的洞已经烧成这么大了，那前面的地方，洞应该是越来越大，因为它是被卷起来烧的，所以一定是外面的洞更大。我们用推想的方式理解，加上之前读沈尹默题跋的时候，知道前面还有好几尺没有被烧掉。为什么没有烧掉？因为前面洞越来越大，这是我凭想象画的一个火烧的情景。前面的洞这么大，没办法收拾。到了《剩山图》这里，觉得还比较完整，就把它留下来，揭开、补好，又变成了一个山水图卷。

图 11

图 12

这是《剩山图》以前的印刷品，书本上的一张图片（图 11）。我画的洞就是根据这件印刷品描出来的，后来浙江省博物馆的工作人员证实了这个洞的确存在。其实《富春山居图》日本二玄社都有复制品，我相信很多地方都可以看到。顺便要讲一下，台北故宫收藏了十几幅黄公望立轴的画，可是唯有一张是真迹，其他都是假的。这张画叫《九珠峰翠》（图 12），画的名称来自画作的题跋。题跋的人是杨维桢，是黄公望的好朋友。除了有杨维桢的题字，还有杨维桢的朋友王逢的题字，王逢是元朝人。这张画并没有黄公望的款，更没有签名，完全是靠着上面两个题跋来认知它是黄公望所作。"九珠峰翠皆云烟"，这个"九珠峰翠"的名字，就是从杨维桢的诗里面选的。可杨维桢只是题了一首诗，诗后有他的题款"铁笛"，杨维桢号铁笛道人，但并没有说明这张画是黄公望画的。右上角的这个题跋是王逢题的，因为还有其他作品可比较,可以证明这个字是王逢写的。王逢题诗表明他是替杨维桢题黄公望的画,我们才知道这张画是黄公望的。这张是黄公望的立轴。其实他的画立轴形式的表现比手卷要多,四王仿黄公望的画,大部分都是立轴。我们看这两个山头的皴法跟《剩山图》的皴法是一致的。后期画作很少有画在绫罗绸缎上的,而《九珠峰翠》却是画在绫缎上的。宋元时期大部分都是绢本,纸张通用以后都画在纸上,这幅《剩山图》就是画在纸上。现在比较这两个山头的皴法,都比较直,不卷曲,是比较湿的披麻皴,我们可以看出这两座山的皴法很类似。

现在讲《富春山居图》的"双胞案",大家看无用师卷与子明本卷是不是很相像?布局、构图、山石的形式、树林等都很像,这就是"双胞案"。一位画家很少有两张完全一样的画,不像生小孩,可以有双胞胎、三胞胎。书画中的双胞案往往是一真一假,或者是二者都假,很少有两张都是真的情形,这是鉴定的一个通则。

我刚才讲到了徐复观教授,他1973、1974年间在香港《明报》月刊发表了《中国画史上最大的疑案》一文,针对两卷黄公望《富春山居图》的问题进行了论述。在他写这篇文章之前,美术史鉴定界已经公认乾隆皇帝看错了,不过他为乾隆翻了案,认为乾隆是正确的。可是我在故宫看了,开始虽然看不懂,但是后来慢慢懂了,对于这两张的真假问题,我和徐复观教授的观点不太一样。于是我就开始跟他辩论,写了《两卷富春山居图的真伪——徐复观教授"大疑案"一文的商榷》。我认为这是他的"最大的疑案",题目非常令人震动。徐复观教授的文笔非常犀利,很有说服力,引经据典,讲得头头是道。他学问确实很好,但是后来我发现他对书画的真假好坏其实不是很了解。

很多美学教授讲美学的时候,都很有哲学意味,但一看到原画就满头大汗,讲不出话来。徐复观教授认为子明卷为黄公望真迹,就是乾隆皇帝题满了字、盖满了印的这一卷,密密麻麻的。不但他题,后面还有别的人题,乾隆皇帝是收藏史中很少见的热衷题画的人。我在故宫三年,受了前辈学者的影响,当时故宫的副院长庄严先生、李霖灿先生等,都评论乾隆皇帝的字写得像面条一样,诗也往往是打油诗。但我现在越来越尊重乾隆,觉得他了不起!了不起在什么地方呢?他25岁当皇帝之前就出了一本诗文集,都写得很好,而且很有学问。他在10岁前后,祖父康熙皇帝在圆明园见他父亲雍正皇帝,当时雍正还没有登基。雍正带着乾隆见康熙,康熙就问他某一篇古文你会不会背啊。乾隆就朗朗上口地背,一字不差。康熙从此就对乾隆印象深刻，还把他带到避暑山庄亲自教养。有这么一说，后来是因为喜欢这个小孩子才把他的父亲雍正立为皇帝。乾隆天分很高，记忆力很好，博学强记。在他当皇帝之前，"皇帝先修班"、"皇帝博士班"已经毕业。可是你们想想，他的祖父康熙是几岁当皇帝？八九岁，他到了康熙六十一年才去世，也算高寿，将近70岁过世。雍正几岁当皇帝？40多岁，已经等了很久了。雍正等了那么久才当皇帝，还很认真批改公文，十几年如一日。乾隆皇帝表面是尊敬他的祖父康熙，说做皇帝不要超过我的祖父六十一年，六十岁以后我就退位给继承人。可是你们想想看，他25岁才当皇帝，青年才俊博士后，当了皇帝，再当六十年要几岁了？八十多岁！他的父亲才六十几岁吧，祖父才不到七十，他要活八十五岁。看历史上的皇帝都很少有活这么久的，所以他其实要追求长寿。坐到乾隆六十年退休，可真正退休了么？听说清宫里面还有乾隆六十一年、六十二年的记录，所以虽然嘉庆皇帝已经继位使用嘉庆年号，可是宫内还是尊用乾隆年号。乾隆皇帝留下的诗很多，康熙、雍正、乾隆都有诗集，但乾隆的诗有4万多首。康熙时候编的《全唐诗》一共也就4万多首，他一个人的创作就等于全唐诗的数量。他曾经到一个行宫30多次，留下了1000多首诗。算起来每天要作好几首诗。有时候他的文学侍从（汉人文官）跟他一起作诗，往往别人都还没作好他就作好了。有时候他作的诗因为学问好、典故多，读起来就拗口，也不容易了解诗的意思。有时候大臣都不知道他诗的内容，因为他读的书太多了，大臣一时想不起所引的典故。

在五年前，香港中文大学邀请我参加"钱穆（钱宾四）讲座"，讲了一个礼拜，其中讲到乾隆。讲完后我去看望饶宗颐先生，他问："你在研究什么？"我之前一直不好意思说乾隆，怕他骂我，只好低声下气地说："在研究乾隆。"想不到他回答一句，让我印象深刻。他说："乾隆，深不可测！"这是饶宗颐先生讲的原话，我从来没想过他会这样称赞乾隆。乾隆皇帝不是一个文人，也不是收藏家，他要管国家大事。可是大家看子明卷，他在这画卷上题了多少诗文！中国历史上没有一个收藏家能有他的勤奋和执着。但是他很龟毛，就是说他很仔细、琐碎，跟着他的画家们也非常辛苦。图上题字我做了年份标记，1767年、1772年、1774年等，他每一次题跋都找地方才能塞进去。而且有些很小的地方，他的字也只好写得很小。乾隆皇帝很自傲，眼力很好，他写这些不需要戴眼镜，而且他对眼镜的历史考察得很仔细。在元朝就有眼镜了，元朝人不叫眼镜，叫"叆叇"（ài dài）。他还说眼镜有两种材料，有玻璃和水晶。他总结水晶的比较好，因为它比较凉，不损害眼睛；

玻璃是火炼出来的，对眼睛不好。我越研究越发现乾隆很有意思，他很好学，善于钻研。他读到沈德潜写的题跋，当时没有看到无用师卷，以为子明卷是真的，就写了题跋"是年冬（1745年）偶得黄子久山居图，笔墨苍古，的系真迹"。安仪周（安岐）是当时收藏非常有名的一个收藏家，他著有《墨缘汇观》，收录的画都很好。其中当然也有别人掌眼的，王石谷（王翬）就是为他掌眼的。当时收藏家要请专家来替他掌眼、鉴定。安岐死后家道中落，将藏品向傅恒售卖。起先我以为傅恒是我祖先，是满洲人。藏品涵盖的除了这《富春山居图》（无用师卷），还有马远、王羲之等人的作品。傅恒听说这事以后问卖的人，说这些既不能吃也不能穿，人回答说这就是你不懂，其中另有一幅《富春山居图》才是真迹（子明卷）。于是，傅恒就花了一千金买下了。

> 明年丙寅冬，安氏家中落，将出所藏，古人旧迹，求售于人，持富春山居卷，并羲之袁生帖、苏轼二赋、韩幹画马、米友仁潇湘等图共若干种，以示傅恒，傅恒曰，是物也，饥不可食，寒不可衣，将安用之？

后来傅恒把这件事告诉了乾隆，"恒举以告朕"。乾隆当夜"剪烛粗观"，就在蜡烛下"粗观"，居然就是《富春山居图》！第二天乾隆又和大臣一起研究，看这两卷哪卷是真的。大家都认为这卷（子明卷）是真的，所以他每次题写都很长、整齐，很有计划。另外一卷（无用师卷）反而没有乾隆题的字，干干净净。只有一段题字是乾隆皇帝的内容，字还是大臣梁诗正题的，我们看题跋就能知道。顺便看一下董其昌在两卷上的题跋。乾隆皇帝所认为的真迹子明卷《富春山居图》上的题跋，与无用师卷的题跋，对比看。一开始，我觉得子明卷字写得蛮好的，跟乾隆皇帝一样看错了。后来慢慢研究董其昌，才知道另外一卷无用师卷才是真的。再仔细看一下，子明卷上董其昌的题跋是非常粗糙的，无用师卷的董其昌题跋比较文弱、秀气。这卷为什么叫子明卷呢？是因为后面的题跋，大家可以一起看一下："子明隐君将归钱塘，需画山居图景，图此赠别。大痴道人公望，至元戊寅秋"，所以这一卷叫子明卷。乾隆皇帝还要考证一下"子明"到底是谁。"为子明隐君作，子明未详姓氏，当再考之"，他当时没有得到结论，等以后有时间了再进行考证。后来他又写了一段题跋"《元史》不载子明其人"。从1746年到1775年，一直都在考证"子明"是谁。而另外一卷，为什么叫"无用师卷"呢？黄公望说"仆归富春山居，无用师偕往"。无用师是一个道士，他的号叫"无用",无用之用,所以这一卷叫无用师卷。无用师卷和子明卷上的书法很不一样。子明卷的字写得不成样子,这三行半写得不太好。相比之下,无用师卷就写得非常好。我们可以用黄公望的其他作品来证明这个是真迹。

台北故宫还收到了一张与黄公望同时期的画家曹云西(曹知白)的《雪景山水》,上面有黄公望题的诗句,书法和子明卷的书法不一样。把这三张画的题跋放在一起作比较,可以证明曹云西画上的和无用师卷的题跋出自一人之手。不只这一点,还有其他的,比如黄公望79岁写自己是"松雪斋中小学生黄公望"。松雪斋是赵孟頫(赵子昂)的书斋名,意为他是跟赵孟頫学的字画。现在假的(子明卷)还好,因为乾隆题满了,要不然真的题得这么花花绿绿的。大家看得到:1757年乾隆在钱塘南巡,1750年在河南嵩阳,还有更早的1748年、1749年,1751年在西湖行宫,1764年、1789年又到了盘山(现在天津蓟县西北)。他把这幅画一直带在身边,没有收藏家会这么用心用功,屡次题诗。我们再看后面的:1765年南巡浙江未到富春,1766年在天津盘山的静寄山庄,1767年在天津。1751年南巡又题了字,又有1746年题的"长至后八日,快雪时晴,坐养心殿明窗下,盆梅处放,一室春和,展此卷,欣然有会,辄命笔书之"。可见他心情很好。"快雪时晴"是王羲之的代表作,为"三希堂"中最有名的一件。画上有在不同地方的题跋。1787年在避暑山庄。1788年的题跋中写道:"春巡驻津门,得台湾生获庄大捷报,展卷想见凯旋将士,过桐江富春喜色。御识。"这是说他1788年去了天津,听到台湾打了胜仗,申请了台湾"探假"多少天,由于捷报,所以他很高兴。可见他的题字跟生平事迹有密切的关系,有时候年谱上讲得概略的事情,从这些题跋就提供了很多具体讯息。第二年,在田盘山庄题写了"寒勒山花未放,越日晴喧,遂睹芳菲,适携卷展对"。其他还有很多题跋,1746年、1757年、1760年、1776年都有,忙得很。这里有乙卯1795年乾隆六十年的题跋:"以御宇六句展叩桥山,回经谭柘,喜雨与画境适印。"说他经过这个地方正好下雨了,和《富春山居图》画面很相似。这时候他将让位给嘉庆,"明年归政后,行笈携赏,可不复拈毫,亦翰墨缘之得全耳",就是说他退位以后就再不题了。我们再看,后来他又补了一句"以后展玩亦不复题识矣"!这样的题字也出现在《快雪时晴帖》上。帖上的"神"字下面题写了"以后展玩亦不复题识矣"!完全一样!可见他兴文题画的兴致非常高。

接下来讲《剩山图》与《富春山居图》原貌的重建。这件是沈周的(图13),明朝四大家之一,1487年的临本。这不是他照着画的,而是看过之后凭记忆所及画下来的,属于背临本,跟对画面临摹不一样。另外1649年有

图 13

个张宏的临本。张宏的临本很像,但是笔墨没有那么好。张宏的题记说:"世传大痴老人富春山图,甚快人耳,难于一观,己丑秋日,特买舟游荆溪",有机会在"吴氏亦政堂中把玩","漫摹一过"。现在我们就把张宏和沈周的临本对照,看《剩山图》前面还有什么。

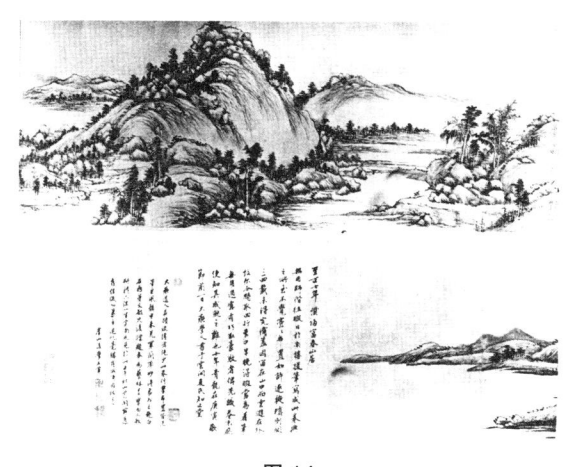

图 14

我们还要参照其他临本。这是王翚(王石谷)在1702年的临本(图14),跟沈周的临本类似,只是《剩山图》前面部分被烧掉了。另外,我们知道石涛是很少临古画的,但汪濬先画了一部分,石涛把没有画完的部分补了出来,所以很多笔墨看起来都是石涛的。这张画其实很可惜,当时应该进博物馆的,现在不知道被卖到哪儿了。具体我们怎样重建原图呢?首先,有记载说"卷首平沙五尺,今毁于火"。这是邹之麟的临本,前面还有平沙五尺的一长卷。我根据这个临本重新画了一卷,直到《剩山图》。这是重建烧掉的《剩山图》前面的内容。我们知道《富春山居图》是一段一段接起来的,《剩山图》这一部分是半张纸,所以应该是一张半的纸被烧掉了。后面的《富春山居图》是这样接起来的,一共有六张纸,加上《剩山图》是六张半,前面有一张半被烧。《剩山图》后来因为接缝处有洞,就把它拆下来了,再补一补变成了册页,后来被浙江省博物馆收藏。《剩山图》的长度实际相当于台北故宫博物院那一卷的十二分之一，并不是"一半在杭州，一半在台北"，因为《剩山图》实在太小。所以温家宝先生是为了两岸的关系才那样说的。谢谢大家！

提问与回答

听众：傅教授您好，我的问题是：南宋四家常在江浙一带，居住地与黄公望基本一致，为什么南宋四家在画作中都用斧劈皴，而黄公望都用披麻皴呢？

傅申：每个时代都有每个时代的风尚，就像某个时代流行的发型、服饰，流行趋势很难讲是为什么。当时赵孟頫要回归正统，他认为传统是董巨派，所以他的影响力很大。后来，马远、夏圭这一派就慢慢没落了。人心思变，就像当代的书法，曾经有流行书风和个人书风。现在临帖的人越来越多，很多人从"临帖"走到了"复古"，赵孟頫就是复古，所以跳出南宋，回到北宋，这是另外一种风格。

听众：教授，我想问一下，在南京博物院我看到过一幅《富春大岭图》，也是黄公望的作品，想问问您对这幅画有没有研究，它跟我们现在欣赏的《富春山居图》有什么相似或者不同的地方？

傅申：一个人的变化实在是很多，黄公望有几张画我是可以确定的。但是这一张《富春大岭图》，目前我还没确定。我知道富阳有个地方叫大岭。这张画皴法比较少，描绘的轮廓比较多，也只有"富春大岭"几个字，不太容易跟题字很多的其他作品进行比较判断。画得不错，很多人编写黄公望的作品集都包括这张画，认为它是真迹。可是我本人感觉还没有百分之百的把握。因为这幅画的画风不太一样。《富春山居图》皴法很多，而这张画皴法比较少，跟黄公望的其他作品不太一样。除了台北故宫的这一卷之外，在北京故宫博物院有黄公望的《天池石壁图》和《九峰雪霁图》。云南省博物馆有一张徐邦达先生发现的《剡溪访戴图轴》，跟北京故宫的《九峰雪霁图》非常像，这些作品都是可以确定的真迹。同为描绘雪景的画，风格相差很远。但是这些作品上书法也多，书法一看就知道是不是同一个人写的。我觉得研究元朝人的画不能只研究绘画，画家很可能换风格，但是书法的风格一般不会变化那么多。如果书法可以肯定，画作只要时代够，就应该是真迹，这是鉴定方面的书画并用、各占50%的鉴定方式。

听众：傅老师您好！因为我研究生的论文正好研究的是吴其贞的《书画

记》。《剩山图》之名源自《书画记》中的一段话，所以我看了关于《剩山图》真伪的一些文章，比如丁羲元先生的、徐复观先生的，还有您的。看过之后发现，丁羲元先生和徐复观先生说它是伪作，矛头指的就是吴其贞《书画记》中的那段话，说《剩山图》其实就是吴其贞作的假。我从《书画记》中看到，对于吴其贞的记录，一是他对字画特别爱护，二是他在字画中很少题跋、钤印，尤其是《剩山图》，吴其贞盖了一枚收藏章，就是"其贞"。另外，吴其贞在1651年才真正走出徽州一带，他原来都只是在徽州做收藏，后来才来到杭州、无锡、南京这一带。我想《富春山居图》的烧毁是在1650年，但那时候吴其贞还没有来到浙江一带，所以我认为吴其贞不可能参与作假。以上几点是我的看法，不知傅老师对吴其贞是怎样评价的，以及这幅画是否为吴其贞作的假？谢谢！

傅申：我对吴其贞相当尊敬。他虽然是书画商人，但他坐船到处拜访收藏家，收购、交易古画，和董其昌等人都有来往。如你所说，他的确很少有题跋和印章，但《剩山图》中他的印章应该是真的。他的收藏并不代表是他作假。我时常跟丁羲元先生唱反调，他的看法其实很奇怪。赵孟頫的《鹊华秋色图》他也认为是假的，这我不敢苟同，所以我同意你的看法。

听众：老师好，我知道您除了是一位研究家，还从事书画创作。我想问您从事艺术研究的过程对于您的书画鉴定和创作有什么影响，以及您的艺术研究对生活产生了哪些影响？

傅申：我是艺术系、美术系本科毕业，本来中学的教育是画素描、水粉这类西画，侥幸考进了台湾师大的美术系，当时那是台湾唯一的美术系。那时候画册很难求，很多西方画家的作品根本就看不到，连好的印刷品都没有，50年代印刷真的很差，介绍西方的油画也非常少。本科二年级以后，有书法课、国画课，还要刻图章，我的兴趣就越来越浓，觉得还是要走中国画的路子。当时的想法是，我除了国画、书法，还要刻图章，要变成中国书画金石家。后来在大学三年级系展的时候，我获得了全系的书法国画联赛第一名，这奠定了我以后研究的发展方向。在1962年、1963年前后，认识了一位叶公超先生，叶恭绰的侄子，叶恭绰大家比较清楚，是大收藏家。

刘伟冬：也是我们上海美专的校董。

傅申：叶恭绰先生对吴湖帆等人都有影响，他的收藏非常有名。虽然他个子不高，但是书法非常雄强有力、气势饱满。现在市场上很多人的书画都在涨价，但是叶恭绰好像还没涨到应有的位置。如果收藏家有兴趣的话，可以在这方面努力。他画兰竹都画得很好，自己没有儿子，侄子就是叶公超。

叶公超是非常有才气的一位青年，自小一直受到诗书画的熏陶。因为英文特别好，在剑桥大学读到硕士之后，北京大学请他做英文系讲师，跟胡适等人都是朋友。后来他到了台湾，做"外交部长"，又做"驻美大使"。在他担任"驻美大使"时，外蒙古加入联合国，蒋介石先生怪罪于他，说不应该让外蒙古入联，于是将他调回，不给任何官职，做"政务委员"，也做故宫的管理委员之一。台大请他教书，400人的教室不但坐满而且站满了。讲了几次后，蒋介石怕他乱批评政府，所以不准他教书。因为小时候受过书画训练，所以回到了他的本行。那时我常陪他画画到半夜一两点，晚睡的习惯就是那时候养成的。他墨竹、兰花都画得很好，不过不会画石头。我是画山水的，所以帮他补几笔石头。后来他说，傅申你到故宫博物院去。那时候故宫博物院还不在台北，在台中的一个山洞里面。我想我在台北可以接触到很多前辈书画家，学习的机会很多，到了台中怎么办，在山洞里看古画？所以没有去，后来我念了中国文化研究所，想要扩充我的知识，变成大书画家。还没等毕业，台北的故宫博物院就造好了，叶公超先生说："好了！现在你去。"我就去了台北故宫，跟江兆申先生同时进去。江兆申、傅申同一个"申"，有故宫"二申"之称，所以面对面坐在故宫里面。本来我们两个人从师大毕业以后都在教书，江兆申在一个中学做老师，我是师大附中教美术的老师。后来我们到了故宫，那是我一生中学习最多、得益最多的三年。当时书画处的处长那志良先生喜欢玉器。我们到了故宫以后，他说书画展览你们两个人办。由于我们对故宫的收藏还不了解，于是每天从库房推出一车古画来，大概几十件，让我们自己翻阅自己挂。看了三年还没看完，那真是一生中"如鱼得水"的时候。

　　回到你刚才的问题，书画创作与书画鉴定的关系很密切，有创作经历的人对于书画笔墨研究更加精准。我1994年从美国回台湾，在台大教书，每年进来的学生都考试成绩很不错。有的是外文系，有的是历史系，有的是中文系，这些系别还好，其中有个学生还是造船系毕业的，还有化学系，但他们考进来了。有的学生平时喜欢写字，但是很多人完全不会，行草一点不会读，读对了也不会标点，所以我要训练他们。入学考进之后一定要读一本书，余绍宋的《书画书录解题》。这本书早期出版时是没有标点的，我让他们先把没有标点的书从头到尾标点一遍，不管大字小字都标点一遍。都标点一遍就对有关书画著录、理论的书都大概了解了。一开始标点可能不正确，但是慢慢标点就正确了。另外，选我课的同学每个礼拜都要交作业，是至少临一百个草书字，不能照样画葫芦，要在旁边用楷书注明这是什么字，这样慢慢对草书的认识就增加了。还有,去描重要书画家的图章、收藏家印章,将来你一看到安仪周的印,就会认出来。如果没有刻过图章,没有练过篆书,一看图章就会觉得好像是外国文字。英文中有一句话,对于不懂的文字: It's Greek to me.好像是希腊文一样,犹如天书。虽然草书也是中文,图章中的篆字也是中国古典的一种文字,但是如果你没受过训练的话,真不知道该怎么继续研究下去。所以要慢慢突破这个障碍,要看到题跋能读,标点要对,看到印章要会看。比如赵孟頫,一看,噢,乾隆收藏过,这是我训练他们的基本方式。因为我自己书画、刻图章都是之前学习过的,对于鉴赏很容易继续钻研进去。这跟时代也有关系。进故宫的1965年,我和江兆申要办书画展览,看到一个画家的名字,比如范宽名下有很多作品,但只有一张像样,认为是真迹,这样对于鉴赏就引起我很大的兴趣。不过那时候没有办法学习前辈鉴赏家的经验,因为台湾连大陆最廉价、最薄的《考古》杂志都不能看。后来有机会出国,在美国看前辈的书。两岸的人都在整理北京故宫、上海博物馆等等的收藏,所以真伪的问题最重要。大部分有名的作品经过几十年来,各大鉴赏家已经讨论过了,所以现在的学生慢慢走向书画史,走到文化史、政治史,讨论书画跟政治、文化相关的问题,这个方向已经慢慢改变了。现在年轻的学生都是书画创作出来的,走鉴赏的路会比较困难。

听众:老师,今天听了您的讲座我受益颇多。我是书法爱好者,前段时间网上看到《砥柱铭》的报道很多,很有争议,每个人的看法观点可能都会有些局限,每个阶段也会有些变化。我很想了解我们现在对黄庭坚的认识和看法,请问您对这些争议有什么看法,包括一些学者提出的疑问。谢谢!

傅申:其实另外我还有个演讲,就是黄庭坚的《砥柱铭》。他生前就写过四五本《砥柱铭》,不同年龄都有写。那些有所怀疑的人,跟经验也有关系。黄庭坚的《砥柱铭》过去很少印刷出来,所以很多人看黄庭坚全集的时候,不包括这一件作品。而出现新的名目时就会有人怀疑,其实黄庭坚有很多作品。《发愿文》、上海博物馆的《华严疏》、美国大都会博物馆的《廉颇蔺相如传》、晚年的《李白忆旧游诗卷》,都不一样。黄庭坚的每一件作品摆在一起,《松风阁》就是《松风阁》的样子,《伏波神祠》就是《伏波神祠》的样子,每一卷都不一样。我们要了解完整的一个人很不容易,为什么说瞎子摸象呢?你爸爸了解的你跟你妈妈了解的你就不一样,你的爱人、你的同学们了解的都不一样,所以都是片面的。你要怎么才能完整地了解一个人?瞎子摸象也要摸到尽量完整,没有一个人能摸到非常完整。由于历史不断发展,很多作品都消失了,我们要想办法去揣摩它从早年到晚年的全部形象。比如你把过去不同年龄自己和一群人的照片摆在一起,每一张都不大一样,很多人会认不出哪个是你。赵孟𫖯有两件有名的作品,很多人看着蛮不像,但是赵孟𫖯自己在后面题跋:这是我20年以前的作品,当时学的是某某某,所以风格跟现在不一样,导致很多人认为是假的——可见当时就有人认为是假的。上海博物馆有一卷赵孟𫖯的《秋兴巴蜀图》,这个很多鉴定小组专家们到上海博物馆去看。手卷打开就能看见外面的签条,写着是赵孟𫖯的作品,所以大家准备看赵孟𫖯。一打开,发现跟赵孟𫖯标准的书法不一样,很多学者说是假的。上海博物馆的工作人员说你慢慢看。等展开到卷尾,赵孟𫖯有题跋:这是我40年以前写的,所以现在的人认为已经不是我的字了。不仅是我们过了几百年以后认为是假的,可见赵孟𫖯时期就有人怀疑,所以这鉴定真不是容易的事情。假如这两卷没有赵孟𫖯自己说明是年轻时候的作品,那么到现在为止,问题还不能解决,大家就还会争论。再讲一个例子,列子是孔子时代的一个人,他曾经写过一个故事,说有一位老人常用的一把斧头不见了,他怀疑是邻居的小孩偷了,看他鬼鬼祟祟的样子,一言一行就是偷斧子的样子。有一天他自己发现是忘记了,斧子被别的东西堆起来了。他发现了斧头之后,再去看邻居的小孩就不一样了。邻居小孩本身没有改变,一言一行还是老样子,可是他因为自己疑问解决了,再看小孩的时候就完全没有偷东西的样子了。鉴定书画也是这样,你要怀疑是假的,你可以找出很多理由是假的,如果是真的东西也可以说它是假的,你有理由会说它们是假的。还有,我们不能用一个标准去衡量一个人一生的作品,一位跳高运动员有他的最高纪录,不能用他的最高纪录去衡量他每一次跳高的纪录。他跳一次最高纪录,其他几次可能比二三名都不如,所以要了解完整的一个人。

刘伟冬:提问就到此结束。"闳约大讲坛"来自我们的学训"闳约深美",是蔡元培先生为我们题的,傅先生将为我们题写"闳约大讲坛"的标题,我们表示感谢!我觉得在艺术领域当中,不论你是否属于一线创作,最后拼的都是文化素养,如果一个人没有文化素养,你可能能达到一定的高度,但绝对达不到你真正所要达到的高度。傅先生今天为我们讲述了《富春山居图》,我觉得这也是历史上的奇迹,如果当时要多烧一点也就没有这个事儿了,可是如果没烧的话,有可能还不会引起我们的注意,整卷作品都在台湾。但正是由于这种历史的变迁,才引起了我们对这幅作品浓厚的兴趣,从文化一直到政治。正因为历史的调度,使我们能够将它作为经久不衰的话题。虽然《剩山图》在浙江博物馆仅仅是十二分之一,对一个长卷来说只是很小的一段,但是对两岸文化交流,就像温家宝总理说的,"一半一半",是我们两岸能够通过一种文化来达到高度的共识。

　　傅先生是用自己的亲身研究经历，来引导我们细致地进行每一步的鉴定工作。最后我想强调，做学问，不仅要坐得住冷板凳，还要"观千剑而后识器"，你如果没有这种经历，想拥有"火眼金睛"是不可能的。还有一点，像傅先生这么大牌的学者，却给我们一种非常朴素、风趣幽默的感觉。我觉得对每个人来说，幽默是我们优秀的标志之一，不要整天表现得很深沉，苦大仇深地在那儿做学问，有时候按我们说就是"装的"。所以我希望"闳约大讲坛"的讲座给我们带来的不仅是知识，同时还有积极乐观的生活理念和人生态度，让我们在人生观、方法论方面都有所思考，这样我们才会更有收获。今晚的讲座到此为止，谢谢大家！

　　傅申　1937年生，1948年随父母迁居台湾。1979年出任美国国立佛利尔美术馆中国艺术部主任。曾任台北故宫博物院研究员，普林斯顿大学研究员、副教授等职。研究领域是书画鉴定及中国古代美术史。主要著作有《海外书迹研究》《张大千的世界》《书史与书迹——傅申书法论文集（一）》等。

结庐在人境

——中国文化视野中的陶渊明

主讲人：程章灿

时间：2015年4月27日
地点：南京艺术学院图书馆报告厅
讲座主持：南京艺术学院　李安源

从1979年考入大学到今天已36年，我一直待在学校里。我觉得自己只不过是一个普通的大学老师。但我是一个喜欢读书的人，能够在大学读书、教学生读书，并且就自己有兴趣的方面再做一些研究，我个人觉得，这已经是非常幸福的事了。我个人最早的研究方向，也就是读博士的时候所研究的时段，是魏晋南北朝的文学，也可以说是六朝文学。我经常跟学界的朋友说，研究六朝文学，在全中国甚至全世界，最好的地方是南京。因为只有在南京，直到今天，你还可以接触到很多真正的六朝文化的遗迹。其实，无论是研究六朝文学，还是六朝历史、文化、思想，在南京，都可以身临其境，有一些感性的认知。我今天要讲的陶渊明，就是六朝时代为我们中国文化贡献出来的一个伟人。

我今天主要讲三个问题。第一个，陶渊明是六朝文化的典型。第二个，陶渊明是六朝文化的非典型。第三个，陶渊明一方面是六朝文化的代表，另一方面又是六朝文化的另类。既是典型，又是非典型；既是代表，又是另类——正是在这样一个貌似矛盾的定位中，陶渊明的意义，或者说，陶渊明在中国文化史上的意义，才逐渐突出，逐渐呈现出来。最终，陶渊明成为大家都知道的中国文化的一个符号，他也是我们中国人的一个偶像。

一、六朝文化的典型

陶渊明是东晋人。东晋是六朝中的一个朝代,从公元317年到公元420年。我们可以先看一下六朝这个时代,它的整个时间段,差不多是从220年到589年,这中间有三百多年。在这三百多年中,陶渊明所生活的时代,大约是从365年到427年,大约63年,差不多就是在六朝中间这一段。从这个时间点来看,陶渊明不仅算是六朝人,而且是典型的六朝人。

陶渊明,我们今天都这么称呼他。但是,如果去查相关的史书,你会发现,有些书上说,陶渊明本名陶潜,字渊明。有的书上说,他本名就叫陶渊明,字元亮。也就是说,有不同的说法。按后一种说法,他的名字中,有一个"明"字,还有一个"亮"字。中国古代人起名字有一个讲究:名和字之间意义上有一种对应关系。陶渊明字元亮,而我们大家都非常熟悉的诸葛亮,字孔明。"明"和"亮"两个字同义相应。陶渊明和诸葛亮都是名人,这两个人不仅名字相同,还有更深层的关系。清代著名诗人龚自珍写过一组很有名的诗《己亥杂诗》,其中有一首专门提到陶渊明,而且把陶渊明跟诸葛亮相比:"渊明酷似卧龙豪,万古浔阳松菊高。莫信诗人竟平淡,二分梁甫一分骚。"他说陶渊明酷似诸葛亮,尤其体现在"豪"这个方面,他还说,陶潜其实并不完全是平淡,他还有"二分梁甫一分骚",有大志,有胸怀,更有愤懑,有骚怨。除此之外,这两个名人还有哪些共性,我们可以在心里默念细思。

陶渊明或者陶潜这两个名字,后人之所以会有两种不同的说法,我个人认为,可能与他本人的改名有关系。很可能,他本来的名字就叫陶渊明,字元亮。他主要生活在东晋时代,在他生命的最后几年,东晋被刘裕篡权,刘裕建立了刘宋王朝,成为宋高祖。由晋入宋之后,陶渊明给自己改了名,新名为"潜",字不变。这个"潜"字有一种逃禄归耕隐居避世的意思。如果大家读过魏晋南北朝的古诗,也许知道,陶渊明同时代的诗人谢灵运写过一首诗,题目叫作《登池上楼》,这是非常有名的一首五言古诗。诗开头的第一句就是:"潜虬媚幽姿。"所谓"潜虬",就是潜伏在水下面的虬龙,这是比喻自己隐退,是隐者的一个形象符号。陶渊明在刘宋时代已经是一个隐逸之士,他把自己的名改为"潜",这个新的名字,有新的寓意,指代一段新的人生。从时代层面上说,陶渊明生活在六朝时代中间这一段,从公元4世纪后半叶到5世纪前期一小段,晋宋之际的改朝换代,是他人生中遭遇到的最重大的一次政治剧变。

我们还可以看一看，陶渊明在自己的诗歌或文章里面，是怎么自称的。他曾经自称"渊明"。稍微了解一点中国传统文化的人都会知道，古人没有以字自称的，应该自称名。相反，如果要称呼对方，比如假设你是陶渊明的朋友，你要称呼他的字，以示对他的尊敬。如果当着别人的面不称他的字而称名，那么，对别人就有一点不礼貌，是不合礼仪的。在今天能读到的陶渊明的诗文中，他有三次自称"渊明"，另外一次，他自称"潜"，那是在《南史》的《陶渊明传》中。当时有个江州刺史，江州就是江西的九江，这位刺史去拜访陶渊明，陶渊明对着这位父母官，自称"潜"。也就是说，"潜"和"渊明"都是陶渊明的名字。今天我们称呼他，有个人的习惯，可能有的人喜欢称他陶潜，更多的人喜欢称他陶渊明。这两个人名都是对的，但用于他的人生的不同时期，都属于这个伟大的诗人。

陶渊明的生平经历非常简单，几乎没有很多好说的。他两次出来做官，最后都受不了，辞官回家了。第一次在他老家九江做一个州祭酒，事务应该不算特别繁剧。没当多久，他"不堪吏职"，就辞职了。要了解陶渊明这个人，"不堪吏职"这四个字最重要。他第一次出来做官，就受不了官场这一套，没多久就自己辞官回去了。本来，他出来做官，就是因为家里面实在太穷，"亲老家贫"，实在没有办法。后来，也是为了谋生，他再次出来，在桓玄、刘裕手下做幕僚。陶渊明的文字很好，文学水平很高，当然胜任这类文职幕僚的工作。接着又在他家乡旁边的江西彭泽县当县令。他担任彭泽县令一共只有八十几天，最终也是无法忍受这种生活而辞官归隐。尽管如此，在历史上，在一些文学作品中，我们还是会看到很多人愿意把陶渊明称作"陶彭泽"，或者称为"陶令"，比如，"陶令不知何处去，桃花源里可耕田？"如果陶渊明泉下有知，他也许不愿意别人称他为"陶令（陶县长）"，他宁愿别人直呼他的名字，叫他"陶渊明"，或者叫他"陶潜"。

为什么陶渊明两次做官两次辞职，特别是第二次。就职位来说，或者就俸禄来说，可能第二次做彭泽县令比第一次在老家江州做祭酒要好一些，陶渊明最终还是不做了。这里除了我刚才强调过的内因，也就是陶渊明的个性性情与官场不合，他不愿意与当时官场上那些人同流合污，此外还有一个原因，就是县令在古代算是基层官吏，基层官吏要承担的事务责任相当烦琐，更加令人受不了。我的意思是，也许做一个幕僚还轻松一点，但是做一个县令就麻烦多了，难免要为五斗米折腰。所以，他最终只当了八十多天县令就解职归隐去了。当然，我们今天读那篇《归去来兮辞》，文章提供了另外一个解释,说他有一个姐姐刚去世,作为至亲,他要回家奔丧,等等,我想这是次要的原因,或者说这只是表面的理由,回家奔丧请个假就行,不一定非要辞职。从深层次来讲,陶渊明的归隐就是"不堪吏职",他的本性跟当时整个官场的氛围格格不入。总之,陶渊明的生平经历非常简单,就是这样子。我们今天读《宋书》中的陶渊明传,也有好多页,好像字数也蛮多的,但是仔细一看,占据了大多数篇幅的,其实是陶渊明的四篇作品:第一篇作品是陶渊明的《五柳先生传》,是一篇传记;第二篇作品《归去来兮辞》,是一篇赋;第三篇作品是陶渊明写给他的五个儿子的一封信,这封信相当长,满篇是一个父亲的叮咛嘱咐;第四篇作品是他写给儿子的一首长诗。除去这四篇作品,其他能算是陶渊明生平介绍的文字,没有多少,所以,我介绍陶渊明生平,也只能讲这么多。

但是对于陶渊明的家世,我们还是知道一些的。我们知道,他的曾祖父叫作陶侃,这是东晋名臣,《晋书》中有他的传记。对陶渊明影响更大的,甚至可以说对陶渊明个性有显著影响的,可能是陶渊明的外公、东晋的另一个名士,他名叫孟嘉。如果稍微多读一点中国古代诗文,不难碰到一个"龙山落帽"的典故。这个典故说的是,有一次,孟嘉跟几个同事一起在龙山上喝酒,忽然间一阵风吹来,把他的帽子吹落了,他非常潇洒,坐在那里继续喝酒、玩乐,浑然不觉。魏晋人认为,这是一种名士风度的表现。陶渊明的外公,不仅留下了这个落帽的佳话,而且,直到今天,我们还能在陶渊明的文集中,读到陶渊明为他外公写的传记,这篇传记跟后来世间流传的另一篇《孟嘉别传》内容相差不多。传记中所塑造的孟嘉形象,有好几点跟陶渊明特别像:比如,孟嘉喜欢喝酒,喝得越多,他越没事儿,孟嘉的上司是当时的大军阀桓温,有一次,桓温就问他:"酒有什么好,你那么喜欢喝,而且喝这么多。"孟嘉说:"那是你不了解酒中之趣,喝酒的那种快乐和境界,是你没法儿理解的。"陶渊明很能理解这种"酒中趣",也很"好酒",跟他外公是绝对的相似。再比如,孟嘉还喜欢音乐,他喜欢的音乐有好几种,有等差,所谓"丝不如竹,竹不如肉"。所谓"丝"就是弦乐,所谓"竹"就是管乐,所谓"肉"就是声乐。他认为,声乐是由人唱的,比丝竹都好。为什么呢,因为声乐最接近自然。这样一种对音乐的态度,尤其是"渐近自然"这样一种追求,其实跟陶渊明也是非常的相似。此外,两个人还都有名士的习性和派头。一好酒,二喜欢自然,三是名士本性,从这三点来看,陶渊明可以说受到了他外公的影响,至于他曾祖父对他的影响,倒没那么明显。

说陶渊明是六朝文化的典型,当然不只是因为他生长在六朝,所以理所当然地受到六朝文化的很多影响。六朝文化从三国开始，到隋代结束，这个时候的文化、学术、思想，跟三国以前的两汉有什么不一样呢？从学术思想上来说，从汉代以来，尤其是从汉武帝以来，经学是整个中国古代社会的主流学术思想体系，但是汉代的经学，尤其是东汉的经学，是所谓"繁文缛节、繁琐章句"的经学。繁琐章句到什么地步呢？东汉人讲经学，重视注经，经典中的一句话，他能给你注解出几万字来，繁琐得让人受不了。但是这样的一种学风从魏晋开始转变，从两汉的经学转变为魏晋玄学。所谓"玄学"，其实就是利用了道家老庄的一些哲学思想来诠释儒家的一些经典，这种学术和两汉经学不一样的地方，是提倡简约玄远。陶渊明也说过，他"好读书，不求甚解"。这里讲的"甚解"，是指过分的理解，也就是今天经常讲的"过度阐释"。今天，在我们一般人的印象当中，"不求甚解"已经变成一个贬义词，但是在陶渊明那时的语境当中，在陶渊明的文章中，这一句不是贬义，而是正面的。我们今天说"不求甚解"，是指囫囵吞枣，没有真正理解书的意思，这样读书不行。陶渊明说读书不能够求之过深，不能过度阐释，是针对汉代一些经学家注经动辄几千上万字的做法，陶渊明是反对这种"甚解"的。这是魏晋玄学跟两汉经学不同的地方，在这个方面，陶渊明可以说是魏晋玄学的践行者。

魏晋玄学中有一些人们经常讲到、讨论的话题，包括判别心迹，也就是将"心"与"迹"区别开来。比如，陶渊明很有名的两句诗："问君何能尔，心远地自偏。"明明居住在人境之中，并非离群索居，但却丝毫感觉不到车马的喧闹。那是因为你的心超脱了居住的形迹。身体当然是住在人境，在市井，但是，精神却是非常的悠远，比住在深山老林里面还要幽静，还要安宁，这与《庄子》中说过的"身在江海之上，心居乎魏阙之下"意思相近，都是说，精神跟形体之间是有区别、有距离的。所谓的"心"和"迹"的分别，这是魏晋人最喜欢谈的一个话题。魏晋人喜欢谈的另一个话题，是关于言意关系的问题，当时大多数人都认为言不能尽意。书不尽言，言不尽意，这些话头今天还在常说。陶渊明诗中说："此中有真意，欲辨已忘言。"表达的即是言不尽意的意思，这也是陶渊明喜欢讲的一个话题。从这些话题中，可以看出陶渊明是深受六朝文化影响的。

但这只是我们所要了解的陶渊明的一部分。如果我们放眼整个六朝文化，就会知道，六朝有些人跟陶渊明颇为相似，比如，西晋时代的竹林七贤。不知道大家有没有到去年新开的六朝博物馆看过，这个博物馆就在总统府旁边。博物馆里面有一幅很有意思的《竹林七贤图》，是在南京一座南朝大墓里发掘出来的,好多墓砖拼合起来,组成一幅《竹林七贤图》。但这幅是错版的,人名倒置,图像也拼错。南京博物院里有一幅南京西善桥出土的,则是完整的。竹林七贤中最有名的两位,一位叫阮籍,一位叫嵇康。阮籍好酒,口不臧否人物;嵇康个性刚直,为人孤介,非常坚持自己的原则。陶渊明与这两位颇多相似。陶渊明去世后,他最好的朋友之一、晋宋文学史上赫赫有名的诗人颜延之,为他写了一篇诔文。颜延之不仅是陶渊明在文学界最有名的朋友,也是竹林七贤和陶渊明的知音。颜延之对陶渊明的评价,很值得我们注意。他说"物尚孤生,人固介立",他用"孤"、"介"这两个字来概括陶渊明的性格。"孤介"的人好像有些不合群,陶渊明其实是合群的,但是碰到一些原则上的事情,他要尊重自己的心灵,坚持自己的本性,禀持自己的本心。陶渊明给儿子写过一封信,就是我刚才提到的《宋书》陶渊明传中抄录的四篇诗文作品之一,题为《与子俨等疏》。他在信中说,自己"性刚才拙,与物多忤"。这个"物"字,在六朝时代的文言文中,经常是"人"的意思。他跟人有时候处不来。之所以处不来,是因为他坚持本性,坚持原则。他强调他自己"性刚","刚"是什么?就是做人方正,方而不圆。这是陶渊明所具有的六朝风度或者魏晋名士风流的一个部分。总之,从陶渊明所处的时代,从他的个性受到他外祖父的影响,从他的学术受到魏晋玄学的影响等方面来看,陶渊明的个人风格都有明显的魏晋风度。从这几方面来看,我们可以讲,陶渊明是六朝文化的典型。

二、六朝文化的非典型

另一方面,在陶渊明身上,也表现出了六朝文化非典型的那一面,而且可能更多。从这个意义上,我们甚至可以说,他是六朝文化的另类。关于这一点,我想从三个视角,重点围绕几本书展开来说说。

第一个是文化的视角,围绕《世说新语》这本书。《世说新语》里面没有提到陶渊明,没有收一段陶渊明的故事。《世说新语》是一部什么样的书呢?它是魏晋风流的经典。我们今天想要了解魏晋这个时代,要了解什么叫魏晋风流,什么叫魏晋名士风度,固然可以去读正史,但比较麻烦,还不如直接读《世说新语》。最近有人说,《世说新语》就好比刘宋时代编成的关于魏晋时代的微博体段子集,想想还真蛮像的。一篇微博大概一百多个字,《世说新语》中每一个段子大概也就一百多个字,短的只有几十个字,但是,你读了这些段子，看了这些故事，就能够真切了解到魏晋名士风流是怎么回事。魏晋名士清谈都谈的是什么话题，他们都怎么谈，谁跟谁在一起谈，所以要学当时的名士清谈，最好的教科书就是《世说新语》。当时的世族名士，像王羲之、谢安，所谓的王谢子弟、世家子弟，他们的逸闻趣事最集中的，就是《世说新语》这本书了。陶渊明没有在《世说新语》中出现过，这是为什么呢？我想，一个原因可能是因为他的家世背景，他的曾祖父是陶侃，尽管陶侃在东晋勋业很高，几乎到了功高震主这样的地步。《世说新语》中也称他为陶公，但实际上，陶侃出身寒素，他很可能是江西蛮族出身，所以当时北方来的一个世族子弟、东晋名士温峤，就公然骂陶侃为"溪狗"。这个"溪"是什么意思呢？江西、湖南那边有很多溪流、溪涧，有可能陶渊明的祖上是那边最早的蛮族，或者是越人，用现在科学一点的说法，叫当地原住民。即使不是这样，也就是说即使陶家是汉人，他也是从很偏远的地方出来的，没有显赫家世的荣耀和凭借。《世说新语》中固然有几段关于陶渊明的曾祖父陶侃的故事，但是，如果大家稍微注意一下，就会发现，这些故事有不少是对陶侃的讥笑、嘲讽，是负面的评价，所以，关于陶侃的故事好多见于《世说新语》这些篇章——《假谲》《俭啬》。什么叫"假谲"呢，就是虚伪狡猾。什么叫"俭啬"呢，就是小气。这都是负面的故事。如果你再比较一下，《世说新语》中讲到王羲之、谢安这些王谢子弟的故事，几乎都是正面的，他们随便怎么样的言行，几乎都是风流潇洒。陶侃尽管有很大的声名、功业，在《世说新语》中却主要作为负面的形象出现，这是时代风气的原因。

　　另外一个原因，也许更重要一些，那就是《世说新语》这本书编成的时间，跟陶渊明的时代离得太近。《世说新语》大概编成于440年，而陶渊明在427年就去世了，刚刚去世没多久，这本书就编成了。如果有一段稍长的历史距离，有关陶渊明的段子、故事，也许就有一些会在《世说新语》中出现。跟陶渊明同时代、比陶渊明稍晚一点，活到了公元433年，比陶渊明去世晚六七年的谢灵运就有一段故事见于《世说新语》。所以，我想，这两方面的原因都有。一是陶渊明真的离《世说新语》的时间太近，二是他的家世出身。还有一个也很重要的原因，我想是因为陶渊明不在当时魏晋风流的核心，不在当时的文化核心，更不在当时的政治核心。《陶渊明集》中有证据表明，陶渊明出公差到过南京，可惜他没有留下一首题咏南京的诗，这让我感到非常遗憾。他在南京也没待多久就回去了。陶渊明主要生活区域是在江西，在他的老家九江，这里远离当时的政治中心南京。无论他是不是南方的蛮族出身，他总不是世族出身。在东晋时代，最大的豪门家族是北方侨迁来的王谢家族，以王导、谢安为代表。还有一些其他族姓，姓袁、姓温的，称为侨姓。其次是南方本地的大族，比如吴郡朱、张、顾、陆四大姓，称为吴姓。这四个姓氏，在今天的江南还是非常重要的姓氏，出了很多人才。与这些世族相比，陶家排不上。从陶渊明的身份来讲，他不过是个彭泽县令，算不上高官显宦，所以并不是当时人们注意力的中心。《世说新语》中没有一段关于陶渊明的故事，这就表明到刘宋初年，将近公元5世纪中叶的时候，陶渊明在当时的社会影响并不大。如果他真的影响很大，他应该会有很多故事在社会上流传。

第二个是文学或者说诗学的视角，主要围绕《诗品》这本书。众所周知，陶渊明主要是一个诗人，是文学家，那么，他在当时文学界的地位和影响又是怎样的呢？我可以举另外一本书，来给大家做一个参照，这本书就是南朝诗学批评最重要的著作——钟嵘的《诗品》。魏晋南北朝时期评价人，搞所谓"九品中正制"，就是把人分成九等，上品分作上上、上中、上下，中品分作中上、中中、中下，下品分作下上、下中、下下。这种人分九等的制度源远流长，从汉代开始就有，一直影响到今天。这些年，国内高校教师岗位评级，也把老师分为九等，就是受这个传统的影响。钟嵘是梁朝人，他把梁朝以前的五言诗人，从汉代开始直到梁朝，大约五百年，分成上、中、下三品。上品当然是最好的，他一共选了十二家，这十二家是古诗、李陵、班婕妤、曹植、刘桢、王粲、阮籍、陆机、潘岳、张协、左思、谢灵运。除了前三家，其他都是魏晋诗人。前三家中，古诗就是汉代无名氏的古诗，李陵是司马迁那个时代的，班婕妤是汉成帝那个时候的。除了这三家之外，在钟嵘《诗品》评为上品的十二家中，魏晋就占了九家，占四分之三，但没有陶渊明。陶渊明被放在什么位置呢？他被置于中品。当然，后来也有很多人说，能列在中品，也相当不简单了，因为这五百年间，能够列入《诗品》中的，总共也就110多位诗人，甚至能在下品占一席之地，也不容易，陶渊明好歹也是中品，所以相当不错了。但是，以后人对文学史的认知，他们看到陶渊明只放在中品，难免为陶渊明抱不平：这个钟嵘实在太没有眼光了，怎么可以把陶渊明放在中品呢？这样一种想法，在宋代就有人表达过。宋代有人愤愤不平，实在看不过去，他就擅作主张，公然把钟嵘的书改了一下，把陶渊明移到了上品。这当然不是钟嵘的本意，只能说明陶渊明被放在中品，引起很多人的不解、不满。

《诗品》中评价陶渊明的诗，说过这样一段话，大意是：陶渊明的诗源出于应璩，同时又"协左思风力"。应璩是三国时候的一个诗人，没有很大的名气。左思是西晋诗人，大家应该知道，《诗品》上品十二家中有左思。可是，左思的诗流传到现在的不多，最有名的是《咏史诗》八首。钟嵘认为，陶渊明的诗歌风格主要源自应璩，然后又加一点左思的风力。所谓"风力"是什么呢，就是有风骨。钟嵘接着说，陶诗"文体省净，殆无长语。笃意真古，辞兴婉惬。每观其文，想其人德，世叹其质直"。这里的"长"要读"zhàng"，就是多余的意思。陶渊明的诗语言简洁干净，绝对没有多余的话。所谓"笃意真古"，是说陶渊明特别关注的是古代那种挚朴的情感。"辞"就是文字，"兴"就是感情。这是说他的文字形式和内容表现相互配合得非常好，彼此贴合。陶渊明的风格一方面是简洁明净，另一方面是质直，一点都不花哨。此外，钟嵘又举了下面几个例子，说明陶诗风格的多样性。他说，陶渊明也有"欢言酌春酒"、"日暮天无云"这样的句子，写得比较漂亮，风华清靡，这是他的另外一种面貌。所以，我们不能讲陶渊明的诗全部是所谓"田家语"，"田家语"就是农夫写的诗。钟嵘《诗品》给陶渊明最后的总结，是称他为"古今隐逸诗人之宗"，也就是古往今来所有隐逸诗人的宗祖，这个评价还是挺高的。自六朝往下，唐宋元明清都有所谓隐逸诗人，很多做官做到很大、位至宰相的人，退休回家也经常写一些隐逸诗。陶渊明是这些人最早的宗师。这是从诗歌内容上说的。

从诗歌风格上看，陶渊明的诗跟整个六朝诗歌的主流风格不一样。六朝诗的主流风格，或者说是风格的发展趋势，从三国西晋开始，就是不断追求辞藻丽密，讲究用典，在辞藻漂亮、能够用典之余，还要讲究声调谐调，六朝诗歌的发展，大概是这样一个趋势。这种趋势从曹操的儿子曹丕、曹植开始，到陆机、谢灵运。谢灵运差不多就是陶渊明同时代的人，他代表的是当时的主流诗风。陶渊明质直平淡的诗风，是在主流之外的。让我们来读读他的诗《责子》：

白发被两鬓，肌肤不复实。虽有五男儿，总不好纸笔。阿舒已二八，懒惰故无匹。阿宣行志学，而不爱文术。雍端年十三，不识六与七。通子垂九龄，但觅梨与栗。天运苟如此，且进杯中物。

这首诗不仅质直平淡，而且还是亲切幽默的口吻。我希望大家读出其中的幽默。如果不理解其中的幽默，你只好说陶渊明很焦虑。焦虑什么呢？焦虑他的五个儿子都不成材。事实不是这样的。陶渊明是以漫画式的笔墨，来写自己的五个儿子。"白发被两鬓，肌肤不复实。"全诗都是大白话，一开头也是。人老了之后，头发白了，年轻时皮肤光滑紧绷，老了以后，就松弛下来，多了许多皱纹。"虽有五男儿，总不好纸笔。"五个儿子都不爱念书。"阿舒已二八"，二八是十六岁，"懒惰故无匹"，没有人比他更懒惰了。"阿宣行志学，而不爱文术。"这是散文化的句式，一如口语，自然不做作。"雍端年十三，不识六与七。""雍"和"端"是两个人，有专门研究陶渊明的人告诉我们，陶渊明这两个儿子同岁，那只有两个可能，一个是双胞胎，另一个就是非一母所生。陶渊明给他五个儿子写的信中说，你们五个虽然不是一母所生，好歹是同父，所以我不在之后，你们要互相照应。所以雍和端，应该一个是正妻所生，一个是侧室所生。"通子垂九龄，但觅梨与栗"，快九岁了，每天只知道跑去大唐板栗（南艺门口的一家炒栗子店）那儿买栗子吃。"天运苟如此，且进杯中物。"如果真的天意是这样的，我也不必管他们了，他们成材不成材不关我的事，我还是喝我的酒吧。要理解这是陶渊明的幽默。古代的父亲在诗文中写到自己的子女，很多是带有一种又爱护又开玩笑的口吻。在陶渊明以前的左思，有过两个女儿，左思那篇《娇女诗》写两个女儿的时候，也写到她们的顽皮，学妈妈化妆，把脸上涂得花里胡哨，那也不是责骂，而是带有一种亲切爱护的口吻。这首诗叫《责子》，读起来没什么困难，我们感觉，陶渊明是很正常的一个父亲。做父母的人，提到自家的孩子，无非是两种态度，一种是专门夸自家的子女，一种是专门批评，但那批评中透着浓浓的爱，陶渊明是属于后一种，他的批评是开玩笑。这种平淡如话的诗风，在陶渊明的诗歌中是非常典型的，亲切自然，绝不装。修辞不装，诗风不装，内容也不装。

所以，陶渊明的文风跟别人不一样。在陶渊明那个时代，整个东晋诗坛的诗风，就不是这样子的。比如说王羲之也写诗，他比陶渊明略早一些。王羲之字写得非常好，是书圣，但是他的诗就像哲学论文，属于所谓"玄言诗"，像押韵的哲理论文，缺少一种情兴。谢灵运比陶渊明略晚，他的诗非常漂亮，但是过于讲究修辞靡丽，有时候反而掩盖了他的真情流露。陶渊明不这样，他是"文取指达"，只要把自己要表达的那个意思表达出来就行了，绝不做过分的、过多的修辞、化妆、纹饰，这跟整个三国两晋南北朝诗歌的总体趋势是不一样的。南朝学者、著名诗人沈约在《宋书·谢灵运传论》中，写了一段很长的评论。一般认为，这就是沈约写的一篇梁代以前的文学简史。他提到了西晋的潘岳、陆机，提到了东晋的孙绰、许询，提到了晋宋之间的颜延之、谢灵运，却没有提陶渊明。在沈约眼中，陶渊明是一个隐逸的代表，不是当时诗歌史的代表。

除了刚才说到的《诗品》，南朝还有一本重要的文学选本《文选》。《文选》是在南京编成的，梁代昭明太子萧统主持编纂。翻开《文选》，陶渊明有8篇作品被选录进来，不算少，但也不多。今人要编一部魏晋南北朝诗选，陶渊明起码要有30篇。《文选》选录的魏晋南北朝诗人的作品，曹植、陆机、谢灵运，这些当时人认为是诗坛一流人物的人，都有二三十篇。实际上，在陶渊明去世之后大概一百多年、将近两百年的时间里，在宋齐梁陈整个南朝，陶渊明在文坛上是寂寞的，并不受人重视。《诗品》给他中品，代表当时的主流评价就是这样的。

第三个是历史的视角，主要围绕几本史书来看，包括《宋书》《晋书》和《南史》。陶渊明在东晋生活过几十年，在刘宋又生活过几年，这三本史书上都有陶渊明的传，但是仔细看下来，陶渊明的身世形象还是模糊的。刚才说过，《宋书》的陶渊明传记录了他的四篇作品，除了这四篇作品外，没有多少他的事迹。我们后来知道的一些故事，比如说陶渊明在老家，什么人想去见他，他不想见，然后中间就有一些曲折的故事情节，这些故事往往是唐代以后开始出现的。唐代以后，陶渊明的位置高了，形象开始逐渐光辉起来了。随着他历史地位的上升，有关他的故事、段子就慢慢地多起来。中国很多史书或者历史文献的书写，有这么一个特征，就是越后起的文献写得越详细，关于某个人物的故事滋生得就越多。这有种种原因，就陶渊明来说，这是因为他的重要性后来提升了。

总而言之，陶渊明一方面是六朝文化的典型，但是更重要的是另一方面，他是六朝文化的非典型，是六朝文化的另类。从仕途上看，他不在当时的政治中心，因此他反而能超然于当时的政治之上。从他生活的地理区域来说，他不在当时的文化中心南京，所以他能够超脱。至于当时的文化主流，王谢等世家大族他们谈什么、玩什么、他们的时尚诗风怎样，他一概不管，他写自己的诗，追求自己的风格，走自己的文学道路和人生道路。从文学上看，他不追随当时的文学时尚，但是，正因为他没有追随当时的文学时尚，反而转了一圈过来，又时尚起来了。历史有时候就是这样的奇怪。到了唐宋，尤其到了中唐以后，人们觉得陶渊明这种风格更好，更时尚。靠白居易、苏东坡等人的力捧、热捧、狂捧，陶渊明反而成了新的诗坛典范，他的风格是超前的。但是，就六朝那个时代来讲，陶渊明还没有成为六朝文学的精英，也还不是六朝文化的精英，更不是六朝文学和文化的巨子。

三、中国文化的偶像和符号

陶渊明是怎样成为中国文化的偶像和符号的呢？借用当下时髦的一个词语，这是陶渊明在中国文化史上的成功逆袭。

首先说一说，陶渊明生平的偶像化进程，他的形象怎么被塑造出来，他的地位是如何被抬高的。这一点，我们可以看一诔四传，即一篇诔文和四篇传记。这篇诔文就是陶渊明最有名的、最好的朋友颜延之写的《陶征士诔》，这篇诔文很容易找到，在《文选》中就有。颜延之对于陶渊明的描述很简洁，也很准确。诔文称陶渊明为"有晋征士寻阳陶渊明"，颜延之给陶渊明的定位是"征士"，"征士"就是"征君"。"征士"和"征君"的意思，就是说皇帝征召某个人出来做官，这人不出来，就可以称为"征士"或者"征君"。六朝时代，南京盛产征君。栖霞寺前面有很大的一块唐碑《明征君碑》，其主人就是南齐征君明僧绍，他时间上比陶渊明晚一些。所以，我们不能称陶渊明为"陶彭泽"，陶渊明不一定愿意接受这个称呼，我们应该称他为"陶征士"。他是"南岳之幽居者"。这个南岳，不是南岳衡山那个南岳，而是陶渊明诗里写的"悠然望南山"的那个南山，其实就是现在的庐山。诔文中说，渊明"初辞州府三命，后为彭泽令，道不偶物，弃官从好。心好异书，性乐酒德，简弃烦促，就成省旷"，就是说他不愿意做官。但是，他喜欢读书，喜欢喝酒。他最烦这种"烦促"的事务，追求的是一种省旷、简单、简约的生活。陶渊明死了以后，官方没有给他任何追谥，"征士"是颜延之个人的称呼。颜延之等人觉得，像陶渊明这样一个品格高尚的人，必须要有他一个追认，既然朝廷不给，他们几个朋友私底下议论了一下，就给陶渊明确定了一个谥号。照中国传统的制度来说，谥号一般必须经过朝廷讨论之后才能确定，相当于官方的盖棺论定。陶渊明没有得到官方的谥号或者认定，但是他的朋友给他一个"靖节征士"的私谥，表彰他是一个有道义、有坚守的中国传统文化人。这是第一篇塑造陶渊明形象的诔文。

在这篇诔文之后，还有四篇陶渊明的传记，分别是梁朝沈约《宋书》中的传记、梁朝昭明太子萧统的《陶渊明传》、唐朝初年编的《晋书》中的传记、唐朝初年编的《南史》中的传记。这四篇传记，三篇是史传，一篇是萧统个人写的传记。也许我应该提一句，昭明太子萧统是陶渊明最早的粉丝之一，他对陶渊明评价很高。如果我们比较对读陶渊明的四篇传记，会得出一个什么印象呢？就是越后面的传记对于陶渊明的描写越详细。《宋书》是时代最早的,只说陶潜少有高趣,尝著《五柳先生传》以自况。《宋书》讲到的这篇《五柳先生传》,是陶渊明的自传,告诉读者他是一个什么样的人。到了萧统的《陶渊明传》,写得更多了,说陶渊明"博学善属文,颖脱不群,任真自得",然后又说他曾经写过一篇《五柳先生传》。到了《晋书》也是这样。后来人越来越把自己对于陶渊明的认知,附加到他们笔下的陶渊明传记中去,这个还不典型。陶渊明生平中有一个比较有戏剧性的情节,就是他"不为五斗米折腰",这件事在四篇传记的叙述中,基本上的发展趋势也是越来越详细,越来越着眼于突出陶渊明不为五斗米折腰的那种高风亮节。最早的《宋书》就写得比较简单,到了萧统的传记中就写得比较多一些,加了很多形容词,附带很多带有感情色彩、价值评判的描述。总体来说,陶渊明的这四篇传记就是这样发展的,因为时间关系,这个问题我就不展开说了。

下面再说陶渊明的作品。对陶渊明形象的塑造、传记的描述,总的来说越来越细,他的位置越来越高,他作品也受到越来越多的重视。尽管萧统是陶渊明的粉丝,但是在《文选》中还是只收了陶渊明的8篇作品,不多。从这个角度来说,也许很多人会怀疑《文选》到底是不是昭明太子萧统编的,他一个太子事情那么多,会亲自去编《文选》吗?也许真的是萧统手下、身边的人帮他编的。在陶渊明诗文选录这个方面,有可能萧统的文学观念没有贯彻下来,这里体现的可能是萧统身边人的观念,也就是当时流行的观念。

但是到了初唐,北方有个诗人叫作王绩,也非常崇拜陶渊明。这是一位北方的田园诗人,他崇拜南方的田园诗人陶渊明。王绩是陶渊明的大粉丝,他想尽办法,用各种手段来表现自己对于陶渊明的追慕、效仿。比如说,陶渊明喜欢喝酒,他也喜欢喝酒,所以他写了一篇《醉乡记》。陶渊明在《归去来兮辞》中说,"登东皋以舒啸,临清流而赋诗"。他觉得这个写得好,这是田园生活的最高境界,他就给自己起了一个号,叫"东皋子",给自己的诗集起名叫《东皋子集》。陶渊明活得好好的,就为自己写了一篇《自祭文》。能写自祭文的人不简单,这表明他对生死问题看得比较开了。一般的人,如果他还活得好好的,他的一个朋友就给他写了一篇墓志铭,你看他会不会跳起来,多半人会跳起来,会怒不可遏。陶渊明却会乐呵呵地接受下来,因为他早为自己写过《自祭文》。王绩也学陶渊明,为自己撰写了墓志,他还没死,就替自己把墓志写好了,不用去麻烦别人。陶渊明写过一篇《五柳先生传》,这位王绩先生喜欢喝酒,就写了一篇《五斗先生传》。他的酒量大,能喝五斗（当然古代的酒也许度数比较低，还没有啤酒度数高），这些都是学陶渊明。也就是说，王绩的文学以及他的个人生活，很多方面都是对陶渊明亦步亦趋地追随。

讲到陶渊明的《五柳先生传》，这篇文章不是很长，其中有些比较重要的地方，我把它抄出来给大家看看，再简单作一些解释。文章一开头先说，"先生不知何许人也"。陶渊明自己写自己，怎么会不知何许人也呢？可见这是修辞的需要。"亦不详其姓字"，他不说自己是什么地方人，也不说自己姓甚名谁，这是有意隐藏自己，有意模糊自己的身份。或者说，在他看来，自己是什么地方人，叫什么名字，这都并不重要，重要的是个性和爱好。下面接着说，"宅边有五柳树，因以为号焉"。五棵柳树成为他的标志、他的象征。他的个性"闲静少言，不慕荣利"，对于荣华富贵、对于功名利禄，根本没有兴趣。"好读书，不求甚解。每有会意，便欣然忘食。"喜欢读书，读到会心会意之处，便非常的高兴，有时候，也"著文章自娱，颇示己志，忘怀得失，以此自终"。这篇短短的《五柳先生传》，钱锺书先生说过，修辞上最大的一个特点是，经常出现否定的说法，他不说我是谁，也不说是哪里人，也不明确说出名字，篇中有很多"不"："不知"、"不详"，"少言"差不多等于"不言"，还有"不慕"、"不求"等等，"忘怀得失"，也就是"不计得失"。这就是陶渊明为我们塑造的他自己的形象。他要把自己遮蔽起来，隐蔽起来，名、字、籍贯都隐蔽起来，"不"的背后不仅是"虚无"，更是这个"性刚才拙"的征士与时世的格格不入。这篇自传体现了陶渊明的自我认知。

除了初唐王绩，中唐时代的大诗人白居易，也是陶渊明的一个粉丝。白居易特意到九江去寻访陶渊明的故居，还专门仿效陶渊明的诗体写了16首诗。到了北宋，最热情、最执着、最热衷宣传陶渊明的是苏东坡。苏轼的一生，可以分作好几段，但他跨越不同时段、持续相当长时间做的一件事情，就是把他能看到的所有的陶渊明诗都和了一遍。这不但需要耐心，需要毅力，更需要对陶渊明诗的热爱。陶渊明押什么韵，他押什么韵，从头到尾，认认真真、恭恭敬敬地和了一遍，这是很了不起的一件事。苏东坡对于陶渊明的会心与热爱，从这个行为中就可以充分地看出来。

陶渊明的形象逐渐丰富，地位不断提高，这一点在宋代很突出，尤其在南宋。南宋时代的陶渊明，不仅具有文学地位，也有了思想史和文化史的地位。这就要说到宋代的理学家，尤其是南宋的大儒学家朱熹，朱熹对陶渊明的评价很高。朱熹说："晋宋时候的人物，大家表面上都装得非常清高，但实际上人人都要官职，都想做官。这边一面清谈，那边一面招权纳货。陶渊明是真的能不要,此所以高出晋宋人物。"这段话说得非常简单,也非常实在,大家一看都懂,但是实际上就是这么回事。比如说,谢灵运和陶渊明是同时的,谢灵运也经常说他要归隐、他不要做官,做官没意思,浙东的山水多么秀丽,我还是要归隐。但实际上他心里恨得不得了,恨刘宋皇帝不给他大官要职,不让他掌握大权,只让他做太守,他就恨得不得了,他的清高是假的。陶渊明是真的清高。南宋另外一个理学家,比朱熹稍微晚一点的,他叫魏了翁,对陶渊明评价也很高。他说陶渊明这个人,"荣利不足以易其守也",陶渊明有自己的坚守,你给他荣禄名利,他也不会因此而改变自己的坚守。"声味不足以累其真也",你给他多大的声名,他也不追求这个,不会改变自己的性情。"文辞不足以溺其志也",这是理学家对于文学的一个看法,理学家认为文可以害道,如果过于沉溺于辞章,有可能会把一个人毁掉。但陶渊明不会。所以,陶渊明比起西晋的阮籍、比起晋宋之际的谢灵运、比起唐朝的元结,都要高明。他有谢灵运的忠诚,而"勇退过之",能够急流勇退,谢灵运就是能进而不能退,最后被人害死了。他有阮籍的达观,但不像他那样疏放,阮籍猖狂痛哭,酒喝多了,驾着马车,走到没路走了,哭着回来,陶渊明没有这么疏放。他有元结的随性,却不着痕迹。这三个人在文学史上都有很高的地位,陶渊明比这三位都要高。理学家的鼓吹和宣扬,进一步扩大了陶渊明的影响,提升了他的意义,使其影响超越文学界,而扩大到文化界、思想界,陶渊明成为中国文化人格的一个符号。

关于陶渊明文化人格的符号化,我想从三个角度来说。第一,陶渊明是隐逸的符号。隐逸是要解决出与处的问题,是出来做官还是隐居,是进还是退,是要解决这个问题。第二,陶渊明是一个旷达的符号,能不能旷达,是考验一个人对人生,尤其对生和死的问题能不能想透、能不能想开,这是要解决生死的问题。第三,陶渊明是任真的一个符号。在这个社会上,在这个世界,要如何做自己,尤其是如何处理跟别人的关系,人我之间怎么相处,这也是亟须处理的问题。

先说隐逸的符号。钟嵘在《诗品》中已经说过,陶渊明是古今隐逸诗人之宗。其实,陶渊明也可以说是古今隐逸文化之宗。中国的隐逸文化源远流长,隐士、隐者特别多,从周代开始,甚至说从尧舜时代就有了。尧的时代有巢父、许由;周武王伐商胜利之后,有伯夷、叔齐,不食周粟,就躲到首阳山里隐居起来了。所以老早就有隐士了。但陶渊明作为隐士,他的隐逸方式有特点,还有特殊的意义。整个六朝时代,可以说隐士特别多,但是,很多隐士是假的、冒充的。六朝时代,南京的紫金山、栖霞山,隐士很多。东晋有个名士叫作郗超,他自己是世家大族出身,家里特别有钱,他自己不去隐逸,但是特别喜欢别人去当隐士。有人要去当隐士,他马上送钱资助。紫金山里隐士很多,很多人把隐逸当作做官的终南捷径。皇帝朝廷来请他,一请不出来,二请不出来,三请不出来,名气越来越大了,朝廷开的价码也不断增加,曲线达到目的。所以,当时有所谓的"充隐"。东晋的时候,桓玄掌权之后,觉得每个时代都有隐逸,现在我掌权了,南京竟然没有隐士,面子上不好看。于是就找来一个人,说我给你钱,你去紫金山隐逸起来,当时人笑称这位为"充隐",是冒充的。陶渊明是真隐士。一般来说,真隐士要离群索居,隐居在紫金山(钟山),从太平门进来,离朝廷、离台城也没多远,至少也要隐居到栖霞山去啊,这才算是有点真隐的决心。陶渊明更远,他隐在江西,隐在浔阳。那个时候,浔阳有三位隐士,就是陶渊明、刘遗民、周续之这三位,称为"浔阳三隐"。陶渊明的隐,不是强调"隐逸",而是强调"隐居",是田居之隐,是并不脱离日常生活的隐居。

　　古代人去当隐士,多半出于两个目的,要么是"垢俗",就是看不惯这个肮脏堕落的社会,不愿意同流合污,于是远远地离开。要么是"图安",时局形势不好,很危险,如果继续做官,有可能被对手害死,所以干脆就躲起来。陶渊明的隐居,固然也有"垢俗"和"图安"的考虑,更重要的是,隐居是陶渊明选择的生活方式。所以,在隐逸地点的选择上,他跟别人不一样,他是选择"结庐在人境"。汉代人或者西晋人左思笔下的隐士,都隐居在荒郊野外偏僻的地方,"荒途横古今"。陶渊明则不是,他是"结庐在人境"。虽然隐居在人境之中,却能够做到没有车马喧扰。因为心是隐逸的心,心比迹更为重要。如果心中整天想的是怎么样出来发点财,怎么样出来赚点钱,怎么样出来做大官,再隐逸在深山老林里,也没有用。那不是真的隐逸。陶渊明诗中说,"山泽久见招,胡事乃踌躇?"那些幽静的山林川泽,也老早就已经向他招手了,但他没有回应。为什么呢?"直为亲旧故,未忍言索居。"他不愿意离群索居,就是舍不得离开亲友。尽管他过着隐居的生活,这种隐居和他的日常生活之间并没有截然的界限,也没有什么特别戏剧化的情节,是一种可以践行的生活常态。唐宋以后,很多文人都说,其实隐居应该能分出不同类型,高下有别。大隐隐于朝,中隐隐于市,小隐才隐于山林。最大的隐士,是在朝廷中做官,但是,身在魏阙,心在江湖,这是最高级别的。在今天看来,这好像是一种人格分裂,其实不是的,这叫作身"居庙堂之高",而心"处江湖之远"。在人生或者仕途顺利的时候,随时有急流勇退的准备。有这种准备,才能在仕途上有所坚守,有所不为,而不是为了升官发财,为了保

95

住自己的权位而无所不为,那是很危险的,古人是不赞同那样做的。中隐隐于市,隐居于城市之中,也比隐于山林的小隐强。这是强调隐士的心,强调隐逸精神和生活态度,宋代以后文人对此非常强调,非常重视,所谓"居市朝轩冕时,要使山林蓑笠之念不忘,乃为胜耳"。陶渊明所树立的就是这样一个典型。"心远地自偏",隐居就是陶渊明的日常生活状态,毫不做作,它成为后来中国文人心向往之的一种生活方式。

第二点,陶渊明是旷达的符号。他非常旷达,我刚才说过,他不仅自己写了《自祭文》,还在《归去来兮辞》《形影神》等诗文作品中,把人生的生死问题想通了,参透了。他对生死这个问题怎么看呢,其实就是四个字"委心"、"乘化"。所谓"委心",就是倾听内心的呼唤。所谓"乘化",就是顺从宇宙、大自然的规律。陶渊明写过一组很特别的诗,叫作《拟挽歌辞》,挽歌辞就是人死之后、亲友送葬时唱的歌词。陶渊明想象自己死了,躺在棺材里,被人抬了出去埋掉了,他毫不忌讳地谈论这样一个过程:"有生必有死,早终非命促。昨暮同为人,今旦在鬼录。千秋万岁后,谁知荣与辱。但恨在世时,饮酒不得足。"昨天还在一起饮酒呢,今天就入"鬼录"了。"千秋万岁后,谁知荣与辱。"千秋万岁之后,谁知道你是贵是贱,关键是要快乐,酒要喝够。《拟挽歌辞》一共有三首,第二首写道:"昔在高堂寝,今宿荒草乡。一朝出门去,归来夜未央。"昨天还在屋里睡得好好的,今天就躺在荒草丛生的野地中了,他说死亡,说墓地,完全不忌讳。第三首写大家送葬送到郊外,仪式结束,就都回去,"亲戚或余悲,他人亦已歌。死去何所道,托体同山阿。"最多也就是一些至亲好友,心里还留着悲痛之情,其他人转头就忘了,就开怀唱歌了。死亡也没有什么了不得的,从大自然来,又回到大自然去,"托体同山阿"。这就是所谓的"委心"、"乘化",他已经参透了生死,所以才有这样的旷达。

第三点是任真。萧统给陶渊明写传,就说他"任真自得"。任真也可以说就是"率真"或者"真率"。什么叫真率呢,就是不虚伪,不做作,该怎么样就怎么样,不装。魏晋人推崇个性自由,推崇自我。《世说新语》中有一段很有名的逸事:有一次,桓温充满挑衅地对殷浩说:"你对比我们两个人,觉得怎么样?"那时,桓温志得意满,权势比殷浩还大,但殷浩还是不卑不亢地回敬了一句:"我与我周旋久,宁作我。"我只要做我自己,我才不要做你呢,你又怎么样? "宁作我"是六朝文化精神非常重要的内涵,是当时人非常突出的一个追求。陶渊明就是"宁作我"的一个典型。在《宋书》的陶渊明传中,记述了陶渊明的两个生活细节。陶渊明喜欢喝酒,他家只要有酒,什么人来，无论是高贵的、卑贱的到他家来，他都请大家喝酒，喝得开心，他自己喝醉了，就跟客人说："我醉了，想睡觉了，你走吧。"他怎么想就怎么说，这就是真率。如果说："我醉了，你慢慢喝，没关系啊。"这样说就有一点客气，陶渊明没有这种所谓的"客气"，不讲虚礼俗套。有一个郡将，是九江郡的官员，要去看陶渊明，正好碰到陶渊明家里的酒快熟了，就要酿好了。陶渊明取下他头上戴的葛巾，拿下来滤酒。这好像不太卫生，但是，魏晋人的潇洒风流就是这样。酒滤好之后，他把葛巾重新戴回头上。史传中就这么写的，我想，这中间的文字可能有跳跃，因为总该晾干了，才能戴得上去吧。不过，也许陶渊明真的喜欢戴一块有些湿、散发着一些酒味的头巾在头上，大家想象一下，大热天，头上扎一条湿漉漉的带着酒味的头巾，还是蛮有点行为艺术的味道。

这就是陶渊明，没有客气，也没有官气。他虽然做过官，做过县令，但是作为退休的县令，回乡之后，跟亲友相处亲切，跟邻居往来，跟乡下的农民交谈非常融洽，一点没有架子。他诗中写这方面情景的非常多。他没有客气、没有官气，更难得的是，也没有一种诗人气。有时候，诗人恃才傲物的那个劲儿，也蛮可怕的。陶渊明没有诗人气。他的诗，整个就像一个农民在讲话，就是农夫语或者田家语，语言质直。这一首《庚戌岁九月中于西田获早稻》，写收获早稻的感受，就都是"田家语"：

> 人生归有道，衣食固其端。孰是都不营，而以求自安。开春理常业，岁功聊可观。晨出肆微勤，日入负耒还。山中饶霜露，风气亦先寒。田家岂不苦，弗获辞此难。四体诚乃疲，庶无异患干。盥濯息檐下，斗酒散襟颜。遥遥沮溺心，千载乃相关。但愿长如此，躬耕非所叹。

诗人笔下的田园，总是抒情的、浪漫的，有谁了解田家的苦？陶渊明亲身体验过，他不仅理解这种苦、这种难，还坦率地说这是人生不可避免的，这是大实话，是田家讲的话，很难得的。干了一天农活，虽然体力劳累，四肢疲倦，但心情放松，精神上没有什么疲倦，没有忧虑，这就很好。再酿一点薄酒喝喝，日子过得平顺自然。这完全是农民的生活语言，朴素直白。后人说，陶渊明诗歌多为"田家语"，就是指这些。

他的诗也不追求文字雕饰，不求辞采美丽，就是直抒胸臆。诗是他的人格的表征。所以，黄庭坚说，陶渊明不是写诗，而是写他胸中之妙。我们从陶诗中，可以看见他的内心想法、他的精神认识、他的心理感觉，他怎么想就怎么写，从不掩饰。而谢灵运等人就因为写诗的时候太锤炼，太不遗余力，太要人家说他好，想方设法追求这个好，就俗了。陶渊明不追求这个好，他根本不是要作诗，他就是心里怎么想就写出来，抒发他的胸中之妙。陶渊明的诗亲切而不傲慢，对比起来，有时候我们读谢灵运的诗，会感觉到一点傲慢，他有一种世家大族的傲慢，甚至有一种满腹经纶的有学问人的傲慢。有学问的人的傲慢，比如说，有可能表现在用字用典上，有些可能读者看不懂。陶渊明亲切而不傲慢，自然而不做作，显得特别平淡。但是，也正因为这样一种平淡的风格，有时候要体会陶渊明诗歌中的那个味道，不容易。苏东坡说陶诗味道醇厚，但有时候，没有一点人生阅历的人，会觉得陶渊明的诗太淡。要经历过一些世事之后，才会理解平淡中蕴含的至味。我想，苏东坡越到晚年，对陶渊明这一点领会得越深。

民国时代，朱光潜先生和鲁迅先生这两位我都很尊敬的大家，他们曾经有过一次争论。朱光潜称赞陶渊明浑身静穆，比屈原、阮籍、李白、杜甫都高。所谓静穆，就是和谐冲和的一种风度，这不只是陶诗的风格，更应该是陶渊明做人的风格。后来，鲁迅出来跟朱光潜抬杠，他说：陶渊明真的浑身静穆吗？他真的是一天24小时，一年365天都那么静穆吗？陶渊明也有不静穆的时候，他举了不静穆的例子，这是鲁迅的风格。但是鲁迅也承认，无论如何，陶渊明的态度是不容易学的，比如说陶渊明非常穷，但心里很平静。读陶渊明的诗，读他留下来的文章，他跟我们坦白讲他的贫穷，他甚至穷到要跟邻居要饭，但是他没有怨气，他没有怨怼，很平静，这个平静其实也就是朱光潜说的静穆。这是人生的一种修养，这是人生很难达到的一种境界。

总之，陶渊明能够做到任真而不任诞。如果任诞，就不可能静穆平和。所谓任真，就是坚守自我，他在坚守自我之后，又能够保持一种静穆平和，能够坚守自己的精神原则，坚守自己的文化价值。在这一点上，陶渊明为后人树立了一个高不可及的典范。萧统曾经说过，陶渊明的意义太大了，读了陶渊明的诗文，"驰竞之情遣"，就是说，不会再去争名夺利了。"贪夫可以廉，懦夫可以立。"贪官读了陶渊明的诗就不贪了，胆小鬼读了陶渊明的诗，胆子就大了。"仁义可蹈，爵禄可辞，不必傍游太华，远求柱史。"不一定要去学所谓的老庄，也不一定要做所谓的神仙，只要学习陶渊明的这种人格，就行了，效果比"傍游太华，远求柱史"都要好。这是萧统的总结。这个总结的意思，其实是说，陶渊明对于构筑中国传统士大夫的人格起着非常重要的作用。后代很多诗人，尤其是宋代以后中国很多知识分子、很多文化人，在他们的一生中，无论是顺畅的时候，还是不顺的时候，无论生活在治世，还是处于乱世,都经常从陶渊明的人格中、从陶渊明的诗文风格中汲取精神的力量,培养勇气,健全人格。所以,如果说陶渊明对于中国文化有什么核心贡献的话,那就是为中国文化提供了任真旷达、安贫乐道的典范。这种典范的意义是在文化层面的,而不仅是在文学层面的。

我想今天就先讲到这里,下面如果有问题,我们再交流。

提问与回答

李安源:今晚的讲座分为三个部分,第一个就是作为魏晋六朝的典型文化的一个符号,陶渊明具有一种代表性。第二,作为六朝文化诞生的一个个体,他又具有另类的一面。第三点就是陶渊明在中国文学史上作为一个经典人物的塑造过程,这是非常有意思的,也是我感兴趣的。在听程先生精彩演讲的同时,我也在想另一个人物——顾恺之。顾恺之和陶渊明同属于一个时代,也是桓玄的幕僚,但是顾恺之非常的幸运,他也算做过绘画史上的一个符号,在中国绘画史上,他相当于陶渊明在中国文学史、诗歌史上同样的地位。在《世说新语》上,还有很多条关于顾恺之的故事,这是非常有意思的。刚才程老师讲的非常重要的一点就是魏晋风度。它提倡的那种旷达、任真,这种情怀,也是我们这个时代缺少的品质。宗白华先生曾经讲过,魏晋南北朝时期是中国政治上最黑暗的时期,也是最痛苦的时期,但是在精神上却是最富于智慧的一个时期。那个时代的人非常有人格,追求独立,就像陶渊明一样,我希望南艺的师生也要追求这一种真我精神。

听众:程老师,您好!首先感谢您之前翻译过《朱雀》《神女》,还有《迷楼》三本书,这是我们做中国史研究必须要看的三本书。因为您有海外留学背景,所以我这个问题可能从这个方面来提。第一个问题是您翻译的这几本书都是汉学家的作品,很多人认为汉学家在做中国古代研究的时候,因为没有很深的儒道释的背景和思想,可能他们做出来的不一定很深入。第二个问题是我们看薛爱华、宇文所安的作品,即使是像薛爱华这样以掌握利用文献著称的汉学家,以《朱雀》这本书为例,他在著述的时候依然会出现很多想象的问题,这就会使我们很多人认为是过度阐释,我不知道这个您怎么认为。第三个问题是薛爱华过世之后,作为海外文献汉学这块已经式微了,现在很多汉学家通过各种方法在研究,您在文献学上有很深的造诣,我不知道您怎么看待文献学在文化史研究中的作用。

程章灿：三个问题，前两个问题其实是密切相关的。我一直主张做中国传统文史研究的人要学好外语，学得越好越有用，学得越多越有用。我个人是这么一种看法。我觉得，海外学者，包括日本、欧美研究中国传统文史的学者，也许在文言文的阅读上没有中国学者功力那么深湛，也许在中国传统文献的寻找、收集方面，没有中国学者那样便利的条件。但是，他们的一些视角、眼光、方法，都跟中国学者不一样，而这些不一样的地方，其实正是值得我们学习借鉴的。中国学者有时候对我们自己的问题，因为久在这个传统当中，容易受限于一种既有的知识框架，我们认为这个历史、这个问题本来就是这样的。他们就比较不容易有这样一个先入为主的理论的、历史的、知识的框架，反而会打破这个框架的束缚和局限，能够想到一些、看到一些我们平常看不到的东西。中国学者读文言文读得很快，可以像读《人民日报》那样看文言文，可以一目十行。外国学者可能要十目一行，看上老半天。但是一目十行，有时候就是因为看得太快了，有一些可能存在的问题容易被忽略过去。十目一行读得很慢，但是，以前被忽略的一些东西有可能被他们看出来。当然，也可能像你所说的，这中间就产生了过度阐释的问题，海外汉学家有一些过度阐释的，但是我想，过度阐释这个毛病不只存在于海外学者当中，中国学者也有，甚至我个人对于某个问题的解读，也说不定就过度了呢，这毛病大家都可能有。关注海外学者的汉学研究成果，应该去看重他们好的东西，取其长而补我们之短。这是我关于第一个问题的态度和看法。关于第二个问题，我个人觉得，薛爱华的《朱雀》做得比《神女》更好。去年《朱雀》《神女》两书中译本同时在三联出版的时候，三联书店把这两本书都放在他们2014年度的优秀出版物候选名单中，最后，综合专家和网友两方面意见，还是《朱雀》当选了，我个人认为这是对的。我觉得，《朱雀》写得更深一点，更细一点，角度也更新一点，至于《神女》，它所处理的问题和切入的角度，中国学者关注得很多，而且也有很多很好的成果了。《朱雀》的主题，是唐朝人对于南方的认识。其实，不仅是唐代有对于中国南方的认识，宋元明清每一个时代对于中国南方的认识是渐进的，是一个不断加深、不断变化的过程。薛爱华只讲到唐代，他讲到唐代的时候虽然涉及了很多方面，其实还有未谈到的一些地方。我觉得，他的不足以及他没有讲到的地方，就是我们可以进一步弥补、充实、提高的。第三个问题，这些年来，海外汉学学风有所转变，在传统文献的掌握这方面，功力像老一辈学者那么好的，像薛爱华那么好的人，大概渐渐地少了，因为那是真的要花功夫，下硬功夫的。不过这种学风也还在坚持、还在持续，因为也有一些老师是以这种文献学的方式在海外培养学生，比如说西雅图华盛顿大学的康大维教授，他带学生，相当重视对于传统文献的掌握使用。当然，在海外教这种传统文献的收集、使用的方法，可能跟我们这边有所不同。他们有他们的文献，但是他们也重视中国的文献，他们更重视海外汉学两百年所积累的文献，我觉得这方面也应该要取长补短。

听众：王绩他非常推崇陶渊明，我感觉王绩这个人是不是有那种画虎不成反类犬的倾向呢？王绩这个人，我之前没有了解，所以想问一下他是不是相当优秀的一个文人志士，有没有被陶渊明的思想所限定。我是美院的，南艺现在汉学这方面的老师感觉有一种人才凋零的现象。没有某个老师真的对这个汉学研究很深入，想问一下老师有没有当代或者之前对这方面研究比较深入的学者或者专家可以推荐一下，还有比较好的书目也跟我们讲一下吧。

程章灿：首先，第一个问题，王绩肯定是非常优秀的，如果前面对王绩没有了解的话，我建议你去找任何一个部头稍微大一点的唐诗选，唐诗一百首不行，因为一百首太少了，部头稍微大一点的唐诗选，都会选录王绩的诗。王绩不仅个人优秀，王绩的家族成员都很优秀，比如说，大家都知道他的孙辈、初唐四杰的王勃。王绩的哥哥王通，他是隋唐之际非常有名的思想家，通常称他为"文中子"，他在隋唐之际思想史上的地位，差不多像春秋时候的孔子。第二个问题，我觉得，海外汉学研究是每一个专业行当的学生都应该关注的，比如说，做文学研究的人更多关注海外学者的文学研究，做历史的人就应该关注海外学者关于历史的研究。21世纪做学问，虽然是做中国的学问，但是必须要认识到，全世界的人都在做这个学问，不能只关注中国的学者在这方面做了什么。不能日本学者做了什么就不管了，欧洲学者做了什么，也不能不管。不管不行，所以要把眼光放到整个世界，要去关注国外的学者在自己的专业行当里面究竟有什么新的成果、新的动向。就研究论文的信息来说，这些年我们看国外的一些论文要比以前方便多了。在我做学生的时代，1980年代，我那个时候做博士论文的时候，要想参考一篇海外论文，非常辗转周折，通过我的老师、朋友找海外的同学或教授，请人家帮忙复印一下寄回来，这一来一回起码一个月。现在西方学术论文的几种数据库，至少南京有很多学校买了，比如说我们南京大学就买了几种电子数据库，这样，我们看到的这些论文跟国外几乎是同步的。所以，在资料的掌握和使用方面应该是非常方便的，我想电子的渠道是非常重要的一个方面。如果你想了解国外汉学一般的介绍情况，目前为止对于历史的比较全面的介绍，是上海外语教育出版社的一本《国外汉学史》，比较厚的一册。但是里面反映的研究情况大概不超过2000年吧,更近的,21世纪以来已经有15年了。这是个比较新的情况,我建议你关注几种相关的学术刊物,主要有三种,一种就是在北京外国语大学出的《国际汉学》,另外一种是中国人民大学办的《世界汉学》,再有一种是北京大学的袁行霈先生主办的《国际汉学研究通讯》,大概这三本刊物里面对于近期的一些国外的学者研究的动态,某某学者在做什么,某某地方开了什么会,甚至某某刊物发表了什么文章,都会有介绍。也有汉学史的研究。关于艺术方面,据我所了解,现在国内也介绍或者翻译了国外不少东西,包括柯律格、高居翰、巫鸿的好几本书也翻译过来,包括张充和的一些东西也介绍过来了。这个方面,我还没有你们专业的老师了解得多,我相信在专业领域里面了解起来应该也会更方便一些。

李安源:今晚讲的是陶渊明,我忽然也想起了我读过的一本书,哈佛大学田晓菲写过一本专门讲陶渊明的书,叫《尘几录》。古人说,校书如拂尘,就像抹那个灰尘一样,越抹越多,这个我也是深有体会的。她这本书有一个观点,就是讲陶渊明隐居、隐士的形象,以及作为隐文化的符号,是在历代手抄本这样一个文化传统中逐渐塑造出来的。当然有很多具体的举证。这个视角非常好,我不知道在你们文学界对田晓菲这本书是什么看法呢?

程章灿:田晓菲教授跟我是多年的朋友,她这本书是很好的。她关于六朝文学的著述已有两本书在国内出版,大概都在中华书局吧,第一本就是《尘几录:陶渊明与手抄本文化》,第二本叫《烽火与流星》,讲南朝萧梁的文学与文化。古代文学界觉得都是好书,《尘几录》一书更好一些。我个人也还赞同这个看法。刚才李老师提到古代人说校书如拂尘,确实是这样。她采用的就是这个理论。在手抄本时代,书不是后来的雕版印刷出来的,更不是现在这样电子排版印出来的,而是一本一本地抄,你抄的陶渊明的诗,跟我抄的陶渊明的诗、他抄的陶渊明的诗,可能就不一样。这中间不仅涉及文本不同,还会涉及对于陶渊明诗歌不同的理解。最有名的例子,就是陶渊明的"采菊东篱下,悠然见南山"那两句诗,有的本子就叫"悠然望南山",这就有两种,是两个抄本。然后到了宋代,苏东坡说怎么可能是"悠然望南山"呢,怎么可以写作"望南山"吗?如果写作"望",那就太浅俗了,陶渊明不会这么写。应该是"悠然见南山"。你想,陶渊明是在东篱之下采菊,心境悠然,不经意地抬头就见到南山了。如果他去"望"南山,那就是有意地去看,一点也不悠然,这是苏轼的说法。田晓菲提出不同看法,并且举了好多例子,跟苏东坡、跟前人的说法有一个商讨辩论,从中揭示手抄本文化的传播实质。苏东坡背后有一大批支持者,也有一大批反对者,两边都有足够强大的阵营,都是很长的队伍,谁对谁错不重要,重要的是,这个事实说明了唐代以前的诗歌,我们今天看到的文本,都经过了几百年、一千多年的流传过程。我们今天看到的可能不是陶渊明诗的原貌,我们说不清楚究竟"悠然见南山"是陶渊明的原貌,还是"悠然望南山"是陶渊明的原貌,但是可以相信,原貌真相只能有一个。我们今天阅读陶渊明,是在前人对陶渊明理解的基础之上阅读的。田晓菲那本书重点强调的正是这一点。这个思路还是相当不错的,后来在圈内的影响也很大。

程章灿 1963年生,福建闽侯人,南京大学中文系教授、博士生导师,教育部"长江学者"特聘教授。主要研究方向为中国古代文学、古典文献学。代表论著有《魏晋南北朝赋史》《汉赋揽胜》等。

书法传统的前世今生

主讲人：邱振中

时间：2015年5月7日
地点：南京艺术学院图书馆报告厅
讲座主持：南京艺术学院　刘伟冬

今天我讲两个问题。一个问题是对传统的认识，什么是传统。传统这个词，大家听得耳朵都起茧了，但是今天我会谈到自己的体会，自己的一种解释，可能与大家的认识不尽相同。第二个问题，谈谈我和传统的关系。我在对传统认识、领悟的基础上，做了些什么，这里是不是表现出传统某些新的可能性。

我讲述与传统有关的问题时，将借助于对书法的思考，因此我们必须首先对书法中的某些问题进行讨论。

书法传统是如何形成的？一说到书法传统，大家可能会想到古代那些著名作品，那些伟大的文献，但是，它们不是传统的起端，它们是很多时间积聚起来的、已经成为经典的作品和文字。它们并没有揭示传统是怎么形成的。每一个领域，它的传统都有一个从无到有，慢慢成形、提炼、发展的过程。

汉字书法是怎么产生的呢？其他民族的文字，也都伴有一种叫作"书法"的东西，但基本上是把文字加以美化、装饰化，类似于我们所说的"美术字"。但中国的书法不是。古代中国，人们在阅读某些文字的时候，比如说王羲之在一封写给朋友的信讲到他的悲伤，他家里谁生病，自己身体又不好（图1），朋友看了以后心里挺难过的。信中文字很简略，但当那位朋友偶然又一次打开这封信的时候，发现王羲之的字迹本身似乎也有一些抑郁，或者说忧伤。从那以后那朋友就注意这种情况了，自己写信的时候会去关注字迹的问题，收到来信或阅读别人的文章时，也会把文字和字迹做些比对。这便是书法的起点。当人们渐渐都这样去做的时候，我们就发现，字迹中有着许多语言所不曾表达或不曾表达清楚的东西。汉语的表达一般非常简略，中国人对语言的普遍的感受是"言不尽意"。这是中国人基本的语言观。但是，当"言不尽意"的时候，写出的字迹却好像起到了一种弥补的作用，对表达的弥补。这样，慢慢地，当我们看到字，领悟到它的语义的同时，在我们的心里渐渐就有了感情的色彩，有了更丰富的表现的内容。于是我们书写的时候也这样去寻求，这样去感受。最后语言、字迹、书写、心理感受，便合成一个联系紧密的整体。书法就是这样从日常使用中生长起来的。所以我们说中国的书法，不仅与喜爱书法的人有关，它与所有使用汉字的人都有关系。

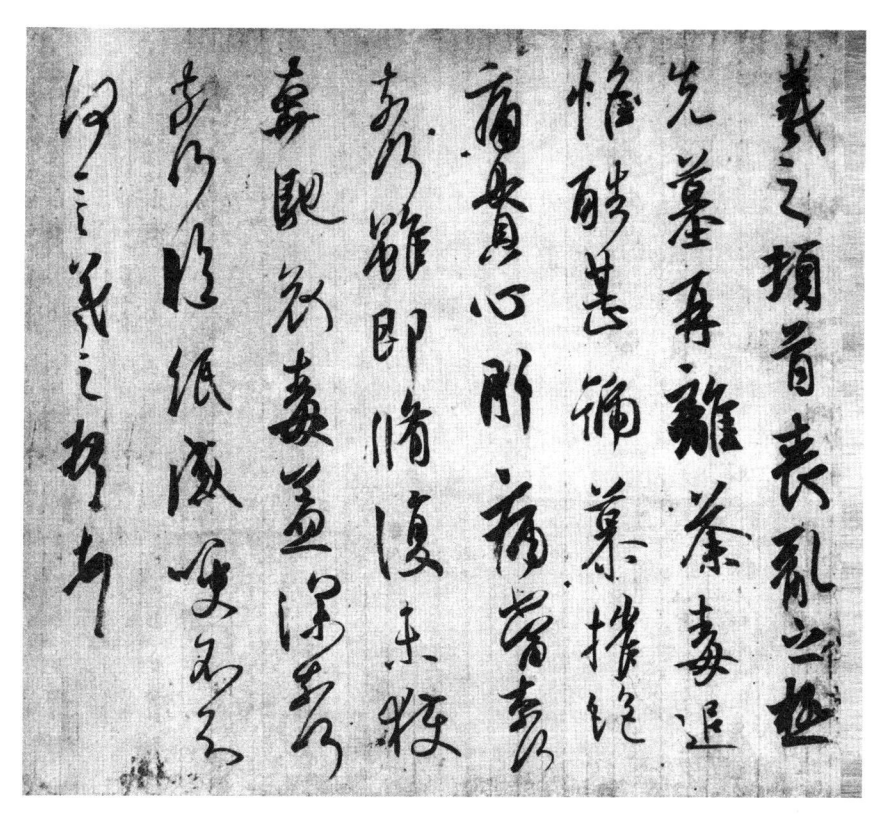

图1　东晋·王羲之《丧乱帖》

这种关系，决定了书法的深层性质，也决定了书法的某种命运。比如说，当人们四五岁开始学习写字的时候——我讲的是古人，大家拿的是毛笔，先生坐在上面告诉你怎么拿笔，怎么写一撇，要用哪个字帖，学生全盘接受。如果我们班上有15个人，所有人都是这样开始他的书写。也许同班同学里将来有个王羲之,但对不起,他开始的时候,跟我的执笔是一样的,书写的动作、节奏也是一样的。小孩那么小,对书法不可能有自己的思考,老师怎么写他就怎么写,那是他所知道的唯一的书写方式。这就造成了我们所有书写汉字的人、使用汉字的人,跟伟大的书法家处于同一个书写的起点上。也许班上某人日后成为王羲之,而我字写得不好,也从不关心写字的事情,然而某一天我突然发现,书法里有那么多动人的东西,还有那么多美妙而复杂的感觉,我被打动了,然后我开始关注字的结构、字的美感,后来慢慢就喜欢上书法,开始练字。这就是一位中国文化中的成员典型的心路历程。潜意识中的关联有时会突然冒出来,左右我们的行为。很多人对写字一直都没有什么兴趣,但从某一天开始,会疯狂地喜欢上书法,再也无法割舍。

书法的起源是日常书写,它通过日常书写,把所有使用汉字的人都包容在书法文化中。熊秉明先生在他的一篇文章《书法与人生的终极关怀》中说到,书法是在一个人的一生里,不断把你所有的东西慢慢地放进去,到你生命的最后阶段,你生命结束的时候,这些东西全部反映在你写的字里边。这是对"人书俱老"的一种解释。书法以它特殊的方式反映了中国人文的机制,某种核心的东西。赵之谦就讲过,古今只有两种人书法最好,一种是"积学大儒",就是非常有学问的人,一种是"三岁稚子",天真的小孩。这两种人写得最好,一个是反映了人的本能、本性,天真烂漫;另一个是反映了一生深厚的积累、修炼。这就是书法的最高境界。这样的书法,跟我们今天在南京艺术学院所认识到的艺术概念不一样。我们今天讲的艺术当然要反映人,但是更主要的还不在这里,人是其中的一个基础,你还要有想象力,有超级的敏感,你一定要创造出前所未有的东西,还必须要把它融入当代人的感受,对他们有影响,有震撼,这才是有价值的作品。这跟传统中所讲的书法真不大一样。

书法有什么特点?书法的特点,简单地说,就是自然、丰富、生动。这三个词很好懂,但是,如果我们要把里面所包含的每一个问题追究下去,你便会发现它非常复杂,比如说什么叫"丰富"。

书法跟日常书写联系在一起,我们的每一次书写,都会由于工具、材料、心态、环境的不同而有着微妙的差异,就是说,从来没有两件书写的字迹是完全相同的。在座大概有两百位同学,每一个人的每一次书写都不一样,你说积存的字迹有多少?这还是此时此刻,还有你的一生呢?还有你周围人的一生呢?整个民族亿万人的一生呢?这还了得!这就是说,从古到今,从汉字的产生直到今天，我们积存了无以计数的不同的书迹。

此外，根据中国书法观念，每一次的书写都能反映你此刻的状态，可以反映你个人的修养、经历、命运。到底是不是真的这样，我们暂且不管，古人留下了这些观念和记录，客观上已经影响了这个民族所有成员对书法这件事的认识。视觉图形的无限、每一种图形背后复杂的含义，加在一起，构成了书法的丰富性。

这种视觉与含义的丰富性，客观上造成了一种需要：发展出分辨这些差异的能力。于是，人们在感知视觉图形的差异、隐藏于图形之下的个性和修养的辨析、控制毛笔运行的精微动作等方面，获得了长足的进展。这种精微和敏感甚至融入一个民族的灵魂中，成为民族性格的组成部分。

下面我说说书法在视觉和技术上的复杂性和可能性。

古代使用毛笔，毛笔的笔头是柔软的，它在书写的时候会有各种扭曲和变化，那是硬笔所没有的，所以人们说"唯笔软而奇怪生焉"。

那么我们就看一看古代中国的线条在书法中呈现出怎样的变化。

"增感"两字是王羲之《频有哀祸帖》的局部（图2）。我们要仔细地观察每一个点画。我们把点画的轮廓叫作点画的"外廓"。仔细观察"外廓"的形状，你就会发现它跟现代作品点画的"外廓"有很大的区别。例如"感"字的一撇。它的形状非常复杂，甚至我们今天都无法推测王羲之是怎么写出来的。我们来观察它的"外廓"，一毫米一毫米地观察：这里基本上是直线，带点微小的向外突出的弧度；下面的这一段也有一个向外突出的弧度，然后到这里基本变成直线，然后又开始变化；像这边，凹进去的一个短短的弧线，从这里开始转向，一个向上倾斜的变得有点平直的线；然后又是弧线，弧度在变化，变化延续到上面，然后在这里

图2　东晋·王羲之《频有哀祸帖》（局部）

107

弧度又开始变化，这是一个反向的弧度；弧线这里慢慢地转向平直，但延续的时间很短，然后又变成向右弯曲的弧线……大家可以回去试试，怎样才能写出这样一个笔画。从古到今，我没见过有一个人把它重现出来。为什么？我不知道在座的有多少是学书法的同学，不学书法的同学你也可以试试。写不出来。为什么？执笔的姿势、书写的动作我们找不到，它已经离我们很远了。它大约是公元4世纪的作品，离现在一千多年，人世沧桑，很多东西都改变了。今天也有很多人写所谓的"二王"，形状有一点接近，但是你看他们都是在很小心地写。我有一点疑问，王羲之在写信的时候会这么小心地处理每一笔吗？你们想一想，那还是王羲之吗？我觉得王羲之书写的时候，应该像钢琴家的演奏，动作、节奏与声音融合成天衣无缝的整体。如果王羲之真是那么小心翼翼地去写字的话，我觉得太可笑了。人们始终没有找到杰作底下隐藏的运动方式，而这才是书写最核心的东西。

我们推想，王羲之在书写他的伟大作品时，一定有复杂、微妙，而我们所不知道的笔锋在笔画内部的复杂的运动。这种笔锋在笔画里面的运动，我把它叫作点画的"内部运动"。稍微关心过艺术理论发展史或者现代绘画史的人都知道，上个世纪20年代出现过一部很重要的著作，康定斯基的《点线面》，它对点、线、面可能的组合方式以及它们在我们心里引起的反应进行研究。但是这本书里没有一个字说到线条内部的变化。这不是说康定斯基不敏感，思辨能力不够，而是他们的文化里没有这种东西，没有王羲之这样的线放在面前供他观察、感受和思考。西方文化中的线都比较简单、平直。你想想，使用铅笔、钢笔、油画笔，即使有可能做一些动作，他们的文化也从未暗示过，书写、绘画中的运动要朝这个方向去发展。

借助制图工具做出的线叫"几何线"，不借助制图工具做出的叫"徒手线"。中国书法是世界上变化最丰富、最复杂的徒手线的集合。

中国书法在技术上有如此复杂而永不重复的变化，以及与此相关的视觉图形的无穷变化，再加上人们心里相应的感受，手、身体、心、眼——观察写出的线条的效果，然后回到你的手——书写的时候对笔的感觉，对笔在纸上摩擦力的感觉，对于这几个环节，人们不停地进行感受、归纳、总结，不断地发展各个环节的敏感性，并且把它们紧紧联系在一起。最后，成就了我们伟大的书法传统。

有了上面的讨论，接下来我们可以说说对"传统"的定义。

我们对"传统"有两种定义的方式。第一种，过去所有遗留的东西都可以叫传统。王羲之的作品是传统，西北地区出土的残纸也是传统，如果我们把传统定义扩大到这么宽的范围,实际上我们知道已经在谈论一种东西,那就是大众文化。用今天的话来说,它是一种宽泛的历史馈赠给我们的遗产。但是还有另一种定义。我们把所有这些遗存的东西,挑出其中最精彩的,把它作为一个类别,从里边归纳出一些这个领域最重要的经验和教训,我们把这个称作"传统"。这是一种精英化的定义方式。两种方法我觉得都有意义,都很重要。今天对大众文化的研究取得了重要的进展,我经常对研究社会学、文化学、文化史的朋友说,如果研究大众文化,把书法作为对象,这里一定可以产生出中国自己的大众文化理论,因为我们现在有影响的大众文化理论都来自西方,由于书法特殊的泛化的性质,由此一定可以创造出中国自己的精彩的大众文化理论。这个问题今天不细说,今天要谈的是一个精华版的定义。

当我们一说到书法、书法史的时候,大家头脑里马上会浮现出王羲之、王献之、颜真卿、米芾这些人,他们的作品清晰地摆在眼前。但是,你要归纳出一些东西,把它们作为"传统"的内涵,要叙述这一切,你并不那么轻松。

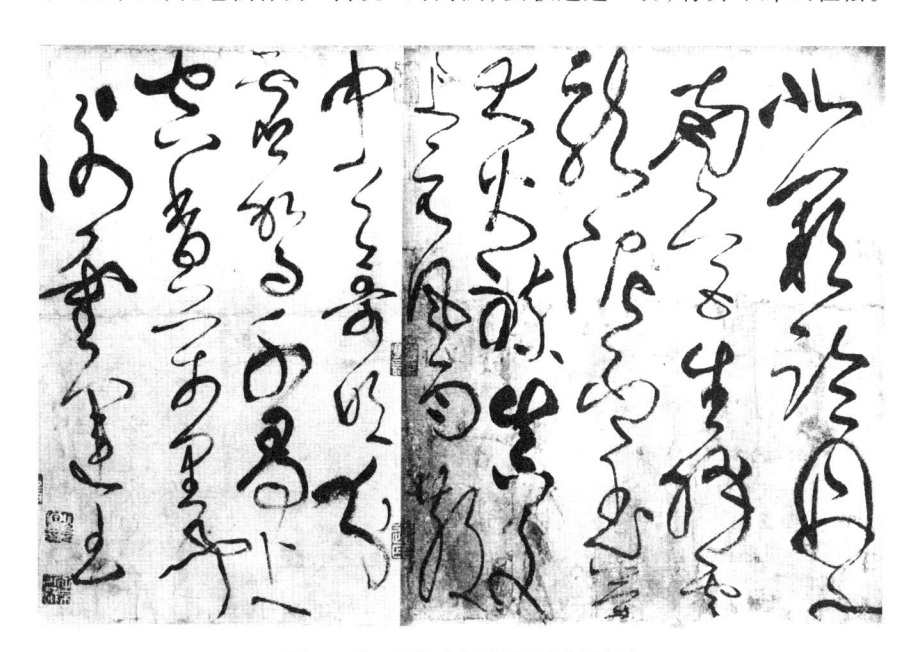

图3 唐·张旭《古诗四帖》(局部)

传统是不断生长、不断变化的,今天我们不去谈论这些变化的具体内容,只是做一个概括性的讨论。我觉得传统中有一种东西,它是由数千年以来,一种文化中最优秀的成员、最有天分的成员所创造的最优秀的作品凝聚而成的一种东西,它包含这个领域所有重要成就,也包含后世对它们一切合理的阐释，它就像一个异常坚韧、密度极大的核，它就在那里，是一个存在（图3）。任何解释都无法穷尽它的内涵。我觉得这就是传统。大家可能说这样的定义太简单了，不，我有我接下来的阐释。比如说，大家学习书法，读了四年本科，接着读三年研究生，或者再读三年博士，你会觉得自己有资格说传统这个东西了。山水画也一样，古典诗词也一样。若干年的学习经历，使人觉得自己有资格去谈论传统。但是我要说：不。

一个由几千年最有才华的人所创造的最优秀的作品构成的这样一个核，你觉得就那么容易进去吗？一个普普通通的人，你学了8年、10年的有关知识，接受了8年、10年的训练以后，你就有把握去解析这个核、进入这个核吗？能吸取其中所有为自己所用吗？我认为，没有把握。这就是我跟很多人对传统的认识不一样的地方。当我们一群人开个讨论会，讨论山水画传统、书法传统的时候，我要问，我们真的有资格谈它吗？很可能没有，我们很可能根本就没有进去，我们只是凭着我们仅有的一点知识，在说外围的东西、表面的东西，根本没有触及这个核。

谁能够进去？要有几个条件：第一，才华，相当的才华；第二，刻苦；第三，长时间的沉浸；第四，机缘。大家会觉得这太难了，提高到这种要求，我们也许根本没有资格去讨论传统。谁在年轻的时候会有这种自信心？

不对。原因在于两点。

第一点，一个人的才华，你的可能性，只有经过极端刻苦的训练之后才能显现。我们上学的时候，每个班上都有些极聪明的人，学什么东西都那么快、那么灵。这是才能吗？还不是。

茨威格在《纪念里尔克》中讲过这样一段话："真正诗人的天赋必然是通过难以估量的辛劳又一次重新挣得，即男子汉有责任把天赋开头仅仅是作为儿戏送给他并仿佛是借给他的一切，持续地变成坚韧不拔以至令人难以承受的严肃事业。"表现出某种灵气的年轻人，在艺术院校里挺多的，而在这些聪明人里边，日后能取得杰出成就的很少。我常常想，这是为什么？当你读到茨威格这段话的时候，就会知道原因在哪里。这或许可以与我刚才说的对传统的认识相印证。那么多优秀的人，每人提取几件代表作品凝聚成的一个东西，我们花十年就能够进去吗？我们或许有一些感受，但那离真正的进入还差得很远。

第二点，如果我们真的一生都努力了，但没有到达那个核心的地方，怎么办？很正常。我在读本科的时候，跟在座的大部分同学年龄差不多，20岁左右，那时我就想过这个问题：如果我付出毕生的努力，但最后一无所获，你愿意吗？我想，我愿意。我觉得这是我必须承担的风险，而且失败的可能性很大。如果没有这种决心，不肯付出这种代价，最好不要去想什么与理想有关的事情。如果我们努力一生，仍然没有做到，那么它意义何在？你面对你选定的领域，它有一个那样的核在那里，它无限精彩，让我们魂牵梦萦、牵挂不已，这便是一件值得你去做一生的事情。你一生都在努力地接近它，最后你没得到，但是你由此而成为一个不断朝理想进发的人，一个有向往之心的人。你的生活，你的精神状态，将因此而与众不同。

在我对人的分类里，只有两种：一种有理想，一种没理想。这是两种截然不同的人。

如果我们把标准定得很高，到达者将非常罕见，但列身于为这种理想而努力的一员，我一生没有遗憾。记得爱因斯坦说过，我们努力奋斗，但绝不是为了个人的野心，只是希望与人类那些最优秀的人们并列而无愧。在这个层面上，不是以成就来判断的，用来判断的是另一些标准。

现在我讲讲，如果我们有幸触及这个核的边缘，或者把握其中一部分，或者进入它的核心，这时会发生一些什么。因为传统这个东西非常坚韧，与我们相距遥远——注意，这里所说的"遥远"不是一个时间概念，因为切近的传统也不断加入其中，然而一旦加入其中，它也就成为这个坚韧之核的一部分。

在这个获取的过程中，一定要把你的感觉全部用上去，并且不断地发展它，把你所有感受的能力、剖析事物的能力全都用上去，你就有可能揭开它一点秘密，然后是一点，再一点。这种接近、获取，一定不是原封不动的接受，而是一个感受、分析、思考、重新组织，然后不断地试错、检验的过程。你进入了，消化了，你获得的那一点，已经不是原来意义上的"传统"，它与你血肉相连。当你由此出发去进行创作的时候，你已经不再是对传统的模仿，创造中必然带着你的个性、你的标记。模仿马蒂斯画一张作品，聪明的人很容易做到，但这里所说的不是这个。传统中的要义、经验、技巧经过与你的化合融通，已经变成元素、气体，渗透在你的存在之中，一旦碰触到适当的题材，便会生成全新的、既包容个性又包容传统精粹的产物，个人风格同时出现。

实际上这里解决了长期困扰我们的一个问题。大家都觉得临摹字帖、学习传统还有点办法，但一到创作的时候全部都用不上。谁跟我说这种话的时候，我不需要看你写的字，我便知道你临摹根本没进去，不管你写得多像。——我在年轻的时候，说不出这些。像你们这种年龄的时候我还不知道这些。但是今天，当我回顾自己做过的事情，所走过的道路，所犯过的错误，所遭遇过的挫折，知道这是一条有用的、有意义的道路：接近全力深入那个核，从那种艰难得来的收获中，哪怕是最微不足道的收获中，将生长出与众不同的、真正属于你的果实。

人没经历的事情，谁跟你说都没用。我不指望我说的这些对你们有什么用处，只希望你们能记住，世界上有这样一个人跟你们说过这样一件事情。

我猜想，人们会问，你这么仔细地去学习过去的杰作，你自己的个性在哪儿？是不是最后专业学出来，自己没有了？不是的。在我所说的这样一个过程中，仅仅是学习——深入的学习，就需要一个人顶尖的才华、顶尖的智慧。而这种"顶尖的才华和智慧"，远远超越了通常所说的"个性"、"聪明"、"才气"，它既包括深入传统的能力，也理所当然地包括深入中外艺术、思想的能力，破除陈见、迷信，打破自身习惯与既有成就的蔽障，都是题中应有之义。但是，在我们所交往的人群中，具有这种能力的人极为罕见。榜样到哪里去寻找，帮助如何获取？我觉得，只有到书里去寻找，首先是依靠那些一流人物的传记，依靠与他们有关的书籍、文献和作品，看别人是怎样深入艺术，深入事物，深入人心。

我们先说说传记。一部传记要表现一个完整的人，几乎是不可能的事情，但是里面有些细节，蛛丝马迹，把这个人的杰出之处展现在我们面前。比如马勒的传记里有这样一句话，大意是我要时时刻刻保持高水平，绝不让那种懒惰、忌妒等把我拉下去。这就是说，像马勒这样一位天才，这样一位伟大的音乐家，觉得自己只要稍微一放松就掉了下去。想想我们自己，还能放松吗？可能很少有人想到要这么苛刻地对待自己。我们也许已经很努力了，但是还有很多懒散的、马虎的、缺少信心的时刻。这种时候请想想马勒。

再举一个例子。我从一篇文章中读到，列夫·托尔斯泰60岁时还一本接一本做造句练习。60岁的托尔斯泰，已经是个成熟的作家，一流的作家，还在不停地做造句练习。当时我17岁，一看见这句话，就知道自己该做什么了。那时我立志于文学创作。我买来最小的笔记本，放在口袋里，有空就拿出来做造句练习。大约做了三年。我后来的写作与此有关。

说到这里，我想起自己30岁左右读到的一段话，李宗仁的一段话。他说，我已经80岁了，八十老翁欲何求，但是如果世界上所有80岁的人，让他们重新活一遍，其中一半以上会成为伟人。我很震惊。一个人30岁的时候根本不会知道80岁是什么感觉，但是从这一句话里，我明白，他80岁时已经知道他这一生什么事是该做的，哪些时间是浪费的，什么时候犯了无可挽回的错误,等等。我的推论很简单,当我在30岁或者40岁的时候,就必须竭尽全力去寻找自己不能成为伟人的最重要的缺点,致命的缺点,克服它。到80岁肯定来不及了,但30岁肯定来得及。我不是说一定成为"伟人",现在我们已经不愿用"伟大"这个词,"伟人"也不用,更不用说用在自己头上。但是李宗仁说到"伟人",应该有他自己的感悟。就说非常优秀的人吧。坦率地说,我们在座的几百位老师、同学,包括我自己,全都成为一流人物的希望不是太大吧,但是每一个人都有希望,只不过我们不知道该怎样去做。要成为优秀的人,我想,我们必须尽早开始寻找自己不能成为这种人的致命的缺陷,想办法去克服它。当然这里有两种可能。第一种,克服得不那么好,不那么彻底,但这也比你不努力要强。第二种,有人问我,你怎么知道你找到的是你最致命的缺陷?问得好,很多人真的是不知道。但是我想说,如果你找到的是第二位、第三位,哪怕第五位的缺陷也好,你就去克服,克服以后你再找,这不比你原来随机生长、成材的可能性要大得多吗?

我读过很多传记,从所有一流人物的传记里,不论是思想者、哲学家、科学家,还是艺术家、文学家,我都读到一个共同的东西,那就是他们能够把一个问题、一件事不停地做下去,一直做到谁也到不了的地方。

比如我们思考一个问题,你比普通的人多思考一两层,大家会觉得这个人很有头脑;你再思考下去,大家觉得,这已经是没有人能达到的程度,你已经非常优秀;然而他再想下去,下去以后那就不是一般人能设想的了,大家都认为不可能再想下去了,但是他还不停止,他又找到一条思路,想下去;那个地方已经是一般人绝不可能到达的地方,但他再想下去,再想下去——出色的人就是这样,就有这么一个特点。

这个问题跟我这些年一直思考的一个问题关系密切:天才问题。

我与朋友讨论这个问题的时候,他们说,这个问题怎么能讨论呢?天才,绝无仅有。他们大概认为,这个问题与自己绝无关系。天才只是个案,没有任何普遍性,也不可讨论。我想的是另外一些问题。我想的是天才的特点到底是什么。他们跟我们这种普通人——假如我们还有一些才能,他们的才能跟我们的才能之间区别在哪里,有没有沟通或接近的可能?我考虑的是自身的问题。当然,跟我做教师也有关系。艺术教育,不就是个才能培养、激发的问题吗?我除了对自己进行思考,还要对学生提出建议,建议未必都能施行,但我希望能给学生以启发。这样根本性的与艺术才能发展有关的问题,不在教学大纲的范围之内,但跟我们的教育目标,跟我们每天的教学活动息息相关。

德国有一个女作家叫海尔曼，1970年出生，她做过很多方面的工作，参加过一个记者培训班，但没拿到文凭。这样一个二十多岁的女孩子当时是一个在柏林漂泊的艺术青年。一位女作家建议她写小说，她花了一年时间，写了9篇小说，出了一个集子。后来被翻译成几十种语言。《外国文艺》发表了其中两篇。我读过那两篇，写得很好。后来人民文学出版社出版了这部小说集《夏屋，以后》。毫无疑问，这是一部杰作。我想，一个不到30岁的女孩子，没接受过科班训练，也没什么创作经验，一上手九个短篇，篇篇都是杰作。她无疑可被称作"天才"。我要问的是，她是怎么做到的？

我的推想，第一，她肯定读过一些优秀的现代小说。这是一个假设。第二，她读现代小说有体会，有领悟。但你要问她领悟到的到底是什么，她自己可能也不知道。但是我想，她很可能领悟的就是现代小说中最核心的那个东西——一种不可言说的感觉，写小说的那种感觉；编出句子，推动句子前行，一直走下去的那个感觉。当她开始写的时候，她就在那个感觉的指引下，就那么一直写下去，但她写下的就是杰作。

她跟其他写小说的人不同在哪里呢？很可能我们也读现代小说，读的时候，有领会，会激动，觉得很有收获，但实际上离核心却有一段不小的距离。我们自认为感受到很多，但那只是在自己感觉水平上的激动，离核心还很远；后来，我们通过多年的努力，慢慢挪到离核心近一点的地方，可能擦着一点核心的边，那样你可能已经是中国当代很不错的小说家，说不定还能获个大奖，但是离把握核心还相距遥远。但是，海尔曼不是这样，她一读优秀小说，就完全进入到核心里面，核心之外的东西她不知道，下笔就没有核心之外的感觉。这种时候，写的人完全不知道自己的状态。这是最理想的学习和写作的状态。但是对于绝大多数人来说，学习任何东西都不是这样。通过阅读，我们一般都是落在离核心有一段距离的某个地方，远远地受到核心的辐射，觉得心里暖暖的，好像领悟了一些东西；通过努力，我们有时挪得离核心近一点，有时候又无意之中挪远了一些。就这样，或远或近，如果是幸运的，我们一生最后会压住这个核心的一点点边，或者5%，或者8%，这已经是了不起的艺术家了。

接下来的问题也许更重要：我们怎样尽快调整到准确的核心位置上来。这里有一个前提，就是不要以为你坐在这里，这里就是核心。100个学艺术的，98个都是这样。特别是长时间做艺术创作，让他挪动一点点位置都不容易。有时他想挪，但动不了。我觉得做艺术，最重要的一点，始终要对自己的深层感觉——深层感觉的结构进行审视，无情地批判。想方设法去检验，看你自己所在的位置离那个真正的核心有多远。没有人不珍惜自己坐久了的这块地方,它很暖和,很舒适,坐着不动就能评职称,就能获得很多很多。这时,他已经丧失了接近艺术核心的任何可能。

下面我讲第二个问题:我与传统的关系。我会放一些我的作品,留一些

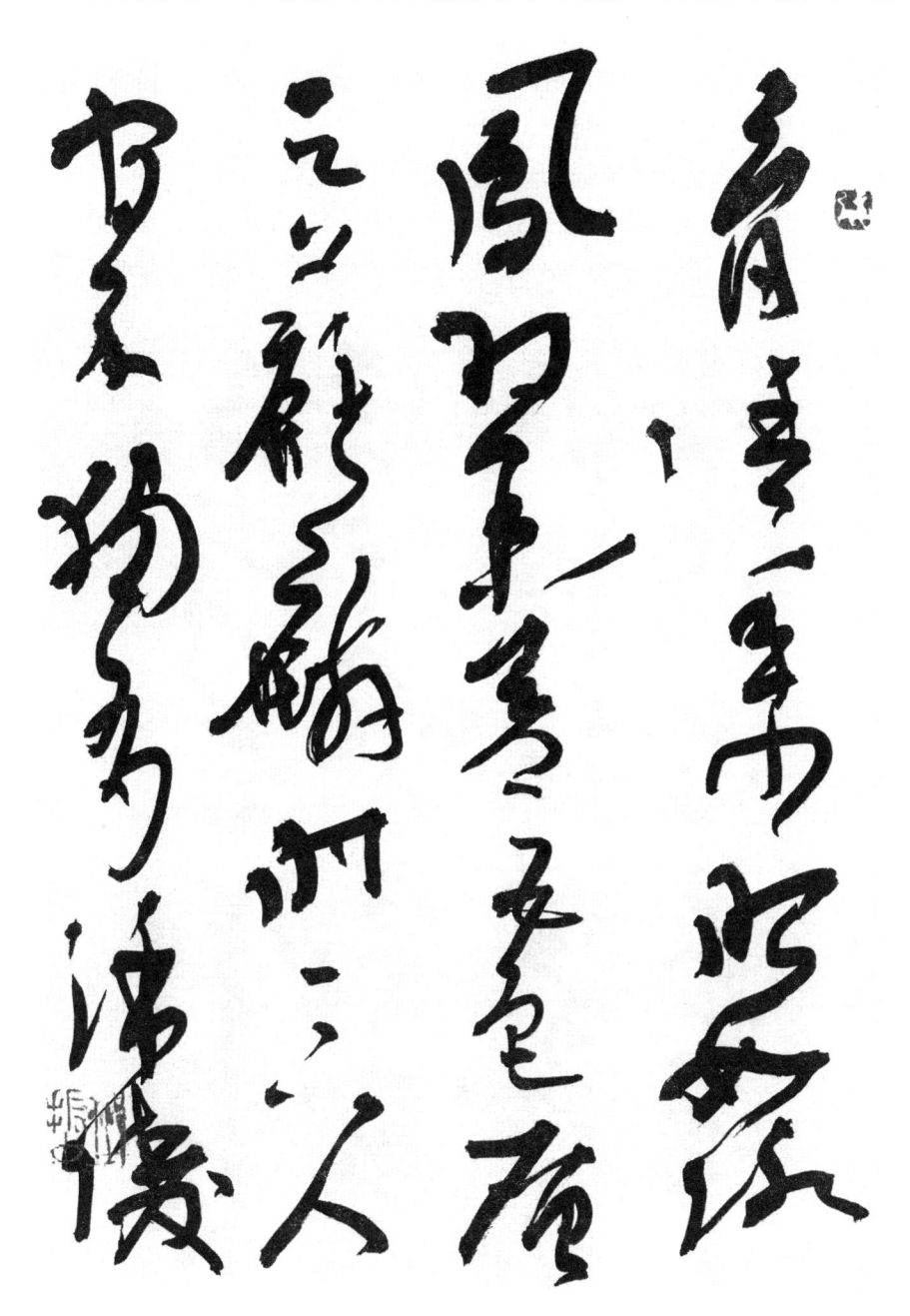

图4 《杜牧·赠李秀才是上公孙子》 38.6cm×26.8cm 纸本水墨 2007年

时间给大家提问。对理论感兴趣的同学可以关注一下，比如我们应该怎样思考传统，我会告诉大家有些什么要注意的地方；还有我们对传统的思考，今天已经到了什么程度；还有它在当代艺术、当代文化中的表现和运用有些什么样的可能，这些都是我多年来一直思考的问题。

展示分为三部分。第一部分是绘画作品，由书法生成的现代绘画；第二部分是现代文字作品，它使用的是汉字材料，但是整体样式与传统完全不同；第三部分是书法。

这里我把它们的顺序颠倒过来，先放书法作品。

这是我 2007 年创作的小幅作品草书中的一件（图 4）。我对自己的草书一直不满意，2005 年，我决心把我的草书重新开始训练一遍，但草书风格

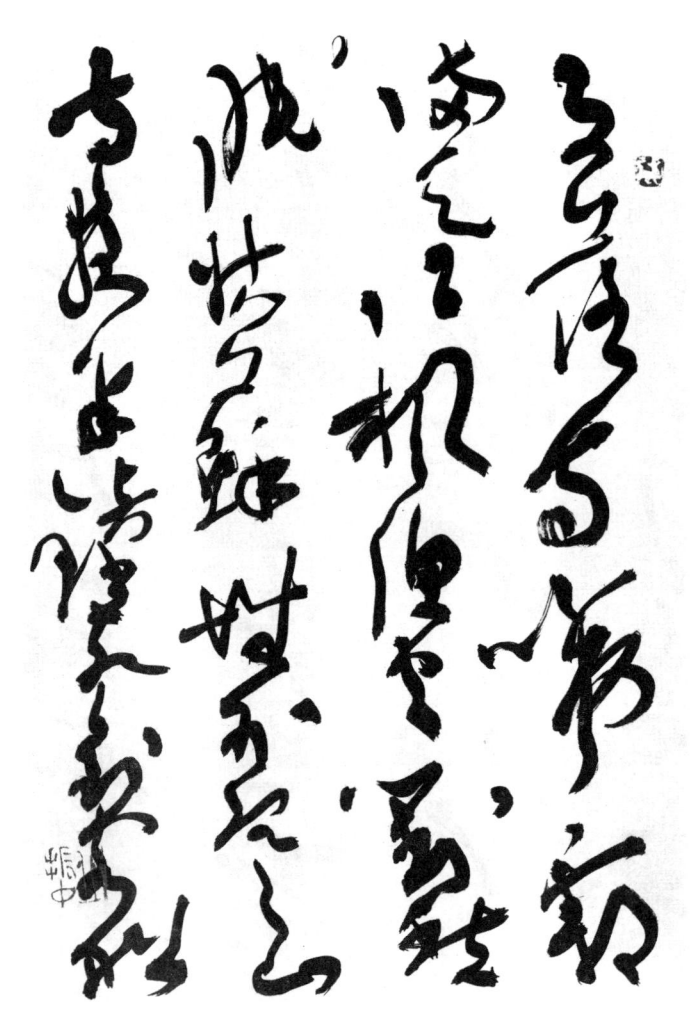

图 5 《张继·枫桥夜泊》 38.5cm×26.7cm 纸本水墨 2012 年

的调整是一件艰难的事情,因为它要求十分熟练,对所有技巧的控制都几乎要达到本能的程度,否则没法进入创作状态,但是一旦达到这种熟练的程度,要改变你的风格、习惯就非常困难。此后将近三年的时间里,我进行了大量训练,阅读杰作,进行分析,还有大量的练习,几乎没有作品。快到三年的时候,才突然出现了一批作品。它们很小,每件只有一平尺,但有一百多件。它们成为我重要的转折。这组作品看起来与传统关系比较密切,但实际上与传统有两个不同的地方:第一个是空间,传统作品中精心处理的是字的结构,把每一个字的结构处理好,然后连着写下去,两个字之间的空间不会去仔细推敲,而是被动地形成,两行之间的空间也是这样,而我把范本、作品中的每一个空间都分开来感受,感受它的形状、表现力以及它与其他空间的关系,这是比字结构更基础的一个层面。当我把注意力转向现代绘画的时候,就发现这种观察书法作品的方式,与现代绘画中的感受方式完全一致。所以当我从书法转向现代绘画的时候,非常轻松,用我的话来说,就像从一个房间走进另一个房间。这是经过近三年的调整、训练后第一批作品里的一张。我希望我的作品中的每一个空间都是有表现力的,而所有空间形成关联缜密的一个整体。一件这样的作品,我们既可以按照传统的方式来观察、感受,也可以按照一种崭新的方式——空间组织的方式来观察、感受。

这是2012年的作品(图5)。同样的幅式,但节奏不一样。

这是我2013年写的元好问《送杜子》(图6)。

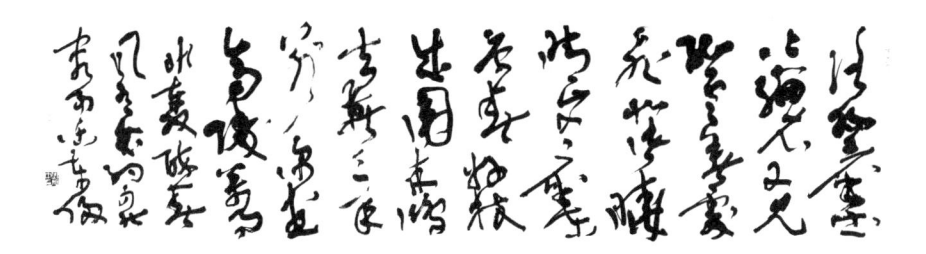

图6 《元好问·送杜子》 34cm×136cm 纸本水墨 2013年

这是我写的李白的两首绝句(图7)。

纳兰性德《鹧鸪天》(图8),2015年的作品。

大家经常问,为什么你的草书作品往往不落款,只盖几个印章?对于草书,我所向往的,是一件像交响曲一样,节奏丰富、包容万象的狂草长卷。我所有作品都有意无意地为那样一件作品做准备,都好像是它的一个局部。古代狂草作品中,节奏的变化还有未开拓的天地。

下面是现代文字作品。

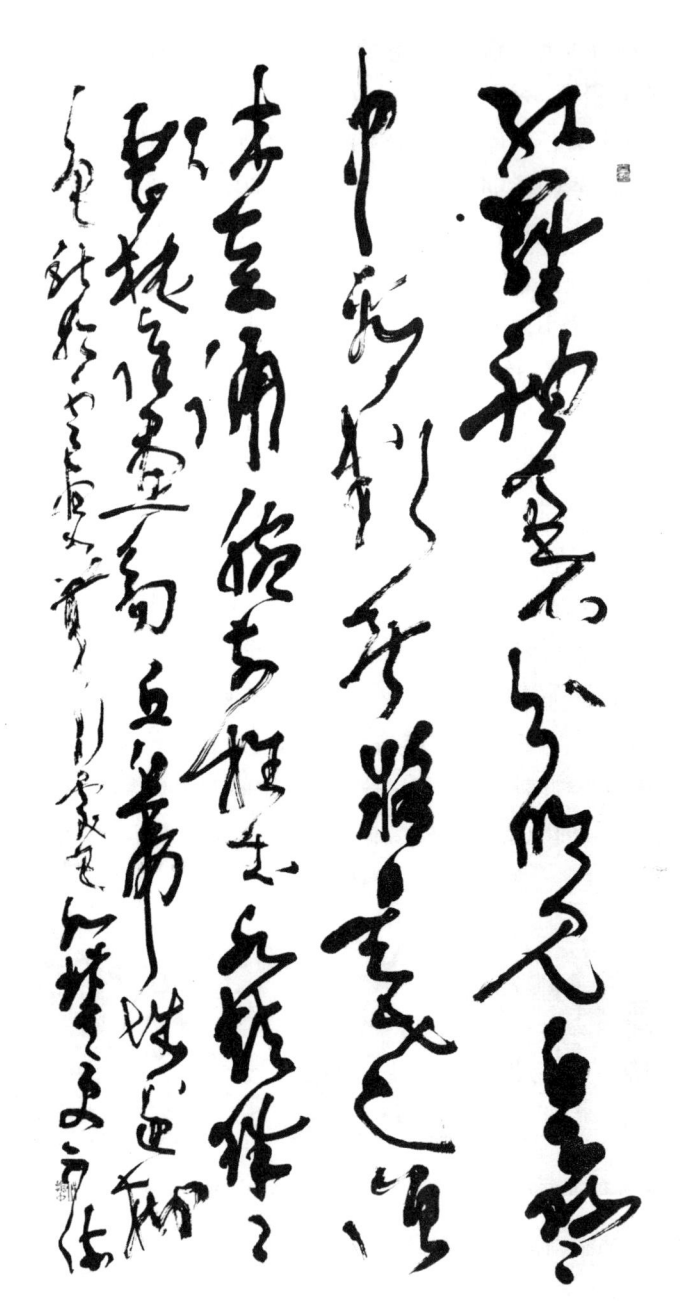

图7 《李白·白胡桃/巫山枕障》
138cm×68cm　纸本水墨　2014年

说到文字作品，大家首先会想到写现代诗歌，但是现代诗歌必须分行写，不分行的话与一件传统风格作品没有区别，分行的话它又像抄诗歌。后来我找到一种构成方式，把字写成一片，然后让这一片字形成一个结构。这

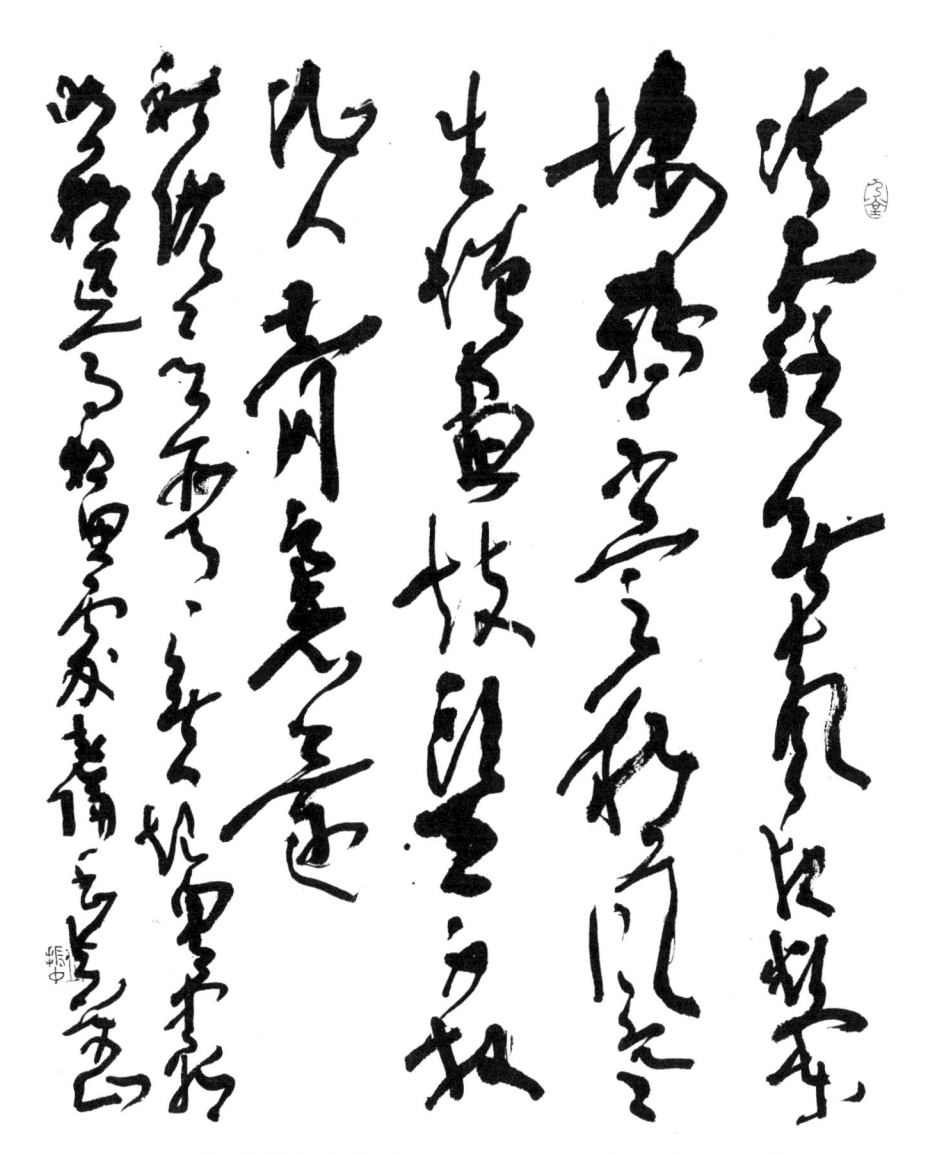

图 8 《纳兰性德·鹧鸪天》 70cm×56.5cm 纸本水墨 2015 年

时候它才开始像一个视觉作品了。这件作品写的是美国诗人斯塔福德的《保证》（图 9）。

这件作品写的是我自己的诗歌（图 10）。

这是 2008 年创作的一个作品，也是我自己的诗歌（图 11）。这是这件作品展出的现场——"深圳国际水墨双年展"展厅。策展人打电话给我，请我作一件作品。我说："今年的主题是什么？"他说："城市生活。"他们那儿有几块很大的有机玻璃板，可以用。我说，可以。我很快就想好了，写一

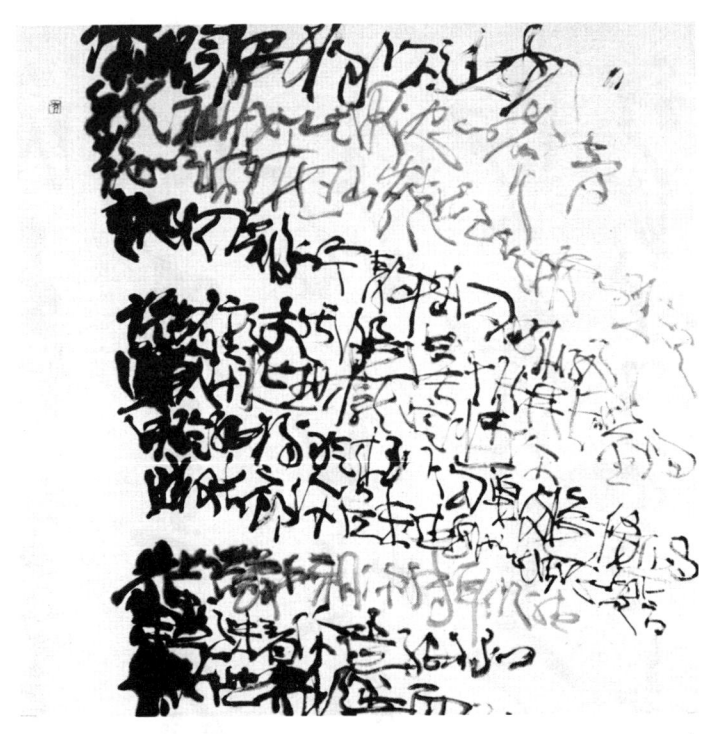

图9 《[美]W.斯塔福德·保证》 68cm×68cm 纸本水墨 1989年

图10 《邱振中·状态-Ⅴ》 68cm×68cm 纸上水墨 1994年

图11 《邱振中·阳台上的花布衫》展览现场 第六届深圳国际水墨双年展 2008年

首我自己的诗《阳台上的花布衫》："把躯体排空，你只剩下色彩和皱褶。"通过这次展览，策展人和我都获得了一种信心，书法在现代环境里，能够找到一种适当的展示的方式。

图12 《邱振中·纪念碑》 250cm×503cm 纸上水墨 2012年

这件作品高二米五，宽五米二，写的是我的诗歌《纪念碑》（图12）。纸拼接好，站在纸上书写，周围是白茫茫一片，然后就是你笔下的线条在不停地生成，很特殊的感觉。写完最后一句，后边还留有很大一片空白。怎么办？我想，把最后两句再写一遍吧。最后两句是："回来吧鸟儿回来一匹马/已经叠放在一匹马上 一只手/已经融化在另一只手的背影中。"我把这两

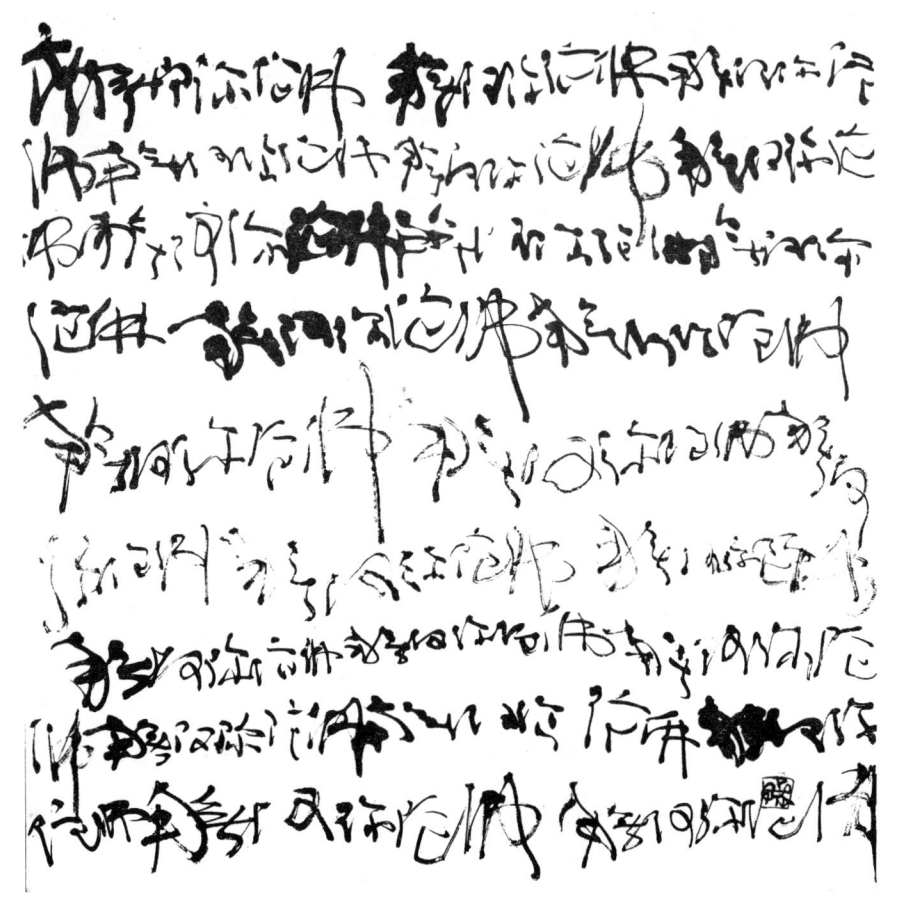

图13 《南无阿弥陀佛》 68cm×68cm 纸上水墨 1988年

句又重复写了一遍。这使作品生动了起来。创作有时候是可以预计的,有时候又是不可以预计的。你在书写,但你不知道你将作出的是怎样的作品。

这件作品写的就是一句话"南无阿弥陀佛"(图13),十九遍。我对寺庙里僧人诵经的声音印象深刻,我希望创作一件作品表现这种节奏,但是你

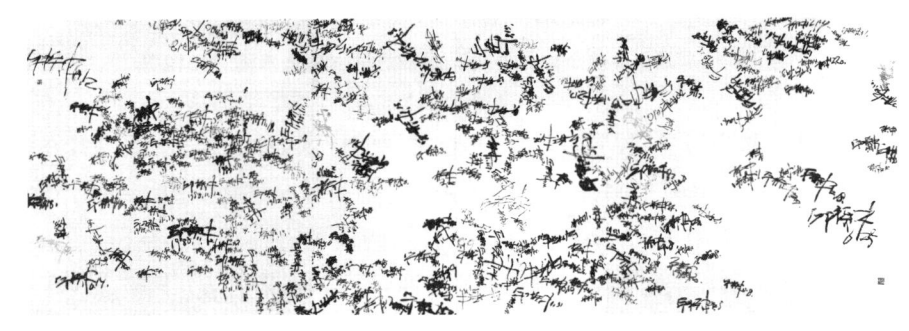

图14 《日记(1988年9月7日—1989年6月26日)》 180cm×540cm 纸上水墨

不能写佛经，佛经的字很复杂，这么写下来，就像一件普普通通的书法作品。后来我想到，佛教里有一种说法，提倡佛教徒有空就念佛号：南无阿弥陀佛。这不正是我所需要的题材吗？这是最单纯的有关佛教的文字内容。

《日记（1988年9月8日至1989年6月26日）》（图14）是我1988年准备中国美术馆个展的十个月里每天的签名。一些小纸，六尺的、四尺的，它们都卷着，每天打开一角，我随手抓起一支笔，蘸墨，签名。我不知道每个签名在作品中的具体位置。作品快完成时我才第一次打开它们。这里利用的是书法中的一种传统观念，就是说随手写下的一些字迹便能反映一个人当下的所有状况。据此，记录一天状况的最简单的形式便是自己的签名。

这件作品在德国国家现代美术馆，在北京、首尔、悉尼展出过多次。

图15 《待考文字系列·No.8》 68cm×68cm 纸上水墨 1988年

《待考文字系列》（图15）。中国古文字词典后边都有一个附录，叫作"待考释文字"，它们是文字学家没有考释出语义的古文字，《甲骨文编》《金文编》，还有其他各种古文字词典里都有这样一个附录。我用的是《先秦货币文编》中的待考释文字。当我第一次从创作的角度翻到这些文字的时候，真是一阵狂喜。它们形状很特别,根本不像汉字,奇特突兀,匪夷所思。考证不出它们的语义的原因,就是因为这些符号跟人们已经考证出来的那些古文字结构相去太远。它们是含义被掩盖、被湮没的文字。它们既是文字,又不能被识读,所以从古到今,书法家、篆刻家没谁使用过它们。我决心用它们作一批作品。1988年的作品。到今天没有第二个人用过这批材料。

图16 《待考文字系列·No.9》 68cm×68cm 纸上水墨 1988年

这也是待考释文字系列中的一幅(图16)。待考释文字是唯一一批语义被隐去的文字。它矗立在抽象艺术与汉字艺术的临界点上,抽象符号和文字符号的临界点上。它们既是文字,又是抽象符号、抽象图形。

这件作品(图17)看起来是一件传统作品,但它实际上是一件后现代作品。这是为徐冰《芥子园山水卷》作的一个题跋。徐冰把《芥子园画传》里的一些局部刻下来,然后拼印成一件山水手卷。他打电话对我说,这件作品马上要到波士顿美术馆展出,请你给我作个题跋。我说写些什么呢,他说随便你写什么。我一听就明白了，他是要我作一个像古代题跋一样的东西，放在他作品的后边，让大家一看就是一个标准的古代手卷，但这是他设计的一个伪古典，实际上是一个后现代作品。他要求三天内完成。我想，如果我作一个文言文题跋，实际上是帮助他作一个假的传统样式的手卷，对于我来说没什么意义。想了20分钟，我决定作一个拼贴。我把老子、庄子、欧阳修、古代画论、苏澈、《聊斋志异》、《汉书》等作品中的句子摘出，拼贴成一个题跋，评价这个手卷。一篇这样的题跋，就是一篇后现代的文章。既然如此，我随便用什么风格来写这个题跋都不会改变它的性质，但是我决心用最

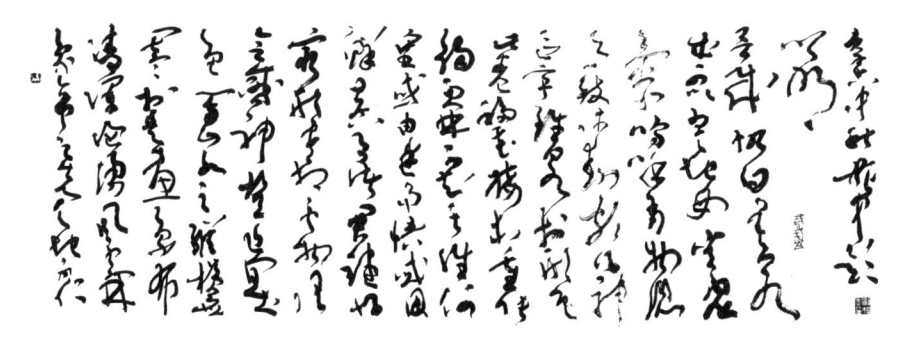

图17 《邱振中·集句跋徐冰芥子园山水卷》 33cm×99cm 纸上水墨 2010年

图18 《R的变容》 45.8cm×34.2cm 纸上水墨 1995年

古典、最典雅的风格来写这个题跋。风格越古典，技巧越成熟，它就越有意思。其实这是我平时创作中不曾使用过的风格。

这件作品还有一个非常重要的意义。过去人们都认为无法使用古典的技法、意境和模式去创作一件后现代的作品。它改变了我们的观点。

最后放几幅绘画作品。

1995年我到日本教书，笔墨在手边，课余我开始画一些水墨，想为以后画色彩做一些构图上的准备，结果一下笔就没法停下来，水墨一直画到今天。

《R的变容》（图18）。这是我画的第一件水墨作品。不停地叠加，我从没想过，水墨能画得这么复杂、厚重。这使我非常想去摸一摸水墨的边界和可能性。

图19 《渡》 45cm×68cm 纸上水墨 2000年

《渡》（图19）。这件作品画于1997年年初，当时觉得墨色太淡，应该加上一点什么，但我没想好能加点什么；四年以后打开一看，我想，已经很完整，不需要加什么，盖了个印章。我一直拿不准它应该算1997年还是2000年的作品。

《状态-Ⅶ》（图20）。一大束干枯的百合突然打动了我，空间无限复杂。我赶快抱着它上楼，火急火燎地到处找纸，结果找到一叠裁好的铜版纸。不管，我想我要用我草书的线条，用最浓的墨，来画这批作品。取的是很小的局部，找不到感觉时转过花瓶另一面。一共画了两天，八十几张。我挑了四十八张作为一组。

图20 《状态-Ⅶ》(局部) 34.5cm×32cm 纸上水墨 2003年

图21 《青莲》 84cm×69.2cm 纸上水墨 2008年

图22 《山海经·前传 之一》 45cm×68cm 纸上水墨 2015年

《青莲》(图 21),最朴素的构图,仅仅由几种不同的笔触组合而成。我想知道它们的可能性。

《山海经·前传》(之一、之六)(图 22、图 23)。

图 23 《山海经·前传 之六》 45cm×68cm 纸上水墨 2015 年

我作品中图形的生成与草书关系密切。草书是我致力的书体。狂草的构成与其他书体完全不同,每一个笔触的铺陈都会带来意想不到的变化,每一个新出现的空间都会影响到作品整体的结构,因此创作时感觉始终处于生动的、随机的状态,或许可以说,每一件作品都是生长出来的,像世间各种树一样,有种属的差异,但任何一个种属中的每一棵都有自己不同的姿态。

我的作品就介绍到这里。

提问与回答

刘伟冬:各位老师、各位同学,作为一位知名的当代艺术家、书法家,邱老师的作品大家都非常熟悉。下面开始我们的提问。

听众:(1)对于书法您是否有自己的定义?(2)传统书风与现代书风的区别在哪里?(3)现代书法的前途与命运?能够走多远?(4)您的现代书法是否一味地追求视觉效果和内心情感的宣泄以及心理状态的表达,或者说您的书法是否是对传统书法的一种不满,或者是一种反叛?(5)您的书法是否有创作目的?想让观者了解到哪些信息?

邱振中:关于书法,可以从不同的角度去进行定义,简单地说,书法必须书写文字,如果没有文字就不叫书法,而且必须一次性完成,如果你反复涂描,那就变成美术字了。

现代书法与传统书法的区别,首先可以谈到两点:一,样式,传统书法每一种幅式都有自己相对稳定的样式,如条幅,但现代书法没有任何必须遵守的样式,因此可以把这一点作为区分现代书法和传统书法的原则:传统样式之外的一次性书写的文字作品,都可以称之为"现代风格书法作品";二,传统风格书法作品与现代风格书法作品的含义有明显的区别,现代风格书法的目标是用书法的手段表达现代人生存的感受。

第三个问题,现代书法的命运,答案很简单:天知道。它依赖于所有作者的努力。这不是一个可以预言、预计的问题,而是一个需要用实践来回答的问题。布罗茨基说,一种现代语言具有何种价值,取决于人们用这种语言创造出多少出色的作品。现代书法的命运,由人们创作出的作品水品的高下所决定。

第四个问题,这一问有些问题。他说邱老师是不是在"一味追求视觉效果",还追求"情感的宣泄",追求"心理的表达"。这不是"一味",已经是"三味"了。做视觉艺术的人都知道,形式不仅是有关形式的问题,它背后一定有复杂的内涵。即使是一个标准的三角形,看起来什么意义都没有,但它的放置或许隐藏着从欧几里得以来的某种思想线索。现在到处都在讲视觉文化,随便找一本书看,讨论的都是从图形如何分析出我们意想不到的内涵的方法。不能轻易下"一味追求视觉效果"这样的判断。

关于反叛与不满。最近的《中国书法》杂志刊登了一篇我的文章,是在一个讨论会上的发言,题目是《书法:神圣的不满》。这篇文章或许可以回答你的问题。

第五个问题,我的作品主要是希望探索书法这种历史悠久的艺术今天在技术上、在表现当代生存感受上的可能性。

听众:大学生二十多岁,比较躁动,有时候需要一些事情来证明自己,但是去证明自己的时候,又会觉得自己还很年轻,还很不成熟,在这种情况下,我们就会觉得比较迷茫,您对处于这个时期的我们有什么建议?

邱振中:我20岁的时候跟你一样迷茫,所有的人都迷茫。我问过许多30岁左右的人,你们是不是有时候觉得自己很有才气,有时候又很自卑。人们回答说，是的。几乎所有人都是这样。比如人要在20多岁的时候找一个人谈恋爱，最后决定跟他一起生活，你说这是多么困难的一件事情，因为你根本没有足够的经验去做判断，但你又不能等到40岁再去谈恋爱。人选择一种事业，选定一条道路，跟这很相似。20多岁的时候谁能有把握判断自己的未来？我常说，人必须在看不清自己的未来时，就投入你的一切，失败在所不惜。必须要有这种精神。

听众：邱老师，您在一篇文章中提到包世臣所说的"用曲"，但是您没有对"用曲"做出解释。请问您对"用曲"是怎么理解的？邱老师在讲笔法演变过程中，有种重要的技法就是"绞转"，它是一个相对复杂的用笔方式，但是今天在创作中很少有人用到这个方法，请您讲一下这个方法。

邱振中：包世臣讲到"用曲"，很了不起，他观察到了这一点。由于那个时代艺术理论的局限性，他不会去论证，但是讲到这点已经是了不起的贡献。"用曲"，实质上就是设法使点画的边廓变得复杂起来。我的《关于笔法演变的若干问题》这篇文章主要就是阐释这个问题。我今天所讲的也已经包括"绞转"的内容，比如如何观察一个笔画的边廓，"感"字的一撇，就是"用曲"的典型。

第二个问题，"绞转"是我在《关于笔法演变的若干问题》中用到的重要概念。前人已经使用过这个概念，但我有自己的定义：书写时不停地改变所使用的笔毫锥面。绞转源自"连续摆动"的笔法，而从战国简到汉简，反映了"连续摆动"逐渐成熟并向"绞转"发展，从留存的图象资料来看，"绞转"在王羲之的行书和草书作品中达到最高成就，随后便逐渐让位于"提按"的笔法。宋代，人们对"绞转"已经非常陌生，除了个别书家，绝大部分人已不知"绞转"为何物。今天就更不能以此来要求书家了，但最敏感的现代书家已经开始关注这个问题。

听众：您的抽象画作没有经过专业的绘画训练，如果是一个普通人，不像您有如此大的名气，我想应该不会有这样大的价值和意义，请问您是怎么看待这个问题的？

邱振中：抽象画的"专业训练"？不知中国哪里开办过这种课程。
"名气"和"价值"、"意义"没有必然的联系。

听众：您刚才说创作《南无阿弥陀佛》的时候，您创作了可能有近百张，最后舍弃掉大多数，留下了一张，想知道您在舍弃那些作品的过程中是出于一个什么样的评价标准，以及在这个过程中，您具体的内心挣扎、纠结或者心路历程。

另一个问题，您说您在 2005 年时候，对自己的草书不满意，您能具体讲一下当时您的草书创作经历了一种什么情况的不满意，是对于技巧方面还是创作的效果，其中您又经历了怎样一种心路历程？

邱振中： 首先修正一下，我没说过《南无阿弥陀佛》创作了一百张，我的草书册页创作了一百张；此外《南无阿弥陀佛》不是最后一张，它是最初的几张之一。我把不满意的撕掉，很轻松。记得好像齐白石有方印章："废画三千。"

"你对草书的技巧还是效果不满"，我觉得二者是紧密联系在一起的。在 2005 年以前，我每年只能创作出几张草书作品，一年只能创作三四件作品，这对一个专业人员来说是很糟糕的事情。我决心从头开始训练我的草书。第一，选定唐代几件狂草作品，从头开始仔细研读、思考、分析、感受。我的体会在日记和读书笔记里容纳不下了，我就拿出一个本子做"草书笔记"，这是第一点：阅读、思考。第二，大量临摹，后来看到报纸上一段文字，十几秒钟，它们在眼前马上转化为一片草书。有人说"匆匆不暇草书"是因为我们没有时间来安排草书，所以用别的书体，胡说八道。草书要求的根本不是安排。草书产生的起因就是为了便捷，如果还要有时间来安排草书，那要草书干什么？第三，大量创作。第四，盯住一种幅式来创作，必须让一种感觉相对固定下来，让它变成自己真正拥有的东西，然后再扩展到更大的范围。将近三年的训练，最后收获了一批小幅作品，将近一百件。偶尔得来的不算，只有到了这个程度，它才真正属于你。草书的收获必须在本能的层面上安放好。

听众： 2013 年，您和徐冰先生、王冬龄先生在西安做了一次三人的展览，王冬龄先生代表传统一脉，您是当代，徐冰先生是后现代。我想问的是，您对于这三种书法的态度，或者三个门类的当下的艺术是怎么看的？刚才您讲全国真正的书法家不过二十位，那么徐冰先生的《天书》《地书》能不能算在其列？还有，后现代与当代艺术是否能与中国传统文化相契合，能否更好地发扬传统文化？

邱振中： 首先，你说三个人的作品分别代表传统、当代、后现代，好像不太准确。你问的三个问题都跟传统、当代、后现代的定义有关。在我看来，这些词都是为了我们区分事物的方便，制造的一些概念。比如，我们说这个空间有结构，有色彩，还有灯光的安排，实际上，我们睁开眼睛一看，它们全部都在我们的感觉中。所谓"空间"、"色彩"、"灯光"，这些概念的设立是为了我们分析、认识问题方便，实际上它们是一个整体。在我看来，传统、现代、后现代这些词都不重要，它们是为了我们认识事物而划分出的一些概念。我们更重视存在的那些事物，特别是做艺术的人，不要受那些概念的迷惑，有时候我们需要它们，但是更多的时候，要用我们的灵魂去承受那个不可言说的朦胧的存在，从那里才能够生发出真正有个性、有价值的题材、感觉和作品。第二，徐冰不是书法家，他是现代文字艺术家，《天书》《地书》里边有文字，但没有书写。第三，"当代艺术"、"后现代艺术"与"弘扬传统"、"承续传统"有关，在我今天的讲座里已经讲得非常清楚，怎样才能够进入传统，要具备什么条件才能进入，进入以后我们将怎么拆解、分析，然后，结合当代感受重新组合。至于重新组合后，那片肥沃的土地上会长出什么，再用一遍这个词：天知道。那些渗透着传统基因的优秀的当代艺术作品，将证明一个民族的强大活力，以及传统文化巨大的生命力。那些浅薄的、模仿的，不论是模仿西方还是模仿传统的作品，毫无价值。它们打的是"弘扬传统"、"继承传统"的旗帜，实际上是对传统的讽刺。

听众：投身于艺术的人，他们对他们的作品一般分两种情况，一种是希望作品有丰富的内涵，还有一种是追求纯粹。比如说高更，他在最后就追求了他的原始主义，也是一种纯粹。而您刚刚提到有两种人的书法能达最高境界，一种是儿童靠本能，另一种通过漫长时间丰富自己的修养，给作品一些深度和涵养，但我们往往希望从艺术作品中看到深层的东西，而纯粹性的东西通常不具有深厚的内涵，请问您如何看待书法中的纯粹性问题？纯粹在书法中往往是如何表现的？

邱振中：你提的问题里似乎有一些问题。在你的观念里，已经将纯粹与内涵看作是矛盾的、对立的事物，好像高更很纯粹，他就没什么内涵。塞尚很纯粹，但你能说他的作品没有内涵吗？它背后隐含的是对整个西方的美术观念，还有绘画构成方式的拷问。这不是内涵吗？你读过高更的回忆录吗？非常精彩。这些回忆录都可以看作是他作品的内涵。

邱振中　1947年生，江西南昌人，中央美术学院教授、博士生导师，长期致力于书法理论与艺术创作。其代表著作有《书法的形态与阐释》《神居何所》《书写与观照》等。

数码相机时代与艺术写生

主讲人：靳尚谊　詹建俊　曹意强

时间：2015年5月18日
地点：南京艺术学院美术馆报告厅
讲座主持：南京艺术学院　刘伟冬

刘伟冬：今天曹意强先生在我们的美术馆举办展览，靳尚谊先生和詹建俊先生也来参加这个活动，我们利用这个机会与他们交流，把讲堂从图书馆搬到了美术馆报告厅，是希望有更多的老师和同学参与到活动中来，与大家零距离接触。今天晚上的主题是"数码相机时代与艺术写生"。随着社会的发展，这个问题对绘画艺术来说是非常现实的。今天我们有幸来聆听三位老师关于这个话题的思考并与他们对话。艺术最大的天敌就是麻木，一旦麻木，离艺术就很远很远了。我希望我们的学生在四年中，在以后的人生中，能一如既往地保持热情，保持好奇心。这两天我看到报纸上说，听一场"无用"的讲座对我们来说都是有用的。那么现在，我们就进入这无用之用。

曹意强：我们今天要探讨的问题关系到每一个从事美术工作的人。这个问题是：数码相机时代，艺术写生能起什么作用？自从文艺复兴以来，美术家都努力地想借助某种仪器帮助绘画。达·芬奇等人发明了一种暗箱，就是照相机的前身。包括后来像温倍尔这样的画家都用过某种设施。最近英国的一个画家写了本书，中国美院的万木春先生将其翻译成中文。书的大意是自文艺复兴以来，画家之所以能在二维平面上创造三维空间的错觉，之所以能把人物画得那么准确，是因为用了一些秘密的设备。画家们研制出这些设备并使用于绘画。我不太相信这个观点，但是从那个时代以来，艺术家创作或多或少都借用了仪器是事实。19世纪照相机发明以后，给画家带来了辅助工具。最早的时候摄影师是模仿绘画的。但是后来很多画家，包括德拉克洛瓦都利用照片作画，他有一些作品甚至是直接照着照片画的，尤其是一些富有异国情调的作品。再比如德加，他在晚年的时候拍了很多照片。他画的舞女，能抓住她们特殊的瞬间与角度，这与他利用照片有关系。我认为历史发展给我们一个启示，研究艺术史，会发现德拉克洛瓦、德加，到后来的印象派画家，都会使用摄影，但不会感觉他们的画面有生硬感，因为他们用自己的艺术语言体系和风格进行了再塑造。现在很多艺术家都借助照片，这个行为是正当的，但我们也看到出现了一种不好的倾向。当下很多人利用照片，不是像德拉克洛瓦、德加那样运用一种具体的艺术观念，或者一种艺术的语言、手法去控制它，结果反被照相所控制。我看到很多学生在写生时，虽然面对景物，却是按照手机的照片在画，而不是在写生。这里面就出现一个问题，很多写生的作品最后都像照片。更严重的是画画的人，我们的视觉已经被摄影机所塑造。今天趁这个机会我提出这个问题，大家一起来讨论。19世纪以来，摄影一直在影响美术创作，这个无可非议。照相机的镜头塑造了从事美术创作的人的视觉，塑造了我们观察自然的方式，甚至绘画的方式，这是一个比较严重的问题。我在几年前曾带领几个外国画家在北京看过一个画展。他们看完以后跟我交流，说这个画家经历太充沛了，一个人画了这么多作品。听到这句话的时候，我当时认为是风格雷同、色彩雷同，但现在回想可能是因为太像照片，所以给人的感觉整个画展就像一个人画出来的。

靳尚谊：今天的题目是探讨数码时代与艺术写生的关系。近十几二十年来，在西方艺术界有一个说法，现在的画作属于图像画。所谓图像画，就是将照片搬到图画上去。据我了解，最早利用照片图像变成绘画的，一个是克洛斯，还有一个是安迪·沃霍尔，他是把图像变为版画。19世纪末，出现摄影以后，有很多画家利用它作为素材，然后搬到画面上，但是搬到画面上以后的不是照片，而是绘画。文艺复兴时期古典主义的宗教绘画是没有照片的。古典主义绘画表现宗教题材，使用统一的样式，那是宗教绘画的需要。到安格尔时期，是一种风格，一种古典的风格。安格尔以后就出现库尔贝等人，到印象主义，整个就是风格化的开始。现代主义是讲究风格和个性的，因为商品化。以前的绘画是订件的，宗教绘画是订件的，不走市场。17世纪的肖像画，像伦勃朗等人的绘画也是订件的。19世纪末印象派出现的时候，是西方工业化时期，要通过画廊来销售。之后现代主义出现了，在画廊里各种风格的作品就出现了，风景、人物等。这个时候，摄影逐渐发达起来。摄影对绘画的影响，也是逐渐出现的。到20世纪70年代，出现了照相写实主义，完全照搬照片，把运用摄影技术拍摄到的物品，通过画家进行放大，出现新的图像。现在数码摄影艺术已经非常发达了,那么绘画怎么办?如何利用?又不能完全跟它一样。西方从文艺复兴时代,凡·艾克发明了油画以后已经形成了一种画种,一种艺术形式。油画是一种很写实的画种,一开始就是这样,文艺复兴的宗教绘画都画得很细致、很逼真。但那个时候是概念性的,是一种统一的形式,比如画圣母、耶稣等。但是到肖像画以后它就变了,开始要画具体的人了,因为需求发生变化了。有钱的商人贵族出现,他需要自己的肖像画,因此不能再用统一的样式画人,画谁就要像谁。于是造型就发生变化,变得非常具体,开始出现素描、色彩。文艺复兴时期色彩比较简单,后来室内光的冷暖色调非常好看,印象派时期就已经有外光了。因此应该说印象派时期,一个油画的品种已经非常成熟。图像画开始于20世纪五六十年代,就是利用摄影转化成油画,它是现代绘画的一种样式,是利用摄影收集素材,是摄影对绘画的一种影响和帮助,是一种新的艺术形式。中国现在很多人在使用摄影,因为现代摄影技术太发达了,在电脑上可以修改造型,调整颜色,什么都可以做,那么油画怎么办,它是一个写实的画种,油画的基础课必须要画素描、色彩。哪来的?写生里来的。画人要懂得人的结构,要知道他的造型、体积。画风景,要有空间感觉,不同光线下色调是不一样的,西方的原则就是这样的。早上的、中午的、晚上的阳光是不一样的,它不是本色,是光源色。所以我认为要清楚油画是一个写实的画种,其中的抽象美是从真实中提炼出来的,跟中国画是不同的,中国画是线的美,笔墨的美,是一种写意的画种。这个区别就像话剧和京剧,京剧是表现性的,话剧是写实的,电影也是写实的。此外要清楚的是西方绘画其实就是一个体系,所有欧洲油画都来源于意大利,包括俄罗斯,都是从意大利的教学学院搬过去的。所以,油画是一个写实的体系,包括现代主义,或许风格不是写实的,但是都是由现实中提炼出来的。中国现在有一个误会,认为古典写实绘画用照片可以代替,其实完全不同。在我们学习的时候,摄影还很不发达,学油画、素描就是老老实实画写实的。写实不是以细致作为标准,也不是以准确作为标准,当然准确是最起码的,它要求生动。我一年级写生的时候,徐悲鸿先生去看过,并评价过我的画,他并不是以真实、准确为标准。现在很多人把古典的或写实的绘画完全用照片照搬上去,你是写生里来的还是照片搬过去的,从画面上一眼就可以看得出来,无论你是古典的还是现代的,这就是现在的问题。

詹建俊:刚才两位从历史发展的角度谈到图像对绘画的影响,画家怎么利用图像,图像把绘画变成了综合的跨界的应用等。总的来讲,这个问题关键是两个不同的艺术品种之间的问题。图像艺术今天十分发达，我觉得非常好，发展的程度与达到的水平有的超乎我的想象。能够不仅仅拍到日常所见，如各种形态的、客观世界的对象，达到极致真实的水平，甚至比我们肉眼所能看到还要精确，这是图像机械科学发明的成果。有时走在街上看到的图像，覆盖整栋楼，几百米的大图像带给人一种震撼。用反映客观现实的方式给人带来观感，现在已很普遍了，包括广告、艺术摄影等。我认为图像艺术发展到今天有相当高的水准，特别是取得的社会影响力相当大。某种程度上绘画艺术受到摄影的影响，这些影响里面有好的也有坏的。

前几个世纪的大师都运用图像作为自己艺术创作过程中一种代替客观对象的资料，如果对人的动作、瞬间没有把握住，没有能力或记忆力达到那个高度，那么图像的发明可以帮助画家把真实永远展现在面前，利用它来作画。现代摄影艺术，我觉得作为艺术本身发展很快。它有个特点，就是把客观世界如实反映出来，反映出想象不到的真实。在今天来这里的火车上，我翻到一本杂志介绍一种微观摄影，拍摄水滴下来的瞬间。用超高速摄影机把水溅起的形态变成像雕刻一样。水滴形态像舞蹈交错，而且很透明，可以非常直观地观察水的质感、溅下来的效果、速度等。这种发达摄影技术呈现出来的图像，能够把客观形态记录下来，并真实地还原。当我们看图像时相信这张照片是真实的，哪怕是平常我们看不到的，包括那些微观摄影拍到的生物，它是客观存在。不管拍的是什么，包括一些很有情调的抓拍，抓拍某些情境下的、雨雾下的自然风光，把握精神状态下的一种表现，都可以极大地丰富你对客观性的了解。摄影艺术最终让我们了解客观世界存在的各种可能性。

如果给你张照片和画像让你选择，哪个是真实的？你肯定选择照片，不选择画像。因为画像可能眼睛画大了，有些缺点没有画。绘画给人的感觉是拟人化的，里面有作者的主体意识和主动性。特别是当你要改变客观世界时，绘画艺术在这方面有极大方便。摄影艺术则不可以，再高超也是以记录真实为目的。我今天看到把水拍成雕塑的摄影精微程度让人叹服，尽管如此，它给予的仍是对客观世界的认识。我认为绘画艺术最早的表现是写实，有很多功能是代替照片的，但古典艺术从艺术本体角度来看，尽管极力追求真实地反映对象，但是它跟照相不一样，没有面面俱到的细节呈现。绘画是利用技能，通过观察之后得出来的结果。

绘画，这个艺术品种独特的艺术语言魅力，主要是运用对客观世界的主体性观察、精神认识、感受理解，主体发挥作用在客体上，主体性起到决定性作用,不管什么风格都跟照片不一样。尽管古典绘画有些功能有照相写实的一面,可是今天分析古典绘画包括伦勃朗的作品,无论当时起的宗教性作用也好,为贵族服务也好,欣赏的角度都不在于像与不像。更重要的在于伦勃朗用色用油、对光的感觉,画面中黑白的处理、效果,高度的技艺美、油画本体语言美。这种东西在现代仍然打动你,所以仍然有人认同这种风格。从文艺复兴开始到今天各种流派,现实主义、写实主义、古典主义……都有人崇拜追求。西欧各大艺术博物馆,我们专业学美术的去观摩,不学美术的人也去欣赏。因为人类掌握绘画技术可以达到这样一个水准,各个历史时期都留下经典高超的艺术作品,给人极大的艺术享受,这就是油画艺术之美,它的魅力在于打动我们。现代艺术不写实了,只是把油画技术当中某些因素突出,变成如印象派强调色彩,野兽派强调人的主体意识对客观对象的极大改变。绘画本体色彩、笔触、画面气氛、精神不一样,作家个性、对客观世界理解不一样,艺术个性与作者主体性充分体现在画面中。每个作家、流派不同,所创造的艺术美不同,但是对于绘画本体语言的组织、控制是共通的。而摄影艺术,即便有再大的主动性,也是有选择的,想尽办法还原客观物体。像刚才对水滴的再现是一个图像,图像的生成会体现作者的主动性,但最终呈现的仍是客观状态,没有随感情、精神气质发生改变,创造独特的艺术画面。

在摄影艺术发达的时代,是不是写实绘画就要像摄影图像或者回避摄影图像?我认为要像摄影图像是错误的,回避图像也不应该,因为它有很大的利用价值,可以为写生提供极大便利。我们今天在参考照片时,它是平面的,拍下来,心里面还留下客观景色印象,但是是有限的,过一段时间就淡化了。虽然图片可以永久保留,但保留下来的有限,跟真实景物给你的感觉不一样,大大简化了。昨天我们在杭州看《富春山居图》,身临其境与看照片的感觉大不一样。在那样的实境看层层山水、郁郁葱葱的树木……得到的感受是完全不同的。现实可以给你极大的感染和深刻的体验,而照片反映出来的东西极少,就跟买东西打了七八折一样,甚至打了一二折,再体验再反映出来就更少了。绘画的目标是对客观世界的主体感受、情感对于对象的传达表现,没有现实本身给予的感染力,那就是空的,画出来自然空。

油画最大的问题是越画越像照片。以前的画像照片的比较少,现在越来越多,连国画也有这样的趋势,水彩画比油画还像油画,也是追求照片真实的结果。艺术的目的不是追求客体的完全真实呈现,再真实也不是艺术。绘画艺术包括国画、油画本体都有独特美感,我们就是用各个独特的艺术语言，充分发挥各艺术品种的独特美感。艺术语言是工具，作者首先要掌握好工具，有能力去画出来，然后逐渐锻炼，运用工具表达主观性。而客观真实性、画得像或不像不是艺术目标。今天图像对于画家、艺术家的影响，很多是认识上的误区，另外有一些人是不愿意动腿、懒惰、不愿去掌握语言。掌握每一种特殊语言不是件简单的事。此外你要反映某种题材，比如说我要画某一处景色，要很好地去感受体验才能画好，如果用别人拍的照片就不行了。反映现实生活的画很多，用照片的最多。看起来好像都很真实，是作者关注生活、反映生活的某一方面，但为什么评价不高？就是因为在艺术本体上没有其独立价值。色彩不好，形也不好，照个照片就这么画下来，没有艺术创造价值、独立的本体艺术之美，不是好的艺术作品。有些画很细，大的结构很有趣味，重视艺术本体趣味，更重要的是运用绘画艺术本体语言画写实绘画。比如古典艺术、写实艺术，像伦勃朗、现代派，优点都不是按照照片画，人的造型、精神状态把握都是客观生活里不一定看到的东西。所以在今天图像化的时代，图像化大发展是个好现象，给摄影艺术带来了新的面貌，也值得我们好好去欣赏。但是我们画像如果仅利用摄影艺术，放弃每个画种独特的艺术语言，那就是舍本逐末，是错误的，永远创造不出来好作品。

曹意强：刚刚两位老先生谈到了摄影，摄影确实是一门了不起的艺术，所以大家不要误解。当我们在谈摄影与绘画的关系的时候，我们不否认摄影的艺术性。刚才詹先生也提到摄影呈现给我们肉眼不一定看到的世界。摄影对艺术有很好的影响，欧洲的抽象画画家康定斯基，他的很多抽象绘画都借助于显微镜下看到的世界，但他不是模仿那个世界。其实刚才已经把话题转到了写生，如果我们反思一下艺术的历史发展，每一次当艺术有一种新的变化，或者或一种革新，都是跟写生有关系的。在中国古代，最早的画论强调"外师造化，中得心源"。到了范宽的时代，模仿已经影响了绘画的生命力，他提出"师古人不如师造化"。之后有了写真，"搜妙创真"意思就是你可以利用自然的形象、自然的图像，但是你必须通过艺术的形式来达到一种更高的真实，也就是我们说的更高的美学境界。后来又有很多人，如石涛提出"搜尽奇峰打草稿"，意思就是说要去写生，要到自然中去吸取灵感，不只依靠肉眼，要依靠心灵的眼睛去发现更高的真实。黄宾虹曾批评"四王"，我个人认为有点过。其实"四王"的山水画水平还是很高的，特别是他们把山水的结构进行了一种革新。中国的山水画就像我们后来看到的那样更加结实，更加具有结构性，这一点是"四王"的伟大贡献，并不是摹古、仿古得到的，而是他们真正从自然中感受到的。黄宾虹曾提出清代的绘画之所以没落是没有探究自然之真，去"搜妙创真"。康有为等当时非常著名的人物也提出了这个问题，要让绘画，甚至中国绘画注重写生。在欧洲，我刚才说到文艺复兴之所以能够兴起，一个非常重要的原因就是画家摆脱了中世纪图案化的那种创作方式。对人体进行解剖，然后从事写生。我们去看文艺复兴时期的一些杰作都能看见很多草图，很多素描稿，其实这些素描稿就是写生得来的，不是凭空想象出来的。写生在欧洲真正作为一个观念提出来，应该说是在1800年，比印象派早一点。我们现在一般会把它定在巴比松画派，开始到室外去写生。其实，1800年，法国有个叫瓦朗谢纳的画家写了一本《透视学实践的基础》，就提出画油画必须到户外去画，必须要去写生，探究自然的光影的变化。后来，这种理论对欧洲产生了极大的影响。这个艺术家不是很有名，因此在艺术史上他的理论没有得到充分的阐释，但是他的贡献很重要，他的理论甚至影响到大卫。在艺术发展进程中，当一种新的艺术现象出现以后，走着走着大家就开始模仿，慢慢这种艺术形式就开始僵化，之后开始风格化，再以后开始思考改变这种现状，回归写生。为什么会出现强调写生呢？是因为摄影的出现。摄影是一门了不起的艺术，摄影对于欧洲绘画以及今天中国的绘画影响非常大，它的影响有正面的，也有负面的。正面的影响是使欧洲的画家开始思考绘画的角色，以前绘画确实取代了摄影的作用，印象派的绘画其实在很大程度上就是受了摄影技术的刺激。库尔贝这些人也用了摄影，但是他们没有这种感觉。后来摄影技术发展得越来越快，印象主义开始走向户外。历史学家说他们受了两方面的影响，一个影响是摄影，一个影响是东方绘画，也就是日本的浮世绘。但是日本的浮世绘对他们的影响还是由于摄影造成的。摄影刚出现时，人们认为它是一种很奇怪的东西，大家为之欢呼，开始思量写实绘画要不要了。后来，这个法国画家的理论对户外写生产生了影响，所以出现巴比松画派。印象派画家就是在寻找摄影不能取代的一些因素。在20世纪80年代的时候，我们把印象派定义为现代派，好像定义为与写实主义相违背的一种画派，其实恰恰相反，印象主义由于摄影技术对它的刺激，寻找一种比摄影本身更真实的抓获自然变化的语言，一种油画语言，所以它们开始走向户外，抓光影的变化，光影中变化的形体，甚至阴影所产生的变化。印象派画家的作品从某种程度上说是把欧洲的写实主义推到了一种极致，它是最写实的艺术，因为它要把光影变化的瞬间、形体变化的瞬间，甚至人物表现都要通过油画语言捕获下来，并且捕获下来以后让它仍然具有变化的可能性。我们看古典主义的绘画时，你会觉得它很静止，但是当你看印象主义的绘画时，它一直在运动，画面本身在运动。

在今天，我们并不是否定摄影的作用，而是说摄影跟绘画有不同的地方。今天我提出这样一个观点，这个观点跟历史也是吻合的：当绘画走到十字路口的时候，其实最好的办法就是回归写生。我们讲阿里卡，在五六十年代时，他的抽象画已经非常出名了，他的画在巴黎、伦敦价格非常高。但是阿里卡很快意识到没什么意思，他说现在欧洲绘画的困境是从绘画到绘画，绘画应该重新回到写生。还有塞尚，大家都在想为什么塞尚后来要背离印象主义，要去画那些强调结构的东西。因为塞尚认为莫奈这些画家画得非常好，光影把握得非常好，但他认为缺少了一种古典主义所具有的结构，所以塞尚给自己确定一个目标，他要重新从自然中创造出一种古典主义的结构，借助自然。他认为古典主义偏离了跟自然之间的关系，忽略了对自然的探究，他要重新根据自然来画。阿里卡也是这样，给自己制定严格的规定，走进生活。到生活中去画工厂，画速写，到纽约的地铁下面去画速写，到街头去画不认识的人，采用各种工具。一方面，他探究绘画语言的更大的可能性；另一方面，他要通过自然、通过写生来激活绘画。然后，他又给自己规定了他每一幅作品必须一气呵成。他绘画的颜色不会超过五种，要用最朴实的颜色。每一次的艺术走到了风格化、形式化的时候，不管在中国还是西方，都会重新回到写生，通过写生去寻求新的绘画语言。刚才两位先生提到摄影跟写生是完全不一样的。我们可能会觉得拍的照片很真实，其实在某种程度上来讲，照片非常不真实。因为拍照片的人在寻找角度，照片一旦固定了一个景象之后，就失去了时间感、空间感、色彩的变化。当我们看到一处风景时，我们去拍它，拍完之后很失望，因为空间的维度彻底失去了。如果我们去速写，虽然很多细节都会忽略，但它整体的氛围、气势你会抓住。其实，我们在写生的时候，不只是在画这个对象，还包括对这个对象的情感、对象在变化过程中空气的流动、色彩的变化以及人物的表情，它一直在变，你会觉得有一种时间感。18世纪的德国美学大师一直在讨论这个问题，速写会抓获摄影根本无法抓获的东西。所以欧洲很多伟大的摄影师都去学画画，像布列松，他的摄影能够抓获一些我们不能够轻易看到的瞬间，主要还是得益于他对素描的理解。所以我认为这就是为什么我们将数码时代与写生放在一起来谈论的原因。

刘伟冬：在欧洲，参观博物馆的时候我发现一个问题，一般不画画的人看作品都是看到印象派为止，画画的人一般都是从印象派开始看。不画画的人看到印象派之前的作品觉得画得像，像照片，因为这些基本都是写实的。印象派受摄影技术的冲击以后，寻找更加本体的东西。随着经济的发展，摄影技术中出现了微观摄影，其实不仅仅是微观摄影还包括电影，都给我们视觉带来很大的冲击。但是，我认为越是在这样的时代，绘画越不需要与摄影比较它本身所不具备的优势。正如中国画在表现写实方面，如果力图达到像照片一样，则把中国画原有的东方意韵丢失了，就像把京剧放在一个话剧剧场里来演出一样。从这点来讲，我们更应该保持绘画本体应该拥有的东西。写生可以把内心的感受放大表现在画面上，把那种气势表现出来。在我们这个时代，先进的技术不可废弃，但绘画需要保持本真的东西。

靳尚谊 1934年生，河南焦作人，著名油画家。曾任中央美术学院院长，多幅油画作品被中国美术馆收藏，代表作有《塔吉克新娘》《青年歌手》《晚年黄宾虹》等。

詹建俊 1931年生，辽宁沈阳人。中央美术学院教授，中国美术家协会油画艺术委员会主任。代表作有《狼牙山五壮士》《高原的歌》《潮》等。

曹意强 1957年生，浙江杭州人，英国牛津大学哲学博士。中国美术学院教授、博士生导师，主要研究领域为西方美术史及其史学史、中西美术交流史。主要专著有《图像的力量——艺术史学史与批评文集》、英文专著 *Anxiety and Expediency*、《艺术与历史》等。

北宋文人的仿古理论与实践

主讲人：包华石

时间：2015 年 5 月 19 日
地点：南京艺术学院图书馆报告厅
讲座主持：南京艺术学院　夏燕靖

非常感谢刘院长的鼓励，受邀来到南艺对我而言也是很大的荣幸。第一次来到南京艺术学院，我看到了非常漂亮的校园、美好的环境以及很认真的同学们，所以我希望能跟大家互相交流学习。今天讨论的是我最近研究的课题，也许会有些地方并不算成熟，所以请老师和同学们不用客气，可以在讲座结束后交流的时候多提宝贵的意见。谢谢大家。

图 1　　　　　　　　　　　　　　　图 2

我要和大家交流的是一个似乎相当简单的课题，这里我先用英文表述，就是 imitation。模仿，是欧洲和中国的一个共同点：画家开始学习绘画，一定要临摹古代大师的作品。拿欧洲来说，一直到 20 世纪都是临摹古代大师作品的模式。所以对比 17 世纪的乔尔乔纳和 19 世纪的提香，提香肯定模仿了乔尔乔纳的作品，类似的还有 17 世纪的普桑和 19 世纪的安格尔。即使是相差两百年的作品（图1、图2），我们也不能很容易地判断出哪一个是更早的17世纪作品，这就是模仿的一个例子。imitation 不一定单单意味着模仿画作的内容，也有可能是模仿古人的风格和画法。我们注意到，安格尔模仿普桑时，其实更注重在作品的明暗、比例、构图法以及对人物形象的描绘上对普桑加以模仿。

宋人有诗称道北宋画家许道宁的作品："李成谢世范宽死，唯有长安许道宁。"我们很容易发现，许和李成之间也存在着类似模仿的关系。比方说，许道宁的地平线同李成的传统地平线存在某种相似性，都有着变化较少的特点。图3中地平线在十几英尺长的手卷上一直没有尽头，这是北宋李郭传统的特色。李成的真迹可能没有流传到今天的，但是李成这一脉绘画，其对地平线的展示可谓风格明显。相传为李成的这幅作品（图4），就体现了李成所代表的传统中的地平线所流露的特色。而许道宁画中的明暗、比例、构图法以及树木的质感等基本上与李成的风格是一致的，所以我们可以说，许道宁的作品是在沿袭着李成的传统。有趣的是，宋代评论家往往喜欢说某某画家是"法"、"仿"或"学"某某大师的，譬如郭若虚关于许道宁的陈述："许道宁，学李成。"许道宁最初学李成时比较严谨、认真，而老年则唯以笔画简快为己任，别成一家之体，这使他的风格开始跟李成的传统拉开距离：用笔、渲染比较粗率和明快。但是他在构图法、明暗、质感等方面，基本上依然沿袭着跟李成一脉的风格。不过，应该强调的

图3

图4

是，有的时候，两幅作品虽然表面上相似，实际上透视法、比例、明暗、质感以及构图法并不相同，我认为这种情况下不该将两幅画的关系误解为"模仿"。

不能说马奈是在模仿提香，而毕加索也不算是在模仿马奈。我们之所以这么说，是因为后起的画家往往能够意识到时代的隔绝所产生的陌生感，他们深知前代画家身处于和自己无法直接勾连的一个历史区域中。这并不是说，马奈对文艺复兴的文化成就不存敬畏之心，其原因更多可以归于法国大革命以后的社会形势相对于几百年前文艺复兴时代，已经发生了巨大的变化。我们因此也可以理解，身处法国大革命以后的马奈，隔着几百年的历史时空，无法触摸也不能想象文艺复兴时期陌生而具体的社会与自然的状况。

现在，我们再回到中国语境里。北宋的赵大年是所谓的文人画家，也是苏东坡的朋友。他的这幅画（图5）现藏于波士顿，赵大年作品中也有一些地方能够看出李成风格的痕迹，可是从很多其他方面来看又与李成的传统完全不一样。赵大年山水画中展示的堤防，会让人想起李成或许道宁作品里的堤防，但赵大年的地平线与李成或许道宁所表现的全然不同。打个比方说：有时候赵大年的画作里并没有一条地平线，其透视法相较李和许会有些变化，烟云也并不写实，李和许画作里的明暗与质感几乎在赵大年的作品里难觅其踪。综合这些观察，我们当然不该将赵大年的山水画解释为对许和李的一种模仿，没有证据能说明赵大年是在追随李成的风格，宋代也没有什么评论家说他模仿了李成。

图5

我们再说李成。他最重要的发明之一就是所谓的"平远"。苏东坡这样描写"平远"："径蟠趋后崦，水会赴前溪。"一般凡是李郭传统的绘画都试图描绘这样的景色：一条小溪或小径，从画面前景弯弯曲曲一直绕到画面中比较深远的地方，让观者产生很明显的纵深感。这幅相传为李成作品的《双松图》（图6）中间就有平远，而另一幅（图7）是许道宁比较典型的作品。

图 6    图 7

图 8 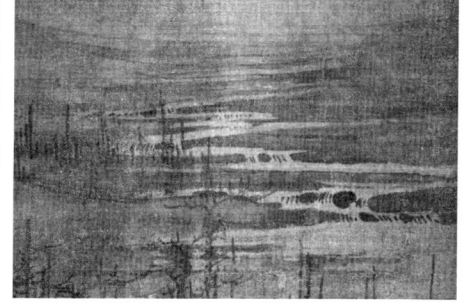   图 9

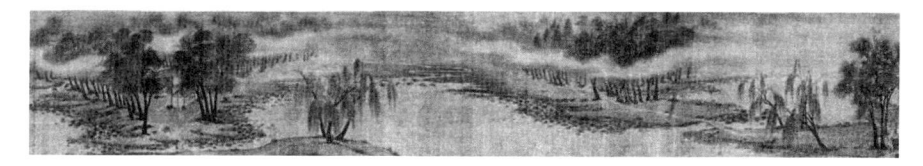

图 10

宋人刘道醇说过，观山水画时，人应该注意平远跟旷荡，旷荡就是远近的感觉，平远的功能就是造成深远景色的面貌。应该注意的是，赵大年画中的"平远"所表现的是一种平板单调，却并无任何旷荡的感觉。图8是许道宁画里的小溪，图9是赵大年画的小溪，它是平缓的，没有许作里弯弯曲曲延长到画面深处的感觉。从图10中还可以看出赵大年的画里有时并没有刻意

145

画出地平线；或者即使画了也经常改变，透视线也有起伏，地平线开始时地势比较低，过后就会翘起来。同一个手卷中右边（图11）的视线比较低，左边（图12）视线就高了。许道宁的地平线是不会这样改变的。

图11

图12

写实的北宋大画家，他们一个很重要的风格追求是画作中地平线的稳定。值得玩味的是，同样身为北宋画家的赵大年为何违背了这个原则？我们可以这样理解，赵大年不只是使用了李成的"法"，如这幅手卷（图13）后边董其昌的题跋中所述，赵大年作品中不但有李成的因素，同时也有借鉴董源的地方。关于董源，赵大年的朋友米芾认为，其在作品风格的写实程度上，其实呈现出与李成的某种微妙对立。我觉得，赵大年事实上是将李成、董源两者的风格加以某种意义上的并置糅合。如何理解赵大年这种并置不同风格的画法？如果他是出于崇拜古人而将古人视为榜样，那么就类似于安格尔对普桑的仰慕与借鉴的态度，而安格尔在这个意义上当然会遵从普桑的一些创作法则。我们很容易发现赵大年和李成风格上的相似之处，但赵大年并没有简

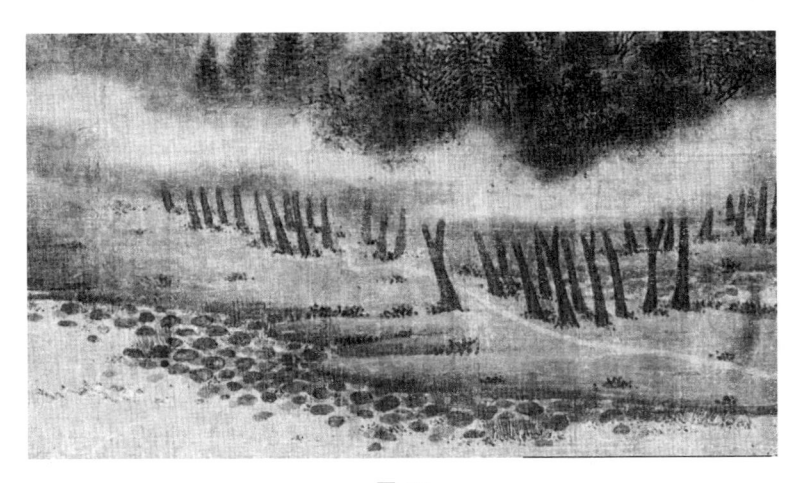

图13

单地对李成的法则萧规曹随、亦步亦趋，他是如何在学习的基础上又对前人的基本法则实现某种突破的呢？

说到这里，我要强调的是，也许宋代知识分子对传统的态度其实不是简单的仿效，其精神上的相互关系是非常复杂而微妙的。举个例子，苏东坡《潮州韩文公庙碑》中有一个有趣的说法：他认为自汉代一直到韩愈的时代也就是唐代中晚期，中国的社会政治制度比较落后，宗教跟政治不能分开，虽然也出现了一些伟大的人，但不能改变当时的社会制度。只有"韩文公起布衣，谈笑而麾之，天下靡然从公，复归于正"。这里的"复归于正"，难道不是包含着一种积极的肯定态度嘛。苏轼接着说，此前的八百年里，基本上中国的政治文化一直在衰落，而韩愈则来拯救中国文化。韩愈如何拯救呢？因为他"忠犯人主之怒，而勇夺三军之帅，岂非参天地，关盛衰，浩然而独存者乎"，苏东坡认为韩愈以前和韩愈以后的中国完全不同：之前国家的未来都依赖于宗教的教条或贵族的特权，大臣不敢尽情而为而往往顺从贵族的意志；及至韩愈，他以实事求是的态度，勇敢地揭示现实、不畏权贵，他不管会不会惹得皇帝发怒或者让有权势的军人不高兴，总是不计得失、直言犯谏。苏东坡认为这是唐史上值得大书特书的一件事，这说明他认为在文化上，唐以前的文明跟宋代文明存在重大分野。大家都知道宋人觉得自己的文明是很特殊的，所以他们往往强调说"吾文"，自然是对宋代文明的某种自觉。同为宋人的沈括，与苏东坡不能说在所有方面立场都一致，可在看待宋文化的独特性方面，观点却是差不多的，我觉得这种一致很有意思，因为这种一致的看法甚至可以追溯到对中国早期文明的态度。沈括在《梦溪笔谈》中说，"士人以氏族相高"，也即今人所说的贵族统治或者世袭身份。"虽从古有之，然未尝著盛"，沈括认为，在中国，贵族统治自古以来未曾十分"著盛"，反而是南北朝时期复兴并固化了这种贵族制度。上古至汉，"以氏族相高，亦未专任门地，唯四夷则全以氏族为贵贱"，不是中国，反而是周边的"四夷"是在实行着切实的贵族统治。所以说中国的贵族统治主要是在曹魏以来或者更早一些的中世纪，宋代以后就不能说是贵族统治了，所以生在科举盛行时代的沈括认为贵族统治很奇怪。见闻颇广的沈括指出四夷实行贵族统治，比如印度"有二姓为贵种"：只有两个阶层是贵族，其余的都是平民，其之下还有贫困的四姓，"工、巧、纯、陀是也。其他诸国亦如是"，国主、大臣都有种姓，"苟非贵种，国人莫肯归之"。其实在欧洲，也是一直到法国大革命的前夜，都是这样实行贵族统治的。"庶姓虽有劳能"，却很难实现大规模的社会阶层的流动，这其实可以和唐宋以后中国逐渐成熟的人才选拔制度——科举制做个对比。沈括说在这些"四夷"国家里，虽然一个人很有才能，依然没办法去施展自己的才能，不仅他自己很难形成权威，他从思想上也认可自己应该依附于贵族。在人类文明史上，在大部分地区，这是一种相当顽固的意识形态。

还是回到中国历史的话题上，我想要强调的是，很显然，沈括注意到中国的"中世纪"跟宋代是完全不一样的。所以，沈括认为贵族统治是落后的社会制度，也许这和西晋灭亡后混乱的社会政治情况有关，但这种统治延续到唐宋后终于瓦解并逐渐消亡。南宋的魏庆之也有着和沈括类似的观点，他也认为宋以前漫长的历史进程中，中国的文学家没有宋代的文学家那么富有创造性。对于文学的停滞和缺乏创造力，魏庆之在《诗人玉屑》中写道：一直至晋宋以后，"诗人之辞，其弊亦然，若是，虽工亦何足道！盖当时组习，共以为然，故未有译之者耳"。这里对中国"中世纪"文学的关心辞藻而鲜有创意，提出了很严厉的批评。他的题中应有之义，自然是肯定宋人在文学上的创造力和革新精神。当然，魏庆之只说到了晋宋，未及唐代，因为唐朝文学是另一回事，也是个大题目。元人所著《宋史·职官志》言及唐代到宋初的行政，也批评其混乱无序，所谓"官无定员，无专职……居其官不知其职者"，这种描述是符合事实的，而这种情况则是中古时期比较典型的情况，这样"无定员，无专职"的官员大概占了相当的数量。宋代把官吏的职务分成三个部分，"其官人授受之别，则有官、有职、有差遣"，那么，宋以前"官和职不相容"的情况从宋人的角度看的确是不尽合理的。官与职怎么可能不相容呢，《宋史》作者也觉得宋代以前的社会制度跟他们所习惯的完全不一样。

综上所述，就很容易理解，为什么苏东坡会认为古文运动以后的知识分子比中世纪（即汉代以后到唐代末年）的更理性而更独立。为什么说他们更理性？因为知识分子不依赖宗教或者贵族身份，而是依靠自身的直接经验。沈括认为贵族统治是难以理解的，是胡人传到中国的一种落后的制度，他暗示贵族统治这个落后制度在唐代末年终于被理性的宋代举贤任能的制度取代；魏庆之则认为宋代文人比中世纪文人更有创意。《宋史·职官志》的作者认为宋代的行政比中世纪的更合理且更公平。我之所以强调制度比较，是因为我觉得这个情况有一点类似于马奈之于文艺复兴，并不是说苏东坡、沈括、魏庆之等对古人缺乏敬意，我们知道苏东坡就很敬佩陶渊明。虽然敬佩古人，但他们还是觉得前人时代跟他们的时代有很大的区别。

这样，我们就可以再次回到绘画史的话题上来了。我们该怎样理解赵大年对李成绘画法则的突破呢？我认为，赵大年与其他宋朝文人的带有独创性的画法可以理解为艺术史上的引用现象。宋人有很多关于文学引用的说法，我觉得，至少西方的汉学家对此注意得还不够。魏庆之在《诗人玉屑》中讲道："使事（即引用）要事自我使，不可反为事使。"魏庆之的意思是：如果我引用古人的话，那是由我来决定的，不是我受了他的影响，不是我摹写他，不是我以他为标准，而是由我来决定怎么用他不是他用我，这种看法强调艺术家的能动性。在《画论》中也有这种看法。众所周知，苏轼曾写道："论画以形似，见与儿童邻。赋诗必此诗，定非知诗人。"还有"诗图本一律，天工与清新"。苏轼的看法跟魏庆之的"使事要事自我使，不可反为事使"同样强调了文艺家创作的独立性。所以早在南宋的时候，魏庆之就已经强调这句话，是很了不起的，他不只是讨论文学理论，所以他并不以为古人是不可动摇的标准，魏庆之也引用了另外一个评论家，很有意思的是，这个人说"文人用故事"，就是说我们引用古人的话"有直用其事者，也有反用其意而用者"。直用，任何人都可以这么做；可是，如果反用的话，你必定要很博学、很有创意才能达到相当的水准，这个也是强调了作者的能动性和主体性。所以赵大年的"平远"是否反用李成的法？能不能这么说？虽然我们可以看得出这是"平远"，可是他"平远"的效果跟李成的是完全相反的，是平板的不是透视的。通过赵大年的"平远"与李成的对比，我们也可以看出，这时期别出心裁的艺术理想是非常普遍的。一直到魏庆之说："今人下笔，要不踏袭，故有终篇无一字可解者，盖欲新而反不可晓耳。"这是说大家都在勉强想出新的说法、新的措辞，所以很明显，创新是非常普遍的一个看法。

　　藏于美国弗利尔博物馆的《归去来辞图》（图14）这幅画，属于北宋文人画，据传为李公麟所作。是否果真为李公麟真迹确实很难说，但一定受了

图14

图 15　　　　　　　　　　　　　图 16

李公麟的影响，因此这幅画还是属于苏东坡一脉的传统。这幅画中有很多"引用"的例子：第一个场面中所绘的陶渊明（图15）是魏晋南北朝时期的一位诗人，顾恺之也大致属于同时代的画家，对比顾恺之的《女史箴图》（图16），可以发现创作《归去来辞图》的宋代画家是沿袭了顾恺之的传统。跟我刚才说的一样，《归去来辞图》的作者并没有看到大英博物馆收藏的顾恺之的《女史箴图》，但顾恺之的传统依然存在于《归去来辞图》中。不过这幅画除最后带有一些顾恺之风格的色彩以外，还带有其他更浓重的、更为多样化的风格。它还受到了唐代的卷卷的、轮廓比较明显的云彩典型画法的影响。图17中的构图也是中世纪时期的一种风格明显的画法，比较对称，比

图 17

较平板，画面上翘等，是中世纪的一种画法。这幅画（图18）也是完全翘起来很高，非常高。所以我发现这些文人把地平线取消了，一般来说不用地平线。他们以视线取代地平线，因为视线是可以变化的，地平线原则上是不变化的。所以我们从画的前方看，这幅画视线是直的，虽然这个视线是很高

图18

的，但都在一个场景内。这种构图其实是正常的，是许道宁所不能想象的。所以这就是创意，这些画家有意地要让人知道"引用"是由"我"来决定的。

宋代文人不但在文学作品或绘画中习惯引用古代的习俗，在生活中也经常使用古人的物质文明成果，譬如仿古瓷器。在这幅画里（图19）就可以看到他们有仿古瓷器这类东西，画中的仿古瓷器非常写实，可以看得出很像二里岗时代的早

图19

期青铜爵：底部是平的，腿部塌塌的、很短很小，不过画中的瓷器大概不是青铜器而很可能是仿古瓷器，我前年在龙泉博物馆就看到过类似的仿古瓷器。很有意思的是，有的绘画中引用了唐代人物画、动物画中比较奇怪的透视法，但不完全成功。现在我们回头看，这种看起来不是很成功的"引用"跟欧洲15世纪时文艺复兴初期是一样的，文艺复兴初期有时候画家也会用唐代人物画、动物画中的透视法，也不是很成功。所以唐代很快就不用这种透视法了。宋代绘画中除非是引用，否则绝对看不到这种唐代人物画、山水画的画法。宋代绘画作品中（图20）是这样表现的：两个小孩画得很写实，可是马却像现藏于故宫的传说是李公麟所作的《百马图》中常常出现的那种

151

图 20

图 21

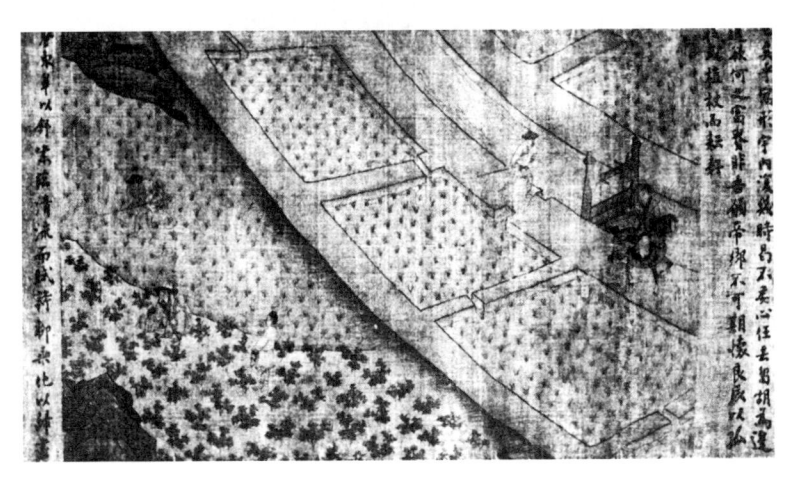

图 22

不那么写实的马。第四个场面（图21）看起来是平原，视线比较低，可到下一个场面视线就抬升起来，显得非常高，视线的变化其实是画家作的比较。图22画面右边有一个地主在骑马，手里拿着鞭子，他的佃农在种田，水从这里流到那里，从科技的角度看这是非常科学和先进的；画面左边陶渊明没有采用什么先进的技术，他亲自跟佃农在一起拔草。这体现了两种社会理想：一方面是地主拿着鞭子，自己不会参加劳动；而陶渊明却跟佃农一起拔草，这是很明显的两种社会理想的对比。苏东坡被流放到黄州的时候写了《和归去来辞》，其中有一句是："农夫人不乐，我独与之游。"从诗中可以看出苏东坡觉得陶渊明对农民比较友好。很有意思的是在中世纪的欧洲和中古时期的中国的画中，经常可以看到一个人屡次在一个场面出现这种画法。所以那时候的画，一个场面中同一元素可能会出现三四次，因为中古时期非常讲究时间的关系。但到了宋代就看不到一个人屡次在一个场面出现这种画法，因为这种画法比较写实。不过，在《归去来辞图》这幅画中，作者好像有意地引用中世纪的画法。而且《归去来辞图》最开始引用顾恺之，所以作者在最后第

图 23

图 24

二次引用顾恺之。不过更有意思的是，画中场面引用了白居易，这是除了引用艺术作品之外，开始引用文学作品。《归去来辞图》画中的蟠木（图 23）大概是引用白居易《适意二首》中的最后两句："蟠木用难施，浮云心易遂。悠悠身与世，从此两相弃。"而画中另一部分（图 24）他引用的是陶渊明的意境。不只是我认为这些人教育水平很高，哈佛大学的包弼德也认为宋人对于历史的看法跟前人不一样："The New Policies regimes had approached antiquity not as a repository of models to be imitated"，就是说宋人的引用，跟安格尔模仿普桑，或者跟提香认为乔尔乔纳是一个典范，因此值得摹写乔尔乔纳，这完全是两回事；宋人反而被认为是 but as a period and set of texts from which to derive general principles，这种观点我完全同意。

另外一个是乔仲常的《后赤壁赋图》的第二个场面（图 25）。第二个

153

图 25

图 26

图 27

场面画家用了两种完全不同的风格：一种是乔仲常自己的风格，有非常硬的笔触；另一种显然是引用披麻皴还有董源的点，等等。董源在这个圈子里面非常受米芾敬佩，董源的风格可以说代表了一些文人的价值，特别是"天"、"真"。这里所说的"天"、"真"并不是天真，而是天然与真实。米芾在《画史》中说董源"平淡天真多，不装巧趣，皆得天真"。乔仲常在这幅画中所画的苏东坡家外山丘（图26），就引用了董源的山丘（图27），可能是想要把"天"、"真"的理想跟苏轼相贯通，不过这个说法还有待进一步研究。谈到苏轼又让我想起米芾在《画史》里提到苏东坡的绘画："作枯木，枝干虬屈无端；石皴硬亦怪怪奇奇无端，如其胸中盘郁也。"这个说法很有意思，因为米芾并不是说这些石块、树木在苏

图 28

图 29

东坡胸中盘郁，而是说石块的皴、树木的笔触在他胸中盘郁，这就是说笔触本身是有表现能力的，在 11 世纪晚期就提出这种说法，相当了不起。乔仲常《后赤壁赋图》中的这棵树（图 28）在画中特立独行，其他几棵没有如此特别的意味，我认为这可能是引用吴道子。虽然现在没有吴道子的绘画，可是马和之是学习吴道子的，对比马和之《诗经图》（图 29）中的树木，有类似乔仲常的特点，但乔仲常的树引用吴道子的说法也还有待进一步研究。更有意思的是，乔仲常最后也用中世纪的画法，《后赤壁赋图》中我们依次看到苏轼的庄园（图 30）用比较正常的透视法，到最后同一

图 30

图 31

个地方的视线跟《归去来辞图》中所画陶渊明的部分类似，就是很直。这是

因为视线是从上面看的,所以有两个视线是90度,90度的关系很有创意。《后赤壁赋图》中的最后一个场面(图31)乔仲常至少引用了10世纪的两个不同传统,画面上部大概可以看得出引用的是董源的山丘,奇怪的是画面下部引用了什么?山水一层一层,渐渐地让人觉得有立体感,可是又有一点笨拙,我怀疑可能是引用了荆浩的作品(图32、图33)。因为荆浩的山水也

图32

图33

是一层一层的,没有完全控制立体感、立体的面貌,他就是用一层一层、渐变的方法来让人以为所画的石块是立体的。之后的李成的作品(图34)、郭熙的作品中对空间的控制比较成熟,画面不是明显的一层一层,而是比较流畅。现藏于美国大都会博物馆的董源的《溪岸图》的局部(图35)跟荆浩

图34

图35

笔下的山水就很相似。《后赤壁赋图》除引用荆浩之外还包括了其他的比如典型的董源的画法。苏东坡有一次看到了宋迪的绘画，写下了"落落君怀抱，山川自屈蟠。经营初有适，挥洒不应难。江市人家少，烟村古木攒。知君有幽意，细细为寻看"的评论，苏轼的评论让我们得知他是如何来欣赏其他文人的绘画的。苏轼的评论中并没有说到写实不写实，也很少涉及画里面的物体是什么，他所重视的是画家的选择、画家的性格、气质等。所以苏轼写道"落落君怀抱，山川自屈蟠"，是说画家的气质落落、比较自由。苏轼也注意到经营，看画家的选择是什么、怎么样经营、构图、挥洒，挥洒就是怎么用笔，从用笔可以得知画家的性格。苏轼并没有说画里面有古木，他说"古木攒"，就是说画家自己决定将古木放在画里。苏轼说"知君有幽意，细细为寻看"，就是说我知道你的画中有一些线索，你的思想本身有些线索，我要仔细地看看，才能知道你个人要表达的意思是什么。我不知道这种说法对不对，不过很明显的是，这些保留下来的几幅文人画还是值得进一步研究的，里面可能还有一些我们以前没有发现的线索，有待我们细细地去寻探。

现在我要简单讨论一下当代中国艺术，因为以欧洲传统来说，"引用"这个方法其实是相当罕见的，我认为现代之前欧洲绘画没有"引用"这个方法。比较早的是马奈，马奈还有毕加索可能用到过，但仍非常罕见。在中国，除宋代之外，明代晚期引用也很普遍。董其昌、陈洪绶经常引用而不是模仿古人的画法。有一种说法是明代的仿不是模仿的仿，因为明代画家仿李成一点也不像李成，所以那不是仿，不是模仿。很多当代艺术家也用引用的方法，比如张宏图，他跟宋代文人引用艺术史方法有一个共同特点，就是要将至少两个不同的、有矛盾的风格并置放在一块，这是宋代文人引用艺术史方法的一个特征。张宏图《麦当劳》（图36）中的引用也是这样：一方面有麦当劳的东西，一方面还有中国古代青铜器、礼器的花纹。我觉得

图 36

《麦当劳》将中国古代青铜器、礼器的花纹这两类都含有一点迷信成分的东西并置放在一块的引用方法可能是有意义的，现在我们对于物质有一定的迷信，有一点像古人举行仪式。去年12月份我造访张宏图在纽约的画坊，他最近

图37

在画梵高的Daruma（图37），也是把两种完全不同的画法放在一块。一方面是比较写实的欧洲肖像画，一方面是中国、日本禅宗的画法，我觉得把这两种画法放在一块可能也是有意义的。我们都知道梵高是个疯子，因为他发疯，所以他的创意没有阻碍，他的艺术非常放任，禅宗也是这样没有阻碍、非常放任。所以那个时候在纽约我问张宏图，好像你这样的艺术上非常狂放不羁、自由的创造，并不单单是中国的传统，也不单单是西方的传统，是兼具中国传统和西方传统、带有普遍意义的创造，他也这样认为。

我们再看一下方立钧的作品（图38），明显是引用了柯雷乔的画作（图39）。

图38

图39

最后我要讨论一位并不是很出名的画家，2007年我在宋庄注意到她的画，觉得她的画很有意思，我怀疑她引用艾德·莱因哈特的作品（图40）是完全方形的，而且分成几个小方格子。这个人就是马妍泠。她的画（图

41）也是方形的，分成四个小方格子。不过很奇妙的是，她的画看起来像是一种丝绸，非常逼真。那个时候李拓、刘和跟我在一起，因为看不出是不是真的丝绸，看起来是但仔细看又不像，没办法，李拓当时要用手去摸。我拍了照片，把照片放大就是一条一条的笔墨，从这个角度来看这幅画其实是一幅传统中国画，因为她只用了水墨跟笔画而已。可是从另外一个角度看，又是非

图 40

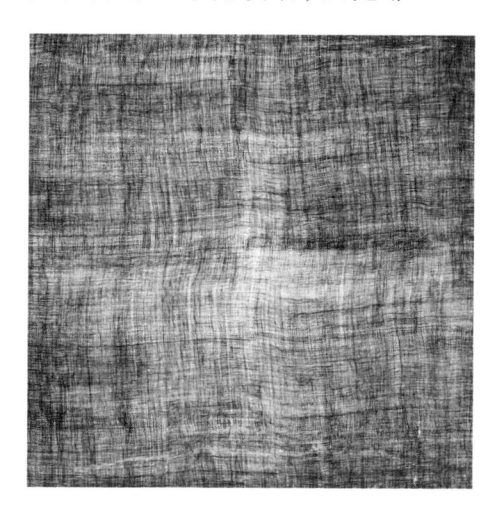

图 41

图 42

常写实的 Trompe L'oeil，这就属于西方艺术了，Trompe L'oeil 风格古代罗马很早就有，古希腊也有，文艺复兴时期则不乏这种风格的作品，比如这幅杨·凡·艾克的作品（图 42），画中的木材是画出来的，可是它跟木材一模一样，需要仔细看才能看得出。不过传统的西方 Trompe L'oeil 都是有透视感的，比如说有一定的远近，而我觉得马妍泠的画更巧妙，因为没有远近的感觉，实际上比杨·凡·艾克还要逼真。她的画非常非常逼真，让人没办法辨别是否是真的丝绸，最后我发现这不是丝绸，而是一条一条画出来的。所以一方面马妍泠引用了西方绘画传统中最独特的一个方法，她做得却比西方人还要逼真。另一方面她引用了抽象风格，Trompe L'oeil 是写实的，我觉得

159

很巧妙的是,马妍泠把写实的跟抽象的并列在一块,把中国的和西方的并列在一块,我觉得她的画法跟宋代的基本上一致,把两个不同的、有矛盾的传统放在一起,这样安排可以刺激观览者,让观览者琢磨画家这么做肯定是有目的的,所以要细细看一下、想一想画家的目的是什么。

我的讲座就到这里,谢谢大家。

提问与回答

夏燕靖:我这个星期天在杭州开会时正好碰到了包华石先生。他非常认真,他在杭州的讲题是"早期中国的艺术和政治表达"。但是他到我们学校以后,就说一定要换一个题目,不能一个题目讲两次。那么在杭州那个题目,他实际上讨论了两个问题:一个是跨文化和跨文化语境分析的方法,另外一个是法权和特权的历史辩证关系。所以这实际上带给我们对艺术史的一种新思考。今天晚上我也是第一次听课,我个人感觉他用了这种贯穿中国绘画史的方式。另外讲了实际上我们同学们也都熟悉的,比如像图像、题材、观念,甚至细化到笔墨、构成形式,以此来做中国绘画史、中国史范围内的比较。除此之外,他把它又延伸出去了,所以我觉得跟杭州他所讲的跨文化比较联系起来,他把中外的绘画进行了一种比较。尤其是刚才印象比较深刻的,他把陶渊明的《归去来辞图》与顾恺之那个风衣飘带的很美的那张图进行一种比较,可能形式或者构成上面他找到了这种语言。所以我觉得对艺术作品的阅读超乎我们的想象,这可能有别于我们传统的在课堂上好像依据一种原则、审美的要求,或者老师给定的一种叫作品的分析方法。这样就给我们带来了一种新的视野,我觉得非常有意思。当然有的东西我也并不一定都能听清楚,特别是一些西方绘画以及它的形式。我不敢说叫总结,只是谈谈我刚才听了以后的这个笔记上面的一些认识。现在我就不多说了,下面请各位同学就包华石先生刚才给我们作的精彩的讲座发表一下各自的提问。

听众:我想问的问题是,您在讲座的开始就已经用西方油画中透视的这个关系在研究中国传统的水墨画,但是在中国传统的水墨画画论和传统研究方法中,是没有透视这样一个概念的。就是说您在研究中国绘画的时候并不是按照西方的透视法来研究中国的绘画,是这样的吗?

包华石:按照那个《诗人玉屑》来看是这样的。那不是引用,是模仿。不只是中国,欧洲文学也会被引用。定点透视法是文艺复兴时期的。可是还有很多的透视法,艺术学者都承认差不多每一种文化都有透视法,这是不同的透视法。这个我们进行研究有两种术语可以使用:一种是我今天经常使用的,比方宋人用的术语,像"法"、"仿"等。另一种我们还有分析方面的术语,比方你是生物学家,你要研究动物的发展,那么你会用演变论。而老虎跟野狼并不是用这些术语,不是吗?可是你还是可以用那些观念来研究动物的演变,所以问题是你要把那个时候他们的术语跟现在的术语混在一起。你当然可以用一些。比方我们用风格来研究中世纪的艺术。但那个时候他们没有风格,在西方他们有风格这个概念是在12、13世纪,可是我们还是可以用那个观念来研究中世纪的东西。比方现在很多人是专门研究文艺复兴那个时候的人对于性别的观念,而他们那个时候没有这个概念。那是20世纪70年代以后的概念,而你还可以用,你不要说只有那个时候才有那个词。所谓透视法也一直是这样,定点透视法是文艺复兴以后的事情。我并不认为文化是一个封闭的东西,就是中国的文化只有中国人才有这些概念,而西方人他们的概念没有什么共同点。这共同点其实是很多的,就是用不同的术语。他们也有自己的讲法,这上面在讨论画中远近的问题时,他们就是在用不同的词来讨论这个。引用是很重要的,因为模仿、摹写这个跟术语有关系。文艺复兴他们只有imitation,那么imitation有几种都是以古人为标准的,并没有违背古人的标准。那么要引用的话,按照宋人的理论,那是要违背的、由我来决定的,并不是我要古人教我怎么做。文艺复兴没有这个观念,也没有这个术语。所以,不能说是引用,他们没有引用什么,他们都是模仿古人的,有这个区别。我说引用,我们怎么知道这个反用,这个反用就是你违背古人的用法。所以他们常用的一个方法是把两个不同的、有矛盾的风格并列在一块。文艺复兴也没有这个。以欧洲来说要等到19世纪晚期才有类似的说法。

听众:谢谢包华石先生的精彩讲演,我是来自南京师范大学中国美术史方面的研究生。今天包华石先生告诉我们一个词是"引用",那么我们在研究中国画的时候还有几个词也是imitation,但是类似的,在中国不太一样,分别是"临"、"摹"、"法"、"以某某笔意"、"仿",然后再加上您今天说的"引用",我想请包华石先生就这个几个词的独立性的高低或者它们的相似性来排一下序。

包华石:这个问题很有意思。有很多术语跟模仿相关,这些我没有花太多时间去谈,那现在可以简单地谈一下。"法"作为动词,第一,我应该说这些词在中国历史上经常有变化。比方你说临摹的"临",它的意思跟宋代的不一样。或者"仿",宋代时候的"仿"就是模仿,那个时候是模仿的意思,不过在《诗人玉屑》当中,你可以看得出他们已经认为"仿"不是很好的、不是一个很正面的行为。他们认为很好的画家或者文学家不应该模仿别人。那么到了明代,"仿"这个词已经跟模仿没有什么关系。比方蓝瑛有一个画册说是仿李成的,一点也不像李成。董其昌的"仿"一点也不像董源的"仿",所以这不可能是模仿的意思,这是一个比较自由的一个看法。不过一般来说,"临"是比较仔细的。不过董其昌说"临"也不是这个意思,倪瓒说"临"有时候是说谦虚的话。所以其实他的画,比方说在苏州博物馆他有一幅竹石的画,他说它是"临",其实不是。这是非常值得研究的,非常好的一个问题。"以某某笔意"一般来说比较自由,所以就说可能我绘画的气质跟那个人的有相沿之处,但并不是我一步一步地、一笔一笔地摹写他。这些都是要看上下文,因为他们经常有变化,都是很重要的。可是那个当然引用现在是比较方便的。他们刚才看是用使事或者事使,那个事就是所引用的东西,所引用的物体或者一句话。使就是使用,所以他们就是引用古人的话。那么在《诗人玉屑》里面也有很多的分析,那些宋代评论家注意到,比方杜甫引用的时候,他们说他的方法是比较自然的。一般的读者不会注意到,除非你是非常博学。可能你不知道这是引用,也有其他的唐人是用这个方法。到了宋代,他们说苏东坡他的"使事"是非常明显的,而且也是自然的,好像那个乔仲常一样,他引用董源也是很明显。有很多不同的方法,可是宋代跟唐代的好像又不一样。我主要的目的并不是说哪个伟大,我是用一般的社会历史学家的一些标准。我觉得我们进行历史研究,不要用双重标准,很多人是用双重标准。西方人做的是优秀的,中国人做不是优秀的,不可以这么说。如果这边是优秀的,那边也是优秀的。

听众:包先生您好,还是引用的话题。是我自己的观点,不知道对不对。在现代汉语里面引用其实是我们平时说的一种狭义的概念,我们讲的引用是直接引用,正面引用。您这里用的引用这个词应该是反用,里面的词替换成反用更好一些、更精准一些。可能是引用里边的另外一种类型,类型还蛮多,还有借用、间接引用等。

包华石:有道理,比如说当时的术语比现代的术语还要好,你觉得反用,现在的能不能用这个词来描写当代艺术家的行为或者做法。张宏图是不是反用梵高?这个有道理,我会考虑的。

夏燕靖:作为美国艺术史家、汉学家,包华石先生来到这里与我们进行了无障碍性的交流。包华石先生对古汉语、现代汉语、母语英语,还有其他的如德语等都精通。这样一个背景加上我们很多同学提出的问题，所以这是一次非常好的交流，也算叫国际课堂吧。他在浙大上了一个月的课，我印象当中是十几次的专题，像这种交流我觉得确实不容易。我们再一次对包华石先生致以热烈的掌声。

包华石（Martin Powers） 著名汉学家，美国密歇根大学中国艺术史教授，中国研究中心前主任。主要著作有 *Art and Political Expression in Early China*（《中国早期的艺术及政治表达》），*Pattern and Person: Ornament and Social Theory in Classical China*（《样式与人物：古代中国装饰及社会理论》）等。

笔墨审美及其理论张力

主讲人：丛文俊

时间：2015年5月26日
地点：南京艺术学院图书馆报告厅
讲座主持：南京艺术学院艺术研究院　黄惇

这次到南艺来答辩，得以有机会跟大家一起交流。所谓讲座就是把我的一些体会跟大家说一说。我认为做学问很重要的一点是训练思维，既有读书上某些方法论上的指导，更重要的是个人的努力和尝试，有些古人的东西也不见得就很成熟，今天的课题是我近几年一直关注的领域。中国有两千年的书论史，也有人写系统的书法理论史，但根据我的体会，这个理论史很难成体系，因为古代书论大部分是在流通领域的评论，无论是自己的经验还是评价别人，大多数书论本不为理论而设，所以写书法理论史是很勉强的。当然，我这么说，不等于认为中国书法没有理论。

书法理论的一个很大特点，就是其基础理论来源于中国文化，而不是仅仅依靠其自身，也就是说中国艺术理论没有一个自己的最终归宿，都依托于文化，这是中国艺术理论一个普遍现象，所以在古代，什么问题都可能直接上升到天地、阴阳、自然和宇宙秩序等。今天，对当代人来说，这些东西已经非常陌生了，写字一笔一画跟阴阳有什么关系？我想，如果想要把字写好，对传统艺术有个更好认识，还必须学会换另一种思维方式，学会去接近古人。现代学术研究中，认为中国传统思维方式属于意会型思维，古人是没有逻辑思维的。对现代人来说，逻辑思维已学了很多，可是当我们学习艺术时，单纯靠逻辑思维解决不了问题。也有人认为古人唯心主义较多，用现代概念说古人善于直觉思维，这都不准确。到目前为止，我认为任何一种西化理论概括传统文化、艺术理论特征都不适用。有鉴于此，我想做一些衔接工作,至于衔接得好坏,一会儿听我说完,大家再去鉴定。

"笔墨审美"这个题目是黄老师给我纠正的,原题为"技法审美",有些狭隘,黄老师说的"笔墨"更好,我欣然接受而改之。黄庭坚有个很好的观点,他认为"字中有笔,如禅家句中有眼",这句话很多人不懂,但苏东坡听了以后觉得非常精彩。我是这么理解的,书法是毛笔写出来的,当然有笔,其实这只是字面的意思。时代在变迁,有很多东西我们已经很难知道古人谈的是什么意思。吉林省发现苏东坡的《洞庭春色赋》和《中山松醪赋》真迹,是非常难得的国宝,我去馆里看到这件作品时突然有些感悟。苏东坡喜欢用浓墨,要研成膏状,黑的程度如小儿眼,这样他用诸葛氏鸡毫笔写字时,无论怎么用笔,墨全都留在纸上了。他那个纸有点像清代早期的蜡笺纸,不是特别滑,跟那个非常像,当然肯定不是同一种纸。看到那个作品之后,我的感悟在哪里呢?所有的起承转合动作是有的,如果我们用宣纸写,这些动作很快在纸上随着水墨化开,作为笔应该出现的墨痕效果,我们看不到,等于我们在书写过程中把优长或者说个性自己搞丢了;这跟我们今天的书写材料、习惯有关系,而苏东坡二赋根本不是这样。我看了以后当场琢磨,拿手比画,发现其中有些笔的动作很巧妙,纸上留下的笔墨痕迹有深浅浓淡变化,一个研成膏状的墨今天看还像新的一样,说明什么?兽毫写字本来应该有这些微妙的东西。同样,我们吉林大学藏了两种唐人写经,一个是杨守敬从日本买回来的,另一件是启功先生早年生活困难,把个人收藏拿到琉璃厂去卖掉,辗转几手,遂成为吉大的藏品。黄麻纸写经,仔细看时,笔的精妙处确实都有,印刷品不一定看得清,非得是仿真品才行。这使我想到,技法受到关注时,笔墨会说话,作品的生动其实就是笔墨给人的一种视觉效果,当这些东西都活动着时,像一个个小精灵,我们会被它感动,之后会发生很多联想,这在西方美学理论里叫移情。所谓移情,一个是审美对象是什么,一个是审美对象唤醒了我们什么,这个唤醒的东西就多了,从书法方面来说,写出来的就是书论。看到这些东西,如果今人达不到古人的修养和程度,显然也是描述不出来的。为什么有识之士言谈间对即使是国展获奖作品都有些失望,乍看上去作品很好,可是不能感动人。粗看气象挺大,仔细再品就不行。今天人能写大字,却没有大字笔法,而且没有大字气象,这是一个普遍现象。也就是展厅字、展厅效果,换句话说这是审美心理上的一种异化,人们还乐此不疲去投入,目的仅仅是为了拿出去展览。审美心理异化以后,究竟书法什么样才是最高境界,这个问题已不重要,没人思考。

应该说,当代书法的发展成绩很多,但问题也不少。所以,我想能不能从最基础的地方做起呢？如果说能，我们怎么做？在座的各位都是大学生、研究生、博士生、教授，但是由你们自己决定，不管用何种书体、方式写成一种雄强、险劲、古朴……的风格，就会发现平常创作是胸有成竹，可是一旦要命题书写时就会发生问题。比如古朴，究竟什么样算古朴，各种书体的古朴不同，要有个相对标准，以什么为参照。你写完古朴后我还有一个问题——都用哪些技法来支撑这些古朴？用笔、结体的、字内的和字外的……都需要我们回答。我做过很多试验，都失败了，讲课时我跟同学们互动让他们写，但是很遗憾，做不到，因为大家没想过这个问题。我再换一种方式，我说你们自己随便写幅作品之后加以概括，如果让你们写一千字小文，可能每个人都胜任，但我现在让你们模仿古人用两个字或者四个字概括你的风格，何延之《兰亭记》评价《兰亭序》也不过四个字"遒媚劲健"。问题是四个字很多人就说不出来，当然这里头有文化裂痕，现在已不使用文言文进行书面表达。现在作品经常会这样说："哎，这个作品写得很好，非常好，太好了，好得不得了"，这样的评价张口就来，而要说这个字写得笔势雄强或者遒媚都可以，却没有这样的思维，原因是我们缺少了想象，艺术家缺少想象是很可怕的，别看它仅仅是一种书面语言的表达。

下面我再给大家举个例子。比如说绘画中的骨法用笔，在书法中没人这么说。绘画当中骨法用笔和没骨相对，画家很熟悉了，但书法家不采这一说，因为写书法的都知道，骨法用笔是书法学习的起点，练字伊始，大家都会接触到中锋和侧锋。如果我问大家中锋用笔主要适用于哪些书体，适于写出哪些美感和风格类型，这个恐怕不见得能说出来。当然，侧锋也是如此。无论书法有多少变化，中锋、侧锋组合在一起是书法用笔的基本出发点。有的朋友能想到，中锋和篆书有关，中锋用笔藏头护尾、力撑气长等，这是对的。问题是中锋用笔并不是篆书唯一的。比方说《三体石经》的篆书算吗，收笔的时候是尖的，很有可能是始自东汉的悬针。如果是顿笔，即秦刻石当中的琅琊刻石，有可能是蔡邕在《篆势》里讲的"似水露缘丝，凝垂下端"，就属于另外一种风格了。所以，中锋用笔不是唯一不变的，有变化也是以中锋为主导，只不过是有些细微调节，调节以后会直接影响到书体的美感和风格。侧锋也是，中锋主要用于篆书，这不错，但行草书为什么也提倡用中锋呢？米芾这个人很狂，他瞧不起颜真卿，甚至唐人楷书他都瞧不起，"欧、虞、褚、柳、颜皆一笔书也。安排费工，岂能传世"。但是，颜真卿的行书有篆籀气，他认为好，其实这就是中锋，尤其是《争座位帖》，主要就是中锋，这跟刻帖拓本有关，书写的墨迹《祭侄文稿》，并不都是中锋。那么衍生出两个问题，一个是拓本对真迹的掩饰——我将这类作品都称为二次完成品;第二,人们为什么要欣赏篆籀气,这就涉及传统文化。朱长文《续书断·神品》评价颜真卿楷书"合篆籀之义理",也就是说篆书在他眼中地位很高,颜真卿的楷书能够直接上溯篆书,那就好,可列入神品。一直到刘熙载写《艺概》的时候还斤斤计较于这种篆籀气,他说虞世南楷书也有篆籀气,只不过搞碑的人不愿意承认罢了。其实这里面所谓的各种各样的篆籀气大多数都体现在转折上,转折处圆实就是中锋,中锋就是篆籀气,说穿了篆籀气也没有什么神秘的。问题是,当你大量使用侧锋时,如何在变化中很快地自然而然地转成中锋呢?这就是能力的问题。也就是说,今天在我们手中,毛笔运用得并不是很好,也就缺少篆籀气了。关于侧锋,魏晋的字楷行草基本都是侧锋,因为楷书是借助草书改造隶书而来,后来钟繇把这种潦草的东西规范化了,就是原始的新体楷书。到了王羲之的时候,当然要保留这些痕迹,只不过是体势略高一点,更规范一些,但是隶书的痕迹是有的,也就是说侧锋用笔是基调。正因为如此,在行草当中,它更是直出直入,更加便于书写。那个时候已经用纸,无论题壁还是在纸上写字都是一种悬笔,胳膊要悬,即很容易形成"凌空取势,一拓直下"的特点。今天的小字都是伏案作书,如果胳膊固定在桌子上,就像个杠杆,在"凌空取势,一拓直下"的用笔时,胳膊就起了一个相反作用。所以,今天的人,包括晚唐以后的人都说学二王,为什么学不像,就因为姿势错了,姿势错了就不可能得到相同的用笔效果。"凌空取势,一拓直下"落在纸上不是摁下来的,它是打下来的;不是调整笔法的出锋,而是弹出来的。唐楷的点是按笔,按完以后这个点不圆满还要动,笔动一下就是复笔,重复以后还想弹出来就不可能。所以,《笔阵图》在讲点法时说"高峰坠石",是指力度;后面一句"磕磕然实如崩也",如同地震从山上掉下大石头,中途磕碰之后再弹起来,可以想见那种磕碰崩飞的场景,要能出现这个动态,才叫"凌空取势,一拓直下"。所以,后来不管多少人说学二王,那都是理论上的一厢情愿,无论侧锋如何去写,肯定做不到古人那样。那么,中锋、侧锋如何运用,差异有多大?差异还是挺大的。笔在纸上平拖就没有那种摔打弹出的韧性,就不空灵,但是结实,所以颜真卿的字可以放大,二王的字不能放大。董其昌临写《黄庭经》,写完以后用其笔法字法给人题牌匾,总觉得不对劲,他又没搞清问题出在哪里。其实很简单,二王的东西不能放太大,因为它是空灵,放大以后就变成空虚。大字需要满密,"大字难于结密而无间,小字难于宽绰而有余",结密无间的东西要有体积感,字越大越要有体积感,有体积感才会有很好的大字气象。为什么我说今天人写大字没有大字气象呢？他写不了那种饱满，没有相应的技法。所以晋唐两系笔法就构成了书法史一千多年来的基调，有些人如董其昌试图解决这个问题，楷书学颜，也学王，行草学王的东西当然多一些，可是他做不好，这个不单单是米芾讲的"时代所压，不能高古"，也有很多客观原因和主观原因，其中很重要的一点是古法失传。

我多次参加过国展现场验审，看过很多作者写字，作品写出来效果还算差强人意，但其用笔状态真是令人不敢恭维。有的看上去状态很潇洒，可写出来东西又不行。或者选择自己带的笔纸，提供的纸不用，大都受制于书写材料和习惯，这跟古人还是有所不同，用笔也没有古法踪影。就像姜夔《续书谱》所说，"历观前贤书，莫不点画振动，如见其挥运之时"。看今人作品，很难想象他们是怎么写的，这就是差别。好的东西之所以感人，超越时空，就是因为确确实实达到了一定高度，而我们今天大概看好的，几乎是"各领风骚三五年"，很常见。从基本功来说，中锋、侧锋很明白，再往上不愿意想，这就是今天的局限。

回过头来，中锋、侧锋在古代可以衍生为方圆。中锋是圆的，出于篆书；侧锋是方的，出于隶楷。所以方圆是一个非常好的切入点，直到今天大家都在关注方圆。例如，古人认为笔方势圆，笔为什么是方的呢？因为笔写出来的字是方的，字形方而笔是圆的，是一种连续不断的空中和纸上的曲线意境，在这方面今天做得不是很好。古人强调的势圆是一种用笔的连续性，蘸墨之后再写还要衔接此前的状态，几次蘸墨都不会使气息中断。好的作品如《冠军帖》，气息通篇不断，后人怎么写也学不来。《古诗四帖》倒还可以模仿。但这个没办法，这个字不是张芝的，它近于二王笔法，宋人猜测是张旭临二王帖词，或者就是学小王，很有可能。

话说回来，古人用笔的连续性即使在空中也是有效的，梁武帝《观钟繇书法十二意》曾说，"字外之奇，文所不书"，就应该包括这种可以感知的美。今人习惯看字内效果，字外的东西很容易被忽略。我觉得这话非常有道理，连续性不都表现在纸上，如能感受到这种"点画振动，如见其挥运之时"后，再去看《十七帖》《大观帖》，那种循环往复的运动状态正是我们今天所缺乏的。今天临帖也多半是临个形，临不像就说是意临、神临，也不知道哪来的意和神，反正今人很会给自己找台阶，古人那种流美自然的用笔没有。笔方势圆，圆到什么程度呢？古人说"上乘者神圆"，要求精神弥满，点画、字形、篇章，自然生动，不可改易。"一画不可移"、"纤微向相背，毫发死生"说的就是这个道理，一点也不能动，动了就不是原有的生动状态。我们必须得有这样一种深入细微的观察体验，才能够说"称解笔意"。读帖读到深处时能够跟古人对话，否则眼睛里只有字。读到深处时，该是一群生动完整的生命形式在运动，这是不一样的体验。所以，"上乘者神圆"不是看具体的哪个字，而是从点画看到空白，再回到点画，从一个字到一行一篇，应该是整体。当然，能做到这一点还不够，对书法美感和风格的理解还会有很多障碍。沿着这个思路往下讲，圆是柔，方是刚，方者在于筋骨，圆者在于血脉。所以唐人欣赏欧阳询的书法时说他点画多侧锋，"森森焉若武库之矛戟"，凛然可畏。为什么呢？棱角分明一定是侧锋，这是一个风格系统，专门强调风骨和神采。颜真卿书法为什么叫"筋书"呢？因为中锋笔圆，筋脉是圆实的，人身上的筋脉活络圆畅，是看不到的，但从人的运动状态可以看出是否健壮。"多骨微肉者谓之筋书"，它有很强的筋骨，只不过外边包着些皮肉。苏东坡的字"肉"就多一点，他自己说是"肉没骨，骨撑肉"，还有人说苏的字是"绵里裹针"，外柔内刚。张怀瓘在评价欧虞的时候看到了这种方圆间的美感差异，可是他明明推崇欧阳询，却不敢直接这么说，因为唐太宗不喜欢，所以他就得说虞世南的东西好，又说不出来好在哪，就以"君子藏器，以虞为优"为评，于是在方圆之间，又多了一个伦理道德标准。虞世南很会做人，长得又好又有学问，他死后唐太宗评价他是"人伦准的"。欧阳询长得丑陋，又瘦小枯干，是唐高祖李渊的朋友，隋炀帝时官给事中。欧阳询之所以写字那么好，一定跟其人的逆反心理有关，他一定要做得外表非常强大以弥补相貌和心理上的缺陷。苏东坡用"刻厉"二字形容其风格，即与此有关。欧氏人和字都很倔强，要想让他的字有多少润色那几乎是不可能的，方笔被他发挥到极致，神采迫人，虞世南没有一笔是方笔，确确实实是圆的，看上去和蔼可亲，不怒自威，所以"君子藏器，以虞为优"。方圆在这里是伦理道德标准，古人很善于想象。方圆还可以进一步发挥，方者为刚，圆者为柔，刚柔在书法中可理解为软硬直曲，这只是看到的，实际上在书法中并不止于此。"夫物负阴而抱阳，书亦外柔而内刚"，还是采取了儒家的标准，把阴阳移到书法中和刚柔方圆相结合。大家知道，阴阳在中国就是一对哲学范畴，在生生论上它是天地万物的本源，老子《道德经》讲"道生一，一生二（二是阴阳），二生三，三生万物"，在《周易》里"一阴一阳之谓道"，"太极生两仪，两仪生四象（四个方位），四象生八卦"，把阴阳和刚柔结合在一起，与古人思维有关，与古人生产生活实践以及语言表达都有关系。刚，在《诗经》里如《小雅·采薇》"薇亦刚止，薇亦作止"，成长曰刚，所以"刚"有兴起生长壮大的意思。我们今天觉得"刚"好像就是硬，柔就是软，这只是今天的理解，在古代不是,所以才能自然而然地与阴阳相结合,"物负阴而抱阳"就是为了生长,书法中的阴阳刚柔必须体现相应的生命含义,如果你写的只是一个个点画,被抽掉生命状态,那还有什么意义呢!宋代有个学者叫晁补之,是苏东坡的学生,他在《鸡肋集》里说"学书在法,而其妙在人",这也没有什么深奥,后面接着说字工临习古人法帖,点画样式都写得惟妙惟肖,位置关系也丝毫不差,乍看上去那就是古人作品,在今天已经难能可贵了,但他下面说"而古人妙处已亡",结论是"妙不在于法也"。古今艺术的共同点就是一种生命的讴歌,要求我们把点画任何一种样式都看成活的有生命的小精灵,不仅有美感和风格,而且还具有厚重的文化象征意义。

篆书的曲线为什么循环往复?篆书最早来源于礼乐文化,具有象征意义。宣王中兴,为什么要制定大篆《史籀篇》字书以同天下文字?他是想用大篆这种标准字形来象征自己的文功武略和政绩,以与宣王中兴的盛世相匹配。秦始皇"书同文字",沿用《史籀篇》而同时稍加整改颁行新体小篆。这个说法不严谨。因为大篆在四百年流传过程中,不断向小篆趋近,它已经不断地被时文冲击改造,所以才有小篆的改作。但是,无论如何改变,其曲线篆引的特点是不变的,仍然要维护古典文化秩序,并与新的秩序相匹配。《说文解字叙》讲每一种书体都有特殊用处,有文化的象征意义。为什么鸟虫书成为摹印章、书幡信(通关文牒)的专用书体?它有特定的意义。汉代律令规定,"天子免夺三公爵禄时用隶书书写,以示辱之",用隶书表明对方已经犯错误了,可以看到当时篆书为尊。为什么写碑额要用篆书?除了《衡方碑》这种少数作品,绝大多数都用篆书,就因为它地位尊崇,是有象征意义的。

当你把刚柔阴阳这些东西做好的时候,作品已经具备充分的艺术表现力,它会感动人,会变成很好的书法。我们今天学李阳冰篆书,用小笔去描摹字形线条,一次墨不够写完一个字,再蘸一次接着写,我看过有些作者这样写,这哪里是写字,像在画画,有违书法大旨。那么,不这样做能行吗,不行,因为你没有古人那个本事。李阳冰的《谦卦碑》,舒元舆在《玉箸篆志》里评价它的美感有如"铁石陷壁",可见李阳冰笔下线条的结实程度,给人的质感如同铁石陷入墙壁,很能感动人,如果用投机取巧的笔法能出这种效果吗?肯定不能。"铁石陷壁"要求墨都堆积在纸里面,有相当厚度,在辽博看《古诗四帖》,就有相同的感觉。

墨本身有说服力,能说话,古人说"淡墨伤神"是有道理的。今人对书法作品如何感动人已经缺乏那种艺术敏感,不仅是技术、工具材料、书写问题,还有我们缺乏联想、认知能力。

在刚柔阴阳之上，还有自然和宇宙秩序。阴阳肇于自然，自然界定阴阳，道法自然。自然是宇宙先天存在，这是老子讲的"无中生有"，"无"是万物之母，"有"是万物之始。看到了、感受到了，世界就已经开始了。我们没感知的东西不等于不存在，这就是道之前的自然，而自然从无到有，有是看到的形状形态，中间一个过渡就是阴阳混沌过程。《庄子》有个寓言，南海之帝曰儵，北海之帝曰忽，二人游玩，来到浑沌之地，浑沌对二人很好，为了报答他，说人都有七窍，而浑沌没有，于是每天给他凿一个，七天后凿出七窍，七窍生而浑沌死。虽然是一个寓言，但极有哲理。书法抽象美有时更像一个浑沌，当它具有模糊性时无美不在，当它清楚时就开凿了七窍，眉目、眼睛、鼻子、嘴……都凿清楚了，那么模糊美不复存在，抽象得足以让人想尽办法去探索的美也就没有了。所以，书法的玄妙之处在于不可确知的状态。我们看到横平竖直的结构很优美，其实是不美的，因为它是有限的，都具体了，也就没有想象余地，只有有想象的时候才诱人、才感人，这个非常重要。对一个人来说，看外貌一目了然，可是这个人是好人坏人，跟他在一起能不能处、能不能变成好朋友都不知道，有深度的人是越处越好的，会有相见恨晚之感，一辈子都要拿他当好朋友。所以说抽象的东西不是一眼就能看到能感受到，它是超感觉的存在，是《周易》讲的"形而上"的一种存在。在书法当中，美的意识本来是没有的，它就是写字而已，方的圆的各种笔画线条，没有什么，那么为什么人们还乐此不疲？我觉得值得去发扬这样一种超感觉。古人讲这种超感觉是形而上的，当你能感受到形而上的存在时，它是否生动你就懂了，作品是否有价值你也知道了。张怀瓘评说书法有一条"风神骨气者居上，妍美功用者居下"的标准，衍生而为神品、妙品、能品。风神看不到摸不到，是超感觉存在，骨气同样看不到，你要能像他一样"惟观神采，不见字形"，就什么都懂了。书道玄妙即在于此。你说它有，它就无所不有，你说没有，它就是写字。一个大名家和一个学习书法的人在表面上没有太大区别，可是一个是千古书圣，一个是寂寂无闻的小卒，差距就这么大。这就在于我们怎么揭示这个真理，它统一在宇宙秩序中，我们感受不到的也要去感受它，这就是宇宙的一个客观实在。古人对宇宙的解释是什么呢？春夏秋冬、寒来暑往、风霜雨雪，一切都是有规律的，天地万物在生生不息、不断发展前行的过程中还有一个阴阳，它既存在于生成中，又伴随事物发展，这就是规律。生成论认为书法的本源出于道，用形而上的原理去揭示阴阳，在笔法方圆里就可以体现阴阳观，不仅是完全对应，它们还有互相吸引、互相包容的一面，谁也离不开谁，既统一又相互作用。所以，在书写时对各种各样的技法，比如深浅、轻重、疾徐、大小等各种相反相成的技法都可以用阴阳观表达，阴阳这种代表宇宙秩序的哲学概念就存在于书写的每一个细微环节中，它离我们并不远。我们知道用笔的提按顿挫，提和按相反相成，各种这样的概念反映出书法之无穷无尽的变化。为什么八卦能解释天地万物呢？它是一种无类类比思维，并不具体指什么，凡是相反相成的都在其中，由阴阳统摄八卦。作为书法，看的是形，用的是神，用笔方圆、中锋侧锋都只是一种形，后面体现的是阴阳。如果能从哲学角度看待每一种技法的运用，能把技法自然而然地和宇宙天地秩序对应时，那么成名成家即很自然。可是在这个过程中你怎么能知道笔法的运用、笔墨效果能否进入宇宙秩序呢？这就是一个"人"的问题。古人讲的道理很有意思，天、地、人在古代叫作"三才"，《周易》讲三才、阴阳两极，写字就是"兼三才而两之"。我们的一切情感言行要合乎宇宙秩序，同样宇宙秩序也反映在我们做的事、创造的一切形式中。所以，天地人关键在于人如何揭示宇宙、如何与宇宙秩序具有相同节律。人有喜怒哀乐，宇宙也有寒来暑往，这很正常。书法如果就技法谈技法是不行的，要把自己作为宇宙的象征和代言，我们的需求就应该反映宇宙秩序的客观规律，天之所尚也是人之所尚，反之亦然。所以，无论是最早的书论，还是明清书论，没有本质变化，只是换了语言，这里头一个很关键的问题就是我们要有想象。我有一篇文章叫《想象与意象表达》，古代书论很多靠想象支撑，总是要用很多客观事物打比方表达其动态、生命形式，这就是意象，为什么会这么做？是因为他们认为人和自然是同构的，人有情感，万物也有情感，有个人情和物情的关系，以人情推拟万物之情，这样就需要有想象，你得有这个能力。你在从事艺术，必须要这样认识，认识的最高境界就是哲理依托，干这行就得有这样的理论认识。

　　一样的事物，在诗人眼中是另一种状态。比方说下雨，"帘外雨潺潺，春意阑珊"，我们就觉得很美，你要说"外边下雨了要带伞"，什么美感都没了，可是大家觉得司空见惯啊！外面刮风，帘子被掀动，诗人说"帘卷西风，人比黄花瘦"，咱们就得说"赶快把门关上，一会蚊子进来了"。今天人实在缺乏想象，已经远离了自然，古人讲"读万卷书，行万里路"，中国文化传统的一个特点就是亲和自然。张怀瓘《评书药石论》认为书法要能"复本"，"上注于自然，次归乎篆籀，又其次顺于钟王"，就是在说明这个道理。自然宇宙秩序是艺术认知的理论基础，是书法的灵魂和文化精神，如果我们对这些东西一无所知，最终也会一事无成。所以，相信什么并不重要，重要的是你现在在搞艺术，要有一个相应投入。最好的办法是把身边的琐事放大来看，我们就会变得很聪明很深刻,观察笔墨就会有发现。有发现就得有联想,有联想就会产生移情,移情以后就忘我,人与书法就会合一了。作为书法家,想象很重要,眼睛看到、老师教给你的那些是不足为道的,关键是在任何场合看到任何作品你是怎么感觉的。古人之于美感,每个人都会有自己感受,会用非常传神生动的语言来描述,不仅为当时人,也为后来人勾画了美好的蓝图。王羲之作品"字势雄逸,如龙跳天门,虎卧凤阙",令人觉得神乎其技。所以,美感关键是什么人去看,怎么去看。这里还有一个重要的媒介,就是我们读古代书论关于美感、技法的描述和理论的判断,就是书面语的修辞问题,古人永远使自己处于美文的状态,随便说句话也让人值得回味,这就是深刻,也是美之所在。

黄庭坚说"字中有笔,如禅家句中有眼",又讲王羲之书法"伊字具三眼",有一个眼就不得了了,三眼应该是极致了。字有字眼,诗有诗眼,眼是最好最传神的地方。贾岛作诗,琢磨怎么把字用得好,"鸟宿池边树,僧推月下门","推"好还是"敲"好,他就迷惑了,走在路上闯进了韩愈的仪仗队,韩愈问他何故,他说出自己想法。韩愈觉得还是"敲"好,月下鸟眠,万籁俱寂,这是非常美的,这时候一个和尚归来,轻轻推门,用"推"好还是"敲"好?"敲"好,于无声处有声。"推敲"在古代书论里,大量词汇都有类似之处,关键是怎么去理解。语言、诗歌都不只是形式内的含义,要学会读出诗外的东西,"诗罢地有余",留有充分余地。书法也是,苏东坡曾评价过苏舜钦兄弟字佳,但是"非谓有余乃不足也",正因为二苏把所有前贤的功夫都再现了,可与古人比肩,但少匠心独运,没给观者留下足够的想象空间。言外之意、弦外之音历来都是非常好的一个境界,这就需要想象。钱锺书先生曾揭示一种美叫"意余于象",引申谈了很多问题,很深刻。希望大家能回过头来,多读一点书,多做一些想象,要不然我们对古代书论中的表达方式和词语是无能为力的。当然,可能有些例外,比如黄庭坚评价二王"右军如左氏,大令似庄周",从人的角度或者书的角度都行,但同样需要想象。大王的字怎么就像《左传》呢?《左传》是中国历史上第一部编年体史书《春秋》的传解,集中体现了孔子讲"微言大义,春秋笔法",为学术经典正宗,而这一点,也一直应用在书论当中,张怀瓘《书断》所言"其一字褒贬,微言劝诫,窃乎《春秋》之意"即其明证。所以,《左传》的学术精神和楷式可以超越时空,王羲之就是这样。《庄子》有很多稀奇古怪的故事,主要就是讲人的生命有限,但希望自己在精神世界中是无限的,也就是"心斋坐忘"。他可以神游世界,说北海有溟,里面有一条大鱼,忽然有一天鱼跳出来变成大鸟,这个鸟就叫鲲鹏，鲲鹏多大不知道，但是一展翅九万里，绝对的一种自由的想象，而借助这种想象使人类精神达到自由的极致。同样琐碎的事物可以做到，如庖丁解牛，一个屠夫拿刀杀牛，他的刀用了几十年还跟新磨的一样，这怎么可能呢？但是他就塑造了这种不可能的神话，再借屠夫之口说"臣之所好者道也，进乎技矣"，他把牛解完以后"为之四顾，为之踌躇满志"。他人都是技，唯独那个屠夫有道，庄子给我们提供的是一种极其自由并充满青春活力的精神世界，王献之书法就有这种可比于庄周的魅力，在某些方面胜过乃父。

归根到底，我们能不能做到这一点呢？训练自己，尽可能去接近古人，理解古人，把古人的精华学到手。虽然累，但活得很快乐，为什么呢？因为充满了想象，人有想象就年轻，就有希望。我喜欢南京，人文荟萃，人杰地灵，有很多像黄老师这样的前辈名家指导，这是很幸福的。但是，我也建议大家充分调动聪明才智，考虑的东西越多，就进步越大。不仅要写好字，还要善于概括和表达我们的作品，哪怕只有那么几句话，别人一看准确、生动、实在，就会留下好印象，这对我们的艺术形象和学术形象是非常重要的。

提问与回答

黄惇：很多人说"70后"、"80后"、"90后"有区别，我看未必，最近接触了一些青年人，他们的想象力也令人惊讶。每个时代都有一些不太注重功利的人，就像丛老师这样淡泊没什么功利心。如果我们看书写字不是像丛老师这样想，而是首先想我有没有讨人喜欢、是不是要赚几个钱，那我说今天你白听了。我想我今天最大的感受就是丛老师谈笔墨理论，这堂讲座充满理论张力，也感受到很多人写字画画许多年，但理论跟他没关系，我想今天听完丛老师的讲座应该有点感悟。大家是不是有些问题想请教丛老师，跟老师互动？别怕，年轻人最要紧的一点就是敢把想法讲出来。

听众：请问秦书八体之一的署书有何文化意义？刚刚老师说《古诗四帖》对照二王笔法，但是一般认为二王笔法更接近《千字文》，请丛老师谈谈对这两个问题的看法。

丛文俊：《古诗四帖》不是说的二王，它的运笔速度更多的是小王再传笔法，蔡希综在《法书论》中评价张旭"议者以为，张公亦小王之再出也"，这是一种衔接，二王笔法不能简单说二王，有这样一个过程，快写出于小王，是狂草发展的一个路子。

第一个问题，署书是后来所说的题署，是干什么的呢？张怀瓘在《评书药石论》里讲"惟题署及八分，则肥密可也"。历史上有很多故事，比方说韦诞，魏明帝凌云台修起来二十多丈高，先钉牌匾未提，就用一个筐笼也有说用凳子把他吊到上去写，下来的时候须发皆白，吓坏了，这就是署书。东晋时太极殿成，谢安推荐王献之写匾，王献之不写，谢安说韦诞都上去写，何况你呢！王献之回他"知魏德之不长"，谢安不以为忤，还以为士族子弟有风骨。榜书是与建筑结合是最为紧密的，我有一个书稿"环境文化与书法艺术"，其中题署，也就是榜书大字，它的文化意义远不止于此，比方说北朝摩崖刻经，字很大，看上去与题署的形式相类，而实际上是要经文与天地日月同寿。再比如说故宫，所有的匾榜、楹联都像馆阁体，但是它符合皇家的审美需求，一种庄严尊贵，一种正大堂皇。如果你将郑板桥的"难得糊涂"放在太极殿，就完全不能看了。反过来，如果苏州园林挂上故宫的牌匾，那么本来玲珑剔透的怡人园林就会觉得很木讷。可以说，榜书题署的文化含义就在于它是最能反映文化的，它的文化内容和书法是任何一种书体和书写形式都比不上的。它必须要和文化结合起来，你要给教学楼搞一副对联，你必须要写教育，还要和这个建筑紧密关联。你要是一个隐士，你书斋庭堂的牌匾肯定不会写升官发财的吉祝内容，你的任何一种修身养志的寓寄都可以通过这样一种极短小的形式来表达。所以，它与义辞内容结合得紧密，和环境文化结合得紧密。应该说，在我们的书法学习当中，大字还是一个薄弱的环节，好多青年朋友字写得很好，就是不会写大字，或者能写但不饱满、没气象，不会用笔。

听众：刚才听丛老师讲笔方势圆的问题，我记得在《书学捷要》中有"书之大要，一言以蔽之，笔方势圆"之语，我刚刚听丛老师讲这个笔方势圆的几个方面，说到方块字，我不知道应怎么看待，因为按我以前的理解，势的运转怎么是圆形的，笔方呢，因为我感觉跟古人用的毛笔有关系，它的毫是非常锋利的，二王写字为什么一拓而下？会出现一种很尖利的感觉，下笔的时候带有侧趋势，带有一种方的感觉，在势头逆转以后，出现一个逆错，也是出现一种方的感觉。所以我所理解的方是在用笔的时候势的运转，我不知道我的判断是否正确。

丛文俊：你讲的是对的，实际上，它分两个部分，在古代书法文献中，一部分就是如你所讲，所有用笔切入点形成的客观效果，用笔切入，如转折等各种笔画转换，所以强调写字的时候不能一方到底，也不能一圆到底，要方圆互用。在这里，笔方就是指这些传神的很重要的用笔，古人还讲到侧锋取

175

势、侧锋取妍，都是你讲到的这个道理。还有一个就是字法，即书里讲的字方而笔圆，它是由点画推衍到字形，从字形推衍到全篇。你说的是有道理的。

听众： 丛老师，您好，刚刚听您讲到书法还有写诗、文言之类的东西，我很好奇。当下的年轻学子写古体诗，写文言，我就感觉是不是当下的人写不了这样的东西，是因为缺少当时的语境，要么就是很不接地气，要么就是流于直白，我想请问您怎样才能把握好，适得其中？

丛文俊： 有几方面可以借鉴，一个就是有句话叫"熟读唐诗三百首，不会作诗也会诌"，也就是说熟能生巧，古诗的声调、节律、韵脚都熟了，包括修辞就分以模仿。第二，古代有很多入门书，比如说有一本绣像本的《千家诗》，这很简单，前面是诗，后面有一些小字的说明，这个需要大家去读，理解了学着作。还有一个能不能接地气的问题，白居易写诗可以给没文化的老太太去读，可见那时没文化也是懂诗的。有一则故事，宋徽宗元宵节与民同乐，把御用金杯拿出来让老百姓品尝美酒，有一个妇女品尝完了以后，就把酒杯藏起来了。被发现之后，宋徽宗问她你为什么要偷，她说："我已经体验到天子与民同乐，但是我家婆婆没用过，所以我要把它带回家给她看。"宋徽宗说，你如能作一首诗或一首词，我就放你走。这个妇女应声就把词作出来，之后带走了金杯。这种能力今人已经不具备了，但我们认为很难的事，对古人来说并不难。有人怀疑王羲之写的《兰亭》不是草稿，是誊清的，按照今天写文章的水准推测王羲之，有点不合情理，我们不要低估古人的才华。王勃写《滕王阁序》800多字，一气呵成，成为千古美文。著名学者李学勤先生说过，不要低估古代文明，我们也不要低估古人的智慧、古人的文学才华。这里还有一个问题，刚开始学，总希望语言能经得起推敲，包括用典、平仄，在形式上要狠下功夫。你要有自信。当你由实返虚或是返璞归真的时候，你也会说一些像古人所作诗文那样的话。希望将来能在刊物上读到你的作品！

丛文俊 1949年生，祖籍山东文登。吉林大学古籍研究所教授、博士生导师。主要研究中国书法史。主要学术专著有《商周金文》《春秋战国金文》《先秦书法史》《丛文俊书法研究文集》等。

歌唱与生活

主讲人：李双江

时间：2015年6月6日
地点：南京艺术学院图书馆报告厅
讲座主持：南京艺术学院　刘伟冬

如果从理论上讲唱歌，我讲不出特别的理论。我想用我的歌声，用我的心给大家带来一些回忆、一些情感上的抚慰，这样容易表达我的情感，和我对南艺的热爱之情。我在解放军艺术学院工作了22年，17年前我们就和南艺结成了最好的朋友。在艺术教育领域，南艺给予了我们最真诚的帮助，15年来居其宏教授每年帮忙带一个队伍出来。那时候还是副院长的刘院长，为我们解放军艺术学院培养艺术研究生付出了很多心血。这份美好的情怀，我们永远不会忘记。今天这个讲座是一个答谢的讲座，感恩的讲座，我想用自己艺术上的感悟表达对南艺的热爱之情。

《嘉陵江上》这首歌表达了在过去的年代里对入侵自己家乡的侵略者的愤恨，这是首优秀的艺术歌曲。我斗胆对它做了一些改编，任性地加了一个高腔，不知道这样加对不对。我们的顾教授、金老师在这里，也请所有的老师同学们批评一下。这是我38年前唱的。那时候我勇敢地做了音乐学院的叛逆，把这首歌稍微改了一下，放给大家听一听，看看那个时候双江的模样！

（播放录像）

我改编了这句"把我那打胜仗的刀枪"，这是为了表达更强烈的情感。我是男高音，假如我不是，可能就不这么唱了。

作为一个歌者有时是任性的，当时这个改编也受到音乐学院一些老师的批评。30多年过去，现在大家基本认可了，后来我教学生就这么唱。我觉得唱歌是一种情感的表达,人绝不是声音的奴隶,如果把自己训练成机器,那就永远唱不了美好的歌曲。我记得1979年对越自卫反击战,我就在前线。1980年从前线回来,创作了两首歌,一首是《再见吧妈妈》,另外一首是《怀念战友》,都是和作曲家一起用心创作的,含着眼泪歌唱战友。当时对越自卫反击战我们打了胜仗,总政派我们到上海去慰问,也来过南京,唱过一首自己编的《南京我心中的城》。在上海演唱时,我重编了词,我想我们是为上海人民服务的,作为一个演员应该走到哪里,把心放到哪里,走进人民群众的心里去。这首献给上海人民的歌,作曲家已经不在人世,词是我编的。《心中的歌献给上海人民》,13个人的小乐队,录像比较陈旧。

(播放录像)

那个时候我39岁,现在76岁,虽然片子很老了,但是情怀依旧。一个歌手应该把自己最美好的情感交给人民。我想说一说《再见吧妈妈》这首歌。词作家陈克正先生现在已经作古了,作曲家那时候才二十五六岁,我40来岁,组成一个小组先期到云南前线。那时部队里没有新歌可唱,"文化大革命"时期是语录歌,老是那几首。我们想能不能创作一首可以一直唱下去的歌。一首当国家遇到危难,发生战争、洪水地震时,我们解放军或武警部队能唱着上前线的歌。"听吧!战斗的号角发出警报,穿好军装拿起武器""再见吧妈妈,别难过别悲伤,祝福我们一路平安吧!"这歌多好啊!曾广为流传,不胫而走。解放战争战场、抗美援朝战场,到自卫反击战我们离开的时候,好多部队在唱这首歌。有个军区卫生队年终总结,我们也去了。男医生很少,因为是战场救护队,很多女兵,用茶缸装着酒庆功。我们调研一下,问:"同志们能不能告诉我们,你们在最喜悦或者是痛苦的时候最想的是什么?"大家沉默着,从墙角发出一个很弱的声音:"妈妈,我们想妈妈。"我们三个人讨论,"妈妈"是永恒的,所以还是从这个主题着手。"告别母亲上战场",祖国是母亲,伟大的军队是母亲,新歌的主题就这样决定了。陈克正一夜没睡,写出了歌词"再见吧妈妈,军号已吹响,钢枪已擦亮"。"当我从战场上凯旋归来,再来看望亲爱的妈妈",就是"我活着回来了"。那时不敢写"死","文革"期间不准写"死",人民战士是永生的。咱们要勇敢地写,战场就是要牺牲,但咱们要浪漫地写"牺牲"。陈克正很聪明,他写"假如我牺牲了,漫山遍野的山茶花会陪伴着妈妈"。你看多好啊!所以我们得出一个经验:好作品必须和唱歌的人一块研究,必须量体裁衣、因人制宜,所以这首歌就是这样在战场上诞生的。当时,"山茶花陪伴着妈妈"接下去就不知道怎么写了。我说"我给你出个主意,'啊——我为妈妈擦去泪花,山茶花陪伴着妈妈''啊——军号已吹响'"。这歌就成形了。当时这首歌不胫而走,很快传遍前线。这是那个年代戴着红领章、红帽徽的时候唱的,大家看一看!

(播放录像)

这歌不太好拿捏,为什么呢?唱得太悲没有战斗力,像圆舞曲,会遭到批评;唱得太刚强又失去了浪漫色彩。所以这首歌一开始不让唱,虽然前线流传开了,但在北京庆功会上并没让唱。我心里很难过,我报的这首歌被认为太软,哭哭啼啼的,但我没哭。那时我很振奋,比录像的时候唱得刚强的多。到六一儿童节前夕,少儿部的部长张大姐来找我说:"双江,我儿子从前线回来,听说你唱了一首《再见吧妈妈》,战士们很喜欢。后天是六一儿童节,中央政治局领导同志都到人民大会堂参加节庆,还有3000位母亲和7000个孩子。希望你能唱这首歌,儿童节也是妈妈的节日。"我说:"你找我们领导了吗?""没有啊,我直接来找你了。"我说:"张部长,你就不要去找我们领导了,我认为这首歌挺好的,到时候我准时到。"六一儿童节那天,下午4点钟演出,50分钟的节目里就这么一个大人表演的节目。我的钢琴伴奏是朱大明。他问:"你干什么去?"我说:"你拿着谱子我们俩一起去。"我穿着表演用的裤子,衣服叠好放在包里。骑自行车到那儿已经有点晚,张大姐正在门口等我。她问:"衣服呢?我们节目就快完了。"我们一边换衣服一边看着钢琴推上去。张大姐报幕——"李双江同志从前线归来,带着战场的硝烟,带着战士的情怀,给大家演唱一首他们创作的新歌《再见吧妈妈》。"观众们热烈鼓掌。出场的时候我的眼泪就下来了,有一种强烈的释放。朱大明也很激动,下面的反应非常热烈!谢幕时孩子们都站起来了,我两次出来谢幕。领导走上台来,孩子们也上来了。第一个走上来的是华国锋,跟我握手说:"我听懂了。"邓大姐还有纪登奎认为这首歌有创新。邓大姐说作品"很有人性"。李双江成功了!我那老哥们陈克正还有作曲家张乃诚都非常高兴。我们部队管文化的领导都在,我去报告:"不好意思,没有请示!"有人问:"首长跟你说什么了?"我说:"没说什么,挺好的。""这歌好,这歌很好,你今天晚上就去录音,乐队刚才我已经打过招呼了。"我很高兴。那时凡是这样的歌,晚上录音第二天早晨六点新闻要播,五六遍循环,中央人民广播电台宣传力度特别大,影响波及海外。若一首歌曲表达了一个国家的愿望、人民群众的呼声,那这首歌就被肯定了。像这样有血有肉的歌确实容易打动人,对此我深有体会。这首歌先在前线传开。一个月后我们准备回北京时,看到坦克、装甲车、运兵车,还有很多年轻的战士。那时我们到部队去慰问，一天要唱五六十遍"再见吧妈妈，号角已吹响，钢枪已擦亮"，有种精神状态在里面。那时大家都喊"谢谢你呀李双江！"这么唱了一个多礼拜，嗓子不行了，指挥员到最后发了小喇叭给我，我就用这小喇叭唱了半个月。第二次大行动后期来了一位作曲家徐锡宜，也是上海音乐学院的，写了一首歌《怀念战友》，高峻同志作词。这首歌是怎么写成的？就是因为提议划出一块山头埋葬牺牲的战士，留给后人瞻仰。一夜之间一座山变成坟山，掩埋的不是完整的遗体，有的甚至只是一件衣服、一个用过的茶缸，来表达对他们的敬意。《怀念战友》就是在这样的背景下产生的。虽然没有流传那么广，但双江确实是用心唱的。现在把这首歌献给大家！

（播放录像）

"鲜花是你的笑脸，山泉是你的歌喉"，这确实是年轻战士们美好年华留在战场的真实写照。有时候我们送战士上前线，到营房里去欢送他们。双江赶上多次战争，我刚参军的时候是1963年，大学刚毕业，正好赶上不久前发生的对印自卫反击战。我听战友们讲我们牺牲很大。1965年我作为兰州军区的炮兵，为高炮部队当毛泽东政治思想宣传员，大半年里和战友们并肩作战。1979年又参加对越自卫反击战。我参加过几次战役，每一次都感受良多，为战士们服务是我永恒的追求。后来在解放军艺术学院20年的教学过程中，我总结出自己的一个教学思想是"洋为中用，古为今用"，目的是给战士们鼓舞士气。我在新疆工作10年，在总政歌舞团工作20年，在解放军艺术学院工作20年，整整半个世纪一直坚持这一点。

下面咱们换一个内容说说。《我爱五指山，我爱万泉河》这首歌是我从新疆调回北京时录的。当时中国唱片总公司来找我说："双江，有首歌你来唱唱。这首歌挺好的，你唱应该不错。给你定个调，降A调，最高HIGH C，你要多练点。"我一听，HIGH C倒不怕，不知歌怎么样，海南岛也没去过，后来录了，挺顺利。第二天早上六点钟播完以后反响很强烈。很多人听了这歌说"好啊！我们到海南岛去看看"，我说"我都没去过"。回来以后说"双江你是骗子，那个五指山没你唱的那么高啊！万泉河没有那么波涛汹涌啊！"我说："抱歉！我刚从新疆回来，没去过海南，五指山我是照着昆仑山的大小唱的，万泉河是照着塔里木河唱的。"塔里木河是内陆河，春天的时候雪水汇聚，20里外就能听到咆哮，到8月份没水了，又找不到这条河了。祖国的江山美丽多娇啊！所以这首歌"得罪"了不少人。好，这首歌献给你们！

（播放录像）

这首歌在国外也引起了一些注意,歌词虽然是中文,但是演唱结合了西洋和中国民间的方法。我所欣赏的演唱方法就是声音一定要圆,要能大能小能强能弱;语言一定要准,要实在,情感当先,这是我唱歌的感受。这首歌引起了一个美国海军陆战队队员的注意。他叫 Jagger,在美国的广播里听到这首歌,爱上了中文。为了学习中文结识了一个中国女孩并结成伉俪,女孩成为他的汉语老师。1996 年他到中国来找我,说他不再是海军陆战队的中尉了,只是一个美国公民。他的父亲原来在大剧院工作,从小有一点声乐基础,问我能不能教他唱歌。他汉语不是特别好,他夫人给他翻译,我说"好啊"。他们住在华侨大厦,每周来上一次课,前后大概不到两个月。正好北京电视台有个节目是外国人唱中国歌比赛,他就唱《我爱五指山,我爱万泉河》。开始他要穿美国军装唱,我说"千万别,你就穿西服"。最后他得了一等奖,拿到 2000 元人民币奖金,很高兴。现在他在广州一家公司做平面设计,对中国比较了解。《解放军报》就此特别发过一篇文章《美国海军陆战队小伙爱上中国的五指山万泉河》,大概 2000 字。音乐是没有国界的,中国可以创造出被人们普遍接受的东西。我也曾把这首歌唱给美国费城交响乐团指挥尤金·欧曼迪听,他说虽然听不懂歌词,但能听到中国人的情感、中国士兵的勇敢和精神,他从自己心里认可中国作品可以感人,这一点我很感动。这首歌在我的师生音乐会上请戴玉强唱,也唱得很好。我想让大家多听一点东西,了解我们中国的声乐作品。

　　我爱周总理,周总理去世让我很难受。我从新疆调回北京这件事,周总理关心过。当时要给总政增加一个独唱演员,总理说:"新疆有个叫李双江的演员还不错,建议你们可以考虑。"后来我就调到总政来。当时进总政经过考试,唱了 15 首歌,朱大明伴奏。感谢朱大明的帮助,否则我可能还考不上。我没谱子时,他可以即兴伴奏。"你说个调就行",他总这么说。我很幸运,遇到很多贵人,包括在座的很多老师也是我的贵人。周总理去世的消息传开后,所有中国有良知的作家都在写总理,"你是高山你是青松你是大海你是春风"。到我想倾诉自己的情感时没的写了,我就着急,我妈妈也替我着急。我妈妈和我在总政歌舞团一起生活了 22 年,她是我每首歌的第一位听众。一首歌我先唱给她听,我妈说"儿啊,我听懂了,这歌你可以到部队去唱"。如果我妈说"儿啊,土不土洋不洋,俺没听懂,这不行",就再改。《再见吧妈妈》唱给她听,她说"儿啊,这歌好啊!娘也会感动啊!"总理去世时,她也替我着急。正着急的时候,她不知从哪儿翻出好些旧物件,有一张照片是幅画,周总理盘着腿穿着八路军的衣服在延安窑洞里纺线,大家见过这照片吧！忽然就有了感觉，这不就是一首歌嘛！咱们赶紧写吧，找了些朋友创作了出来。我不会纺线，我妈说"我会纺线"。她从16岁开始纺线，是纺线能手。纺得好在陕西话里是"板板寸寸白白净净真好看"。从她的表情我就感受到了生活。所以有时候艺术创作也不是特别真实，像不像三分样就行，到了舞台都得经过提炼，但是这个意思要求感觉得对。我在西北生活了10年，陕西话说的"了得很"，语气里有那个腔。"敬爱的周总理呀，当年您在咱们村里住，把那党的温暖，送到呀咱身边"，这个音从鼻子里头进一点，进多了不行，进多了伤风感冒，很微妙，过一点就不对了，没有也不行，恰如其分。《想起周总理纺线线》我是用心唱的，曾把我妈妈唱得像泪人一样。现在我把这首歌献给大家！

（播放录像）

这个叙事的曲子，通过一架纺车、一个纺线人对周总理表达了尊敬之情。在纪念周总理逝世一周年的音乐会上我唱了这首歌，邓大姐从观众席上下来直接走到我身边说："双江，这首歌我很感动，没有高山、没有大海、没有青松、没有蓝天，就是一架纺车和一个纺线人，把我带到暖烘烘的延安窑洞里去了，我感谢你！"我想这就是一个非常高的评价。我们的艺术创作就该这样，真实而浪漫，又非常舒展。我用语言讲不出来，但我能唱出来。"敬爱的周总理呀，当年您在咱们村里住……周总理火热的心呀和咱心相连"，我觉得很有情调。中央电视台首次直播，有人说让我唱这首歌，但讨论后决定让我唱"手握一杆钢枪"（《我为伟大祖国站岗》）。当时是很严肃的事，全北京有200台电视，各大部委可能都有，据说每一台前围坐几百人来看首播。马玉涛唱《马儿啊你慢些走》，贾世骏唱《过雪山草地》，马国光唱"班长拉琴我唱歌"（《我和班长》），我唱《我为伟大祖国站岗》。我是早上拿的歌片，叫我晚上唱，紧张啊。到现场一看摄像机那么大，棺材一样，一个镜头一个镜头地打。不像今天，左边是字幕，"哗"摇到右边，报幕完"哗"摇到钢琴，前奏完了再摇到我。现场保卫工作做得好，不让出门。一看这架势，我找了张报纸，卷了个卷蘸着钢笔水写好词，请灯光师傅在我唱的时候拿着让我看一眼。我是第四个唱。到我了，歌词我连看都不看就开始唱，因为第一句很熟。再看后面的，灯光师傅把纸拿倒了，结果从头到尾就一句词是对的。导演竟然还说好，因为没听过，说"双江很有感情"。后来他们把所有作者请到演播室做客，铁源一看成片就揪着我脖子说："你胡唱，我就这一句歌词吗？毛主席听了怎么想啊？"我说："实在对不起，聪明反被聪明误啊。"

下面我给大家唱一段样板戏。我觉得我国京剧最大的进步是当年的样板戏，它不是哪一个人的功劳，是几代艺术工作者共同奋斗的时代产物，应该这样理解。我们总政那时候是胡德风指挥，亲自到我们团去辅导，他是一个很了不起的专家。他说李双江你学错行了，你应该唱戏。这方面我是下了功夫的。我觉得唱京剧对我咬字、委婉的行腔有很大的帮助，我也融进了美声，在高音上做了一些尝试。童祥苓对我的唱法很赞同。这首歌就献给大家，《胸有朝阳》（京剧《智取威虎山》选段）。

（播放录像）

刚才刘院长说这一段是杨子荣唱段里最难的一段，确实是，有慢板有快板还有一些高腔的地方，个别抒情的地方还要委婉，要控制。我觉得学戏曲唱法对军旅歌一定有好处，可以把中国字唱清楚。还有京韵大鼓，我觉得学了也挺有帮助的，比如"得啷当里个咚打柴的樵夫……猛抬头要望见天上的星星……"

接下来给大家介绍《北京颂歌》。这是那个特殊历史时期的一首名气很大的抒情歌曲，抒情男高音演唱。当时中国唱片总公司和中央人民广播电台直接在中央某机构的领导下，点名让谁唱这首歌就谁唱。我接到了唱这首歌的通知，李光羲、张越男也都抽到了。张越男用民族唱法，李光羲用美声唱法，李双江用结合的办法，这样的组合有灵活性，我挺高兴。你要真让我用美声唱法这怎么唱呀。我从感情出发，从热爱国家、党、民族和军队出发，从爱出发来找感觉，但一直没找到。我在家里急得直转，我妈说"儿啊！你转什么呢？北京离那么近，你去看看那个天安门广场早上有什么动静不就全有了吗！"生活是艺术创作的源泉，要深入进去。我一想，对啊，何必在家里晃呢！计算一下时间，骑车得两个小时。我们那时候最好的交通工具就是自行车。借来的自行车一路响，三点钟出发。"咣"的一声不知道撞了个什么东西，我闻到的是臭，然后感觉到身上都是——撞粪车上去了，回来洗了好几天都有那个味道。这个事感动了我们那个司机班班长，那时候我在北京也算小有名气。他说："你不就看日出吗，我给你出趟私活，早点起来看完日出也就四五点钟，回来不耽误接领导。"汽车快啊，到那里3点半，班长说"咱们眯一会吧"，一睁眼8点了。第二天还是自己去，这是第三次了。我算准了1个小时20分钟到那儿，到了就把车放到广场中央亭子那头。那时不像现在这么警戒森严。正东看去，长安街东头鱼肚发红，变化很快，一会鱼肚发白，太阳露出了顶端，腾腾腾从东边升起来了。我热血沸腾，因为盼了三天了，当时觉得北京如此美丽，我们北京那么可爱，（唱）"灿烂的朝霞"就有了感觉，非常高兴。这首歌当天晚上录音就录了一遍，录音师说"我们满意了",我说"我不满意",乐队喊再来一遍。《北京颂歌》是他们的一个特例,乐队主动要求唱家再唱一遍。我所有的录音都是一次合成,不像今天这样一句一句录,一定要唱出感觉来。好,《北京颂歌》献给你们!

(播放录像)

谢谢,谢谢大家对中国声乐作品的热情和如此的珍爱。作曲家陶嘉舟同志也作古了。当初他让我唱《船工号子》的时候,我求他让我去三峡当船工,他说可以啊。我当了一个月船工,我非常喜欢船工们满怀豪情的样子。现在没有三峡了,这歌是30年前的歌。那时从上水到下水要驾船过72段中滩,一不小心就会撞到岩石上,船毁人亡。从下游到上游要拉纤,三峡船工说"我们拉纤的时候不穿裤子",我问为什么。他们说"穿裤子就要烂裆,这个地方反正没有人嘛,连蚂蚁都是公的,没有母的嘛"。我有一张照片可惜没有带来,展现了真实的船工生活。船工们说是这是玩命的事业,个个都很勇敢。现在电视上还有镜头表现纤夫们在山崖上跪着拉纤,很有生活气息。《船工号子》送给大家!

(播放录像)

我说了今天是个感恩的讲座,感恩南艺对我们解放军艺术学院的支持帮助。这首歌叫《'O sole mio》(《我的太阳》)。南艺,是我心中的太阳,《'O sole mio》!

(播放录像)

最后我想说几句话,关于我声乐教学的理念。我想,把一个平凡的事做到极致就算了不起了,这是一点个人感受。能把一首歌的风格、味道、音准、节奏……一切都弄通畅,情感当先,把细节做到极致就是绝招,没有什么特别难的东西。舞台上拼了几十年拼到最后还是文化,所以歌唱家要提高文化水平,要交朋友,每天增加自己的学识。歌唱教学最后的手段是在舞台上,而不是在课堂里。我每年为部队演出300多场,为一个人歌唱和为一万人歌唱都是一样努力。在我教学的20年里,我天天带着学生找舞台。我相信在舞台上才能练出真正的艺术家,在战场上才能练出真正的战士。我还认为声音要不拘一格,一个歌唱家声音有明有暗才好听,有大有小才中听,不能是一种声音。我反对一个劲地唱,我喜欢的、追求的是人性化的歌唱。演唱者要调动一切手段一切办法表现歌中人物情感,而不是表现自己。当演唱者把一首歌变成自己血管里的血、身上的肉那就成功了,在观众面前敞开心扉燃烧自己、忘掉自己。声音训练的终端感觉是这样,即凡是从我心里流淌出来的声音都是圆的、甜的、动人心弦的。首先要欣赏自己,要自信。最后谈谈我感受最深的,不做声音的奴隶,要做自己的主人。我现在为大家演唱一首歌,祝福南艺在今后的事业中取得更辉煌的胜利。这首歌是南京军区文化部部长沈亚威作曲、沈西蒙作词的,他们两位都作古了。在我心里他们都是大家。送上《打个胜仗笑哈哈》。

刘伟冬:今天晚上李双江先生用他的热情燃烧了我们,用他美丽的歌声和我们一起度过了一个美丽的晚上,他的健康就是我们大家的幸福。让我们以掌声再次表示感谢!

李双江 1939年生于黑龙江省哈尔滨。著名男高音歌唱家,声乐教育家,从事声乐表演与教育工作。演唱的代表性歌曲有《北京颂歌》《我爱五指山,我爱万泉河》《党的阳光照耀祖国》《拉着骆驼送军粮》等。

谁是"顾恺之"？
——明代后期鉴藏家关于六朝绘画知识的生成与作用

主讲人：尹吉男

时间：2015年11月27日
地点：南京艺术学院图书馆报告厅
讲座主持：南京艺术学院人文学院　李安源

对于我们来说，研究早期艺术历史的复杂性也许比讨论某个画家的真实性的历史更具延伸意义。顾恺之本身的"半人半仙"的性质已被巫鸿教授所指出，作为文化史的塑造顾恺之的过程实际上比"顾恺之"创造艺术品的过程更加复杂。神话化的顾恺之和生成顾恺之的神话过程自然紧密地交织在一起，彼此互动。关于"顾恺之的艺术史"也可以理解为"顾恺之的神话所覆盖的艺术史"。我们首先要从今天的顾恺之概念出发，确定顾恺之所代表的意义在精神上的复杂性和多义性。

关于顾恺之的文学性的写作是由南朝的刘义庆完成的，历史性的写作是由唐朝的房玄龄等历史写作者完成的，关于他的艺术史的写作则是由唐朝的艺术史家张彦远完成的。这是三个文本意义的"顾恺之"。张彦远的写作混合了文学意义的"顾恺之"和历史意义的"顾恺之"，同时张彦远也给了我们"作为'传神论'的阐释者的顾恺之"的概念。实际上，张彦远给我们描述的艺术史意义上的顾恺之还是无法支持复杂的当代学术讨论。张彦远所记录的大多数六朝时期的古画，对我们来说都是无法复原的文化想象。张彦远似乎没有描述古画内容和样式的习惯，他的热情在于转述他所能看到的历史文献，并给出简要的定论。

宋代的宫廷收藏和私家收藏已经与唐代裴孝源和张彦远所记录的藏品出现了部分的断裂。宋朝的鉴藏家已经很难见到顾恺之的真迹，因此从作品的角度已经无法准确地建立顾恺之的概念。李公麟自然是一个更具体的现实精神载体,当时人们认为李公麟是吴道子的当代继承人;同样,宋人和唐人已经认为吴道子是顾恺之的继承人。强烈地体现在帝王世系关系和宗法关系中的正统观在艺术史的序列中依旧运行。这是宋朝人所认为的"近不及古"的人物画的正统观,而"古不及近"的山水画的正统观也在形成之中。到了董其昌的时代,山水画的正统观也基本完成。

南朝人和唐朝人在文学和历史的写作中构造了文字的"顾恺之",而宋朝人在艺术品的记录和鉴藏中构造了绘画作品的"顾恺之"。这两种"顾恺之"的有力重叠,使得明末清初的鉴藏家的收藏有了更为明确的方向。现在归名于顾恺之的三件作品从文献记载来看都出现在宋代。《女史箴图》见于米芾《画史》和北宋官修的《宣和画谱》;《列女传》见于《画史》;《洛神赋图》见于南宋王铚《雪溪集》。依照古史辨派的否定性的逻辑,仅凭这一点就足以瓦解由绘画作品所建构的现在的顾恺之概念。

张彦远所构筑的顾恺之概念与后来归名于顾恺之的作品的重叠才能产生相对实在的关于六朝绘画的有效知识。从宋代到明代正是这个过程。由于印刷术的广泛使用和古书收藏热潮的推动,早期绘画史籍和绘画品评著作很容易被读到。可以肯定地说,在明代,文人通过先朝流传下来的古籍刊本和抄本,特别是刻印的丛书来了解六朝的书画家及其相关知识。唐朝官修的六朝正史和《世说新语》在明代都是很容易读到的书籍。谢赫的《古画品录》、张彦远的《历代名画记》、裴孝源的《贞观公私画史》、米芾的《画史》、北宋官修的《宣和画谱》、汤垕的《画鉴》等,这个文献系统对明代鉴藏家建构六朝绘画的基本概念具有重要作用。由于历史和画学书籍的流通,文字里的六朝绘画知识要比古画摹本所呈现的六朝绘画知识传播的范围更广泛。

以元末明初的陶宗仪为例,可以清楚地看出古代绘画文献对他的影响。他在《南村辍耕录》卷之十八"叙画"一节,摘引了几本重要的绘画典籍,其中包括唐代张彦远的《历代名画记》,宋代郭若虚的《图画见闻志》、邓椿的《画继》、无名氏的《画继补遗》、陈德辉的《续画记》、赵希鹄的《洞天清禄集》,元代汤垕的《画鉴》、夏文彦的《图绘宝鉴》;并在文中提到《宣和画谱》。这几乎是今天学习中国绘画史的学生的古籍参考书目。王世贞所刊刻的《王氏书画苑》,毛晋所刊刻的《津逮秘书》,詹景凤所刊刻的《詹氏书画苑补益》,使得明末清初的文人更容易读到上述绘画典籍。

在明代能够称得上鉴藏家的人并不多。他们集中于明代的苏州府、松江府和嘉兴府这三个彼此邻接的区域。嘉兴是鉴藏家更为密集的地区,项元汴（1525—1590年）、李日华（1565—1635年）、郁逢庆（17世纪）都是嘉兴人,汪砢玉（1587—1645年）虽然是徽州人,但他长期寄寓在嘉兴。太仓有王世贞、王世懋兄弟；长洲和吴县有文徵明（1470—1559年）和文彭文嘉父子、韩世能（1528—1598年）、张丑（1577—1643年）；华亭有何良俊（1506—1573年）、董其昌（1555—1636年）、陈继儒（1558—1639年）；上海有顾从义（1523—1588年）；无锡有华夏；詹景凤（1519—1600年）是休宁人,在江浙地区欣赏到不少古书画藏品。这一地区是私人鉴藏家高度集中的地区,鉴藏家之间的联系非常频繁。特别是华夏、韩世能和项元汴等人的古书画收藏品把这一地区的鉴藏家不同程度地联系在一起。对于后来艺术史和鉴藏史来说,这是一个文化权力密集的地区。

在王世贞的六朝古画的收藏品中,只有一件题名为史道硕的《八骏图》。他写有《晋史道硕八骏图记》,在考辨过程中,他提到了谢赫的《画品》、李嗣真的《续画品》、裴孝源的《贞观公私画史》、郭若虚的《图画见闻志》和北宋的《宣和画谱》。这些书正是王世贞所刊刻出版的绘画丛书《王氏画苑》中的主要古籍。王世贞并不认为它是史道硕的亲笔,并说:"今此卷无贞观小印,当是人间摹本。"王世贞、王世懋兄弟是否见过其他六朝画家的古画摹本,我们无从知道。

项元汴收藏过的东晋和六朝古画有顾恺之的《女史箴图》卷（大英博物馆）和张僧繇的《雪山红树图》轴（台北故宫）。项元汴在鉴定上的主要依据我们无法知道。项元汴与当时的书画收藏家华夏、文徵明和文嘉父子、汪继美和汪砢玉父子、陈继儒、李日华、董其昌都有密切的交往。项元汴把明代后期的鉴藏家评论了一番,完全否定了王世贞兄弟和顾从义兄弟的鉴定能力。他认为最好的鉴定家是詹景凤和他本人。

詹景凤所能看到的东晋和六朝古画摹本是当时的私人收藏家的藏品,他在《东图玄览编》里多次提到韩世能的藏品。根据现有的资料,韩世能家收藏的古画摹本有:曹弗兴《兵符图》、顾恺之《洛神赋图》《射雉图》《右军家园景》、张僧繇《五星二十八宿图》。

詹景凤在韩世能家见到过顾恺之的《洛神赋图》和曹不兴《山水》一轴,他还与郭亨之一起见过长安古董商手里的另一个顾恺之的《洛神赋图》的摹本。从詹景凤的题跋上看,他似乎还见过王世贞收藏的史道硕的《八骏图》。詹景凤在刘宫保子大家见到题为张僧繇的《观碑图》,并在《东图玄览编》卷一里提到一幅题名为顾恺之的《谢太傅东山》。詹景凤所具有的鉴定标准,看来是凭借绘画的笔法,在鉴定长安古董商手里的《洛神赋图》时,他依据"布置沙汀、树石、卉草,似唐以前法,而非五代北宋人手指,但石皴纯用刮铁,又似北宋人",断定"予以为非北宋人摹唐人本,即江都王绪之流粉本"。而且,詹景凤在题跋里提到"春蚕吐丝",这是元代的汤垕描述顾恺之时所用的词。无疑,"春蚕吐丝"这个描述对日后的安岐有一定的影响。安岐在著录《女史箴图》时同样使用了"春蚕吐丝"这个词。

何良俊、张丑都曾见过所谓顾恺之的《列女图》;韩世能、詹景凤、董其昌、张丑、汪珂玉都曾见过顾恺之的《洛神赋图》;严嵩(1480—1567年)和严世蕃(?—1565年)父子、顾从义、项元汴曾先后收藏过《女史箴图》,此图也曾经文嘉和董其昌过目。这三卷由宋代鉴藏家所建立的与东晋顾恺之相关的作品,实际上是三个卷轴画的"顾恺之",或者说,是三个收藏品的"顾恺之"。

尽管这一地区的鉴藏家具有相当的文化权力,但他们对构筑人物画的正统序列并没有新的贡献。很显然,人物画的正统序列在唐宋之际业已完成。而且这个正统序列在明代也只能是文字性的。明代的鉴藏家不断地复述这个由唐宋的书画史家和书画品评家已经建构好了的现成的知识。在明代鉴藏家的题跋中经常提到晋唐的书画"世不多见"。留给他们的任务也仅仅是利用早期画学文字的简要描述来"鉴定"六朝古画。他们普遍不习惯于利用文献进行绘画题材的考辨工作。尽管《贞观公私画史》和《历代名画记》是明代后期的鉴定家最容易读到的画学文献,但是没有一位鉴藏家对顾恺之是否画过《洛神赋图》《女史箴图》《列女传》提出明确的质疑。即使是博学的董其昌也没有出色的表现。只是到了清代有考据癖的孙星衍那里,才明确质疑《列女传仁智图》与顾恺之的联系。孙说:"见《贞观公私画史》及《历代名画记》,独不著录顾虎头画。"以藏品的方式流动的知识在鉴藏家当中更容易产生影响。藏品上的历代鉴藏家的题跋和印鉴浓缩了部分前人的经验和知识。

明代后期的鉴藏家对顾恺之是否画过《女史箴图》《列女传仁智图》和《洛神赋图》并不清楚。

从现存的文献看,顾恺之可能画过《列女传图》。理由有三:第一,刘向的《列女传》可以说是历史上流传最久的题材之一。从东汉一直到明清都有过相关创作。同时这一题材在六朝有很多画家画过。第二,顾恺之赞美过卫协画的七佛和大列女"伟而又情势"。第三,《历代名画记》记录顾恺之画过《阿谷处女图》,《阿谷处女图》的内容源于刘向《列女传·辩通传》,标题为

"阿谷处女"，与原标题完全相同。除了顾恺之外，史道硕、戴逵也画过《阿谷处女图》。实际上它属于《列女辩通图》的一部分，谢稚、濮道兴都画过《列女辩通图》。列女题材在中国历史上具有政治和社会的长期适用性。皇权与男权理念所设计的"女德"与"女教"不仅流行于汉魏六朝，也流行于宋明之际。

《洛神赋图》是晋明帝画过的题材。至少在唐代鉴藏家的记载里，六朝曾经有过这一题材。按徐邦达先生的梳理，顾恺之《洛神赋图》的传世摹本分别是故宫本、辽宁博物馆本和美国弗利尔美术馆本三件，仅存于记录的摹本有韩世能本、安岐本（有"明昌"印记）。此外无款或题作唐宋人画的《洛神赋图》的本子还有：1.陆探微《洛神赋图》白描本，今藏美国弗利尔美术馆。徐邦达认为是明清人所勾粉本。2.唐人画《洛神赋全图》，《石渠宝笈初编》卷三十五著录。3.李公麟白描《洛神图》一卷，《石渠宝笈续编》宁寿宫著录，乾隆皇帝题为《洛神赋》第三卷。总之，所谓顾恺之的各种摹本参与了明清鉴藏家关于六朝绘画的知识构成。韩世能、詹景凤、项元汴、董其昌、梁清标、安岐都卷入了这个过程中。

实际上，董其昌的注意力并不完全在《洛神赋图》上，虽然董其昌也赞美《洛神赋图》，说："顾长康画海内惟此卷与项氏《女史箴》，真名画之天球、赤刀也。"但是他是想用这幅画去与别人交换褚遂良的书法作品《西升经》。董其昌对晋唐书法作品特别看重。与《洛神赋图》具有精神联系的是由一系列重要书法家所书写的著名书法作品，这是许多明代后期鉴藏家关注的焦点。《洛神赋》是中国文学史上的名篇，更重要的是王献之写过《洛神赋》，也就是书法史里所说的《大令十三行》。王献之的十三行《洛神赋》摹本在明代有韩世能藏本和项元汴的藏本，文徵明家有李公麟摹本。董其昌多次写过题跋，将项元汴藏本刻于《戏鸿堂帖》中，并一再临摹。董其昌认为李公麟和赵孟頫都写过《洛神赋》。赵孟頫临写的《大令十三行》明代的詹景凤曾见过。现在我们知道的赵孟頫所写的小楷书《洛神赋》有以下几个本子：

1.大德三年（1299年）书与俞子甲。清道光时真迹在吴荣光家，今已不存。

2.大德四年（1300年）为盛逸民书真迹本。天津艺术博物馆。

3.延祐六年（1319年）张天雨所跋的真迹本。曾收藏于项元汴的天籁阁，后入清内府，最后归黄仲明手。有商务印书馆影印本。

曹植《洛神赋》的文化意义被历代书法家的作品叠加起来。所谓顾恺之的绘画与这个迭加过程联系在一起。曹植的赋、王献之的书法、顾恺之的画，这种三位一体组合关系自然是鉴藏家梦寐以求的。清代顾复在《平生壮观》中著录过一本《洛神图》，"上逐段楷书《洛神赋》，传为大令（王献之）。余亦定为虎头（顾恺之），尊文敏（董其昌）之说也"。这说明，董其昌的意见可以和后来任何所谓的顾恺之摹本发生混合性的关联。在明代支持顾恺之《洛神赋》存在的条件至少还有书法的基础。同样的情况也反映在《女史箴图》上，项元汴就认为该图上的楷书是顾恺之写的。而按董其昌的意见，《女史箴图》上的题字是王献之写的。

董其昌对《大令十三行》的历史源流仿佛了如指掌，但对《洛神赋图》和《女史箴图》所知甚少。这种情况并非董其昌所独有，而是明代后期鉴藏家的普遍状况。宋元时期刊刻或手录的古书、晋唐书法作品和五代北宋直至元代的文人山水画是当时的鉴藏家收藏的重点。

《女史箴图》与顾恺之的联系，是最不容易找到早期文献材料和间接证据的。这不仅是由于唐代文献中缺乏顾恺之画过《女史箴图》的记载，同时也由于唐代文献中缺乏六朝人物画家画过《女史箴图》的记载。不过，《历代名画记》的写作者的确有"重南轻北"的倾向，相比之下，书中记录的北朝画家数量少（13人对74人），作品少（只有杨子华、曹仲达有作品）。

《列女传仁智图》《女史箴图》和《洛神赋图》这三个古摹本自宋代以来以顾恺之的作品的名义在鉴藏家的收藏活动和品评过程中流动。它们有力地塑造了人们关于顾恺之及其六朝绘画的"知识"。这个"知识"在当代的艺术史研究和书画鉴定当中仍然具有影响力。至少我们今天还要以顾恺之和六朝绘画的名义来讨论《女史箴图》。

我们必须检讨一下作为文化史的"顾恺之概念"。我们今天所拥有的"顾恺之"概念可以大致归纳为如下几点：1."传神论"的理论阐释者。2.女性题材的卷轴画家。3.从事佛教题材绘画的壁画家。不过，作为后者的"顾恺之"概念由于东晋寺庙壁画的历史性的灭绝而成了空洞的符号。"女性题材的卷轴画家"这一概念是最为具体的，以三类主题的女性题材绘画作品为依托，是形象的顾恺之概念。

《列女传仁智图》和《女史箴图》都属于宋代郭若虚所分类的"观德"方面的人物画作品。它们之间有重叠性的故事题材，如"冯婕妤挡熊"、"班婕妤辞辇"。明代的丁云鹏和清代的金廷标都画过"冯婕妤挡熊"故事，即《冯媛当熊图》和《婕妤当熊图》（故宫博物院藏）。此类故事和绘画的基本理念仍然在明清社会中运行。明清历史里的真实的节妇烈女与古代知识及其信仰的互动关系已经远远地超出了鉴藏家的知识的影响力。许多妇女也许并不知道顾恺之，但她们也许知道刘向的《列女传》，以清朝人所写的《明史》为例，可以看出一些信息：

> 汤慧信，上海人。通《孝经》《列女传》，嫁华亭邓林。
> 江夏欧阳金贞者，父梧，授《孝经》《列女传》。
> 会稽范氏二女，幼好读书，并通《列女传》。
> 项氏女，秀水人。……精女工，解琴瑟，通《列女传》，事祖母继母极孝。

刘向的《列女传》在宋明之际被多次印行。明代嘉靖三十一年黄鲁曾刊刻了刘向《古列女传》七卷，还有明对溪书坊刊刻的《新镌增补全像评林古今列女传》八卷（汉·刘向撰，明·茅坤补，明·彭烊评），明刊本《列女传图》十六卷（汉刘向撰，明汪道昆辑，明仇英绘图）。明朝一直积极恢复宋代的礼教，特别是女教。

明仁孝文皇后（1360—1407年）是永乐皇帝的夫人，中山王徐达的长女，她经常读刘向的《列女传》，并写了《内训》一书。在明朝永乐年间，大臣谢缙（1369—1415年）等人就奉永乐皇帝之命编撰了《古今列女传》三卷发行于世。后来到了清朝，王相把汉代班昭（49—约120年）的《女诫》、唐代宋若华（？—820年）的《女论语》、明代仁孝文皇后的《内训》和王相的母亲刘氏的《女范捷录》合订起来叫作《女四书》，在社会上有着很大的影响。据陈东原的统计——"二十四史中的妇女，连《列女传》及其它传中附及，《元史》以上，没有及六十人的。《宋史》最多，只五十五人；《唐书》五十四人；《元史》竟达一百八十七人。《元史》是宋濂他们修的，明朝人提倡贞节，所以收罗的节烈较多，一方面他们的实录与志书，又多多少少地记载这些女人节烈的事，所以到清朝人修《明史》时，所发现的节烈传记，竟'不下万余人'，节掇其尤者，也还有三百零八人。"

上述情况不仅是明代列女节妇的文化背景，也是明代鉴藏家的文化背景。

但是，当《列女传》和《女史箴图》与社会的关系获得了"表现性的因果关系"的解释之后，我们怎样进一步解释《洛神赋图》在明代后期或此后的意义？《洛神赋图》与《列女传》之类的女性题材的作品具有某种矛盾性。《洛神赋图》没有道德说教功能，强调了男性对美丽多情的女性的不可企及的境界。它的核心是审美、欲望和怀想。这个主题有些接近于郭若虚所说的

"靡丽"类型的人物画。这两种不甚统一的"顾恺之"并没有被明代的鉴藏家注意到。

从李日华和其他鉴藏家的记录中,我们可以感到古代书画作为商品在当时社会上流动的频繁和迅速。长期拥有古画藏品的收藏家,如华夏、韩世能、项元汴等,都不是富于研究精神的艺术史学者和文献考据家。詹景凤、董其昌、李日华、陈继儒等人,都是在短时间内欣赏到一些六朝古画的摹本,真像古人所说的"云烟过眼"。这些古画摹本往往秘不示人,缺乏长时间的"公开性",使得许多研究者不能深入地参与其中。因此,我们无法要求明代后期的鉴藏家或文人具有清晰准确的六朝绘画的知识。

直到今天,还是有人把顾恺之当作一个不可分割的整体来讨论。今天这个统一的顾恺之是由三个文本的"顾恺之"和三个卷轴画的"顾恺之"在历史过程中合成的结果。在明代后期,鉴藏家们完成了这个合成工作,有力地构筑了当时乃至今天的六朝绘画的"知识"。实际上,这个被合成的"顾恺之"并不存在于东晋,而是存在于宋朝以来的历史过程中。

尹吉男 1958年生,辽宁丹东人。中央美术学院人文学院院长、中国美术史教授、博士生导师。研究方向为中国美术史与美术批评。代表著作有《后娘主义——近观中国当代文化与美术》《独自叩门》等。

玺印与中国古史研究

主讲人：孙慰祖

时间：2015 年 9 月 7 日
地点：南京艺术学院图书馆报告厅
讲座主持：南京艺术学院　刘伟冬

很荣幸有这样一个机会跟大家在一起交流。1962 年我爱上绘画，心中就立定一个志愿，将来报考南京艺术学院。十年动乱打碎了我的梦想，后来读的是中文系，和南艺没了缘分。今天是我第二次进南艺和同学们见面，有很多感触，我特别羡慕大家。刚才刘校长讲了一些发自肺腑的话，要爱护这个校园。我们当年无缘进入这个校园，所以觉得今天时代的年轻人很幸运。

学院给我出了这样一个题目，讲《玺印与中国古史研究》。我理解学院的意图，是希望通过这样一个角度，打开艺术院校同学认识艺术史的另一个窗口，看看艺术现象背后有什么样的历史内涵。对我来说是有顾虑的，因为这个题目不是艺术研究的方向，恐怕要讲的内容不一定符合大家的要求。所以先声明：假如出现这样的情况，欢迎离开去做更有意义的事情。

今天占用大家一点时间，谈玺印研究对于古史研究的意义。内容是这样五个方面：

一、中国印章的两重身份及其研究体系

二、关于印章自身的历史

三、从官印封泥文字看秦代官制与郡县

四、作为考古资料的印章——印学介入的必要性

五、文献的实证与辨误

讲得不对的地方，待会儿提问时间欢迎大家指出。

我是一个书法篆刻的爱好者，同时又对印学研究有兴趣，所以我对印章是从两个方向去认识的。一是从艺术的方向去欣赏、分析，另一个是从史学、文物学的角度去探讨、解读。作为印学史学科的研究来讲，我认为中国印章有两重身份，这在世界印章史上是很特殊的，所以我想先从这个问题讲起，作为引子。

一、中国印章的两重身份及其研究体系

　　中国印章不仅包括明清以来的文人篆刻。从商代晚期开始，一直到晚清，古玺印的发展一直是主线，这个阶段延续了将近三千年。中国印章和世界其他地区的印章不同之处在哪里呢？首先，中国玺印是一种制度之器。在其他几个古文明发展的区域，印章没有能够延续这么长的历史，很早就中断了，所以不像中国玺印的一套体系发育得这么成熟。其次，中国玺印深入到社会生活多个方面，社会治乱、政治兴革、经济盛衰、民族冲突与融合、文化风尚的变迁都在玺印上有不同程度的反映，这是中国玺印的价值核心。我们从历史文物角度来研究玺印，不但要阐述它自身的演变历史，而且要获取它背后的历史、文化信息。应该在这样两个方向上去展开，才能完整地解读中国印章。

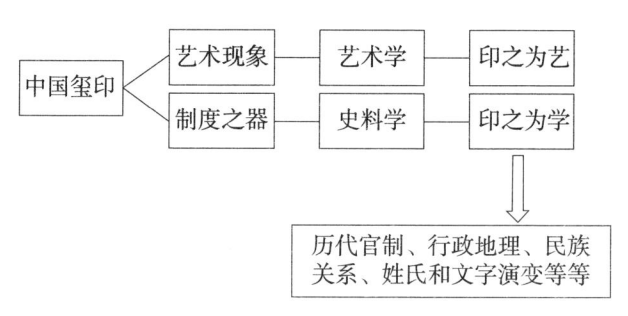

图1

　　我对中国印章的两重身份及其研究体系做了这样一个图表（图1）。作为艺术现象的印章，包括后来延伸出来的文人篆刻，发展为艺术学门类，古代没有这个概念，是后来形成的研究方向。第二个身份，作为制度之器，重点在史料学，在历史学、考古学的视野下，作为历史遗物来研究。今天的印学体系应该是这两个研究方向的汇合。

　　研究玺印和篆刻成为一门专学，有一个历史的过程。宋代开始的金石学

吸收了玺印这类文字遗物，作为保存和研究的对象，以考经证史的方法和归宿为特点，即通过传世文献来相互印证。一直到晚清以前，突破不大。原因在于还没有类型学方法的引入和现代考古学条件。50年代以后考古大规模开展起来，不断地有新的材料出现，有其他伴出器物的相互参证，带来了玺印断代的突破，不仅改写了印史，还促进了对玺印史料学的研究。印学研究不断拓展视野，发现价值。今天我们谈中国的印章，已经不是宋元明清的认识水平，甚至也不是30年前的观念，眼光有了根本性的颠覆。玺印多方面的学术价值，通过新的研究立场、研究方法，包括与其他学科研究成果的整合，能够把很多隐藏的信息阐发出来，又为其他学科提供了结论，这是今天印学发展的新情况。

二、关于印章自身的历史

接下来可以先谈一点有关印章自身历史研究的新成果。篆刻学与印学这两个概念是有区别的，后者包容前者，但两者都要搞清楚印章自身历史。其实，明代的一些印学论著已开始研究中国印章的历史。但旧金石学的方法，限制了研究的深入发展。我在10多年前接受布什基金会资助的项目——"中国印章三千年"课题的时候，就跟他们坦率讲：严格说来，我们目前还不具备比较科学地、完整地、准确地描述中国三千年印章史的条件。之所以我讲这个话，是因为这个领域起步太晚，关注不足，研究力量薄弱，问题还有很多。当然，近几十年印学界、文物界、古文字学界合力解决了很多盲区，文人篆刻与古玺印两块都有很大突破，有些缺环正在补上。我这里举几个例子。

第一个是中国印章起源的问题。这个问题讨论了几十年，好像很简单，实际上非常复杂。印学界、文物界、考古学界的不少专家都参与了讨论，众说不一，这个可能大家都知道。

我们在很多书上看到这三件东西（图2），黄濬编进《邺中片羽》，于省吾先生也编进《双剑誃古器物图录》里。罗福颐、沙孟海先生认为它们不是科学发掘的，难以确定时代。所以二位先生讲印史就只从战国讲起。近20年中很多学者对这三件东西做了具体研究，包括形制的研究、文字的释读，等等，"商代说"的意见渐渐接近。消除疑虑的突破口还是在考古学这里。

图2

1998年，先是在安阳殷墟出土了一件兽面纹铜玺。2009年殷墟103号墓又发现一件，同时出土的青铜器上面有与印文相同的铭文，研究表明墓主是一个贞人。贞人就是占卜刻甲骨文的专业人员，在当时属于上层。第三件出于祭祀坑，同出的青铜器上面也有和铜玺的一样的文字，印主无疑也是个贵族（图3）。这些显然都是表明印主身份的一种固定标志。"新三件"以考古出土实物证明商代晚期已经有了铜质印章。2009年，我曾提出从语言学角度看问题的意见，"旧三玺"中都有文字，这个文字可以确定是名词，那就与个体或者群体的认明有关，可以确认它是一种凭信。特定的图形也可以作认明标志（凭信），包山楚墓出土陶罐上的封泥（图4），印记就是一个兽形，与殷墟那件兽面纹玺的性质相同。至于印章的用途和使用方法，是逐步扩展的。这样，中国玺印的起源明确地追溯到了商代。这是考古资料解决玺印自

图3   图4

197

身历史的一个例子。

再看一个例子。我们发现过若干两个或者三个合起来的古玺，但大部分缺失一件或者两件，也有完整的三合玺印（图5）。根据印文可以确定这种形制主要流行于楚国，我们过去不能确定它的用意，当然也有合理推测。包山楚墓出土的竹简，留下这样的记载："梅麈在漾陵之三玺间御之典匱。"大意就是说梅麈的档案是用"三玺"封在漾陵典匱里的。结合形制，我们得以了解"三玺"的制度设计就是由三人各持其一。这样就揭示出战国时代已经形成了严密的凭信管理和使用方法，用不同的持印人互相牵制的制度管理重要的东西。我们也能由此可见印章在社会生活中的作用。这是依据考古资料来解答玺印制度与形制成因的例子。光在印章本身中去寻找答案，是无法解决问题的。

图5

关于印章自身历史的第二个问题，讲的是皇帝、帝后的玺印形态。中国印史上存在秦汉印章和隋唐以后印章这两个形态系统，两个系统中都存在等级界限，最高一层是帝、后印章，其下是百官印章。秦汉帝、后印的形态如何？明清帝玺的形态来源在哪里？这两个相关涉的问题长期模糊，没有人去作实证。研究过程中资料的联想很重要，这就需要掌握丰富的资料，掌握相关的文献。1968年陕西发现"皇后之玺"玉印，印面为2.8厘米见方（图6）。

图6

这件东西的重要性在于,它的尺寸大于一般汉官印(汉尺一寸为今2.3厘米),与清末出土封泥"皇帝信玺"的印迹大小相契合,这就证明皇帝和皇后印的大小规格另有标准,即汉尺一寸二;印体为白玉、螭钮,这也证实了《汉旧仪》的记载。由此我们认识到秦汉帝玺的形制,过去著录的"传国玺"是不可信的。以出土实物相互联结,又参证文献记载,就对问题形成了基本的认识。

但接着问题又来了。现存明清的帝玺大小都在11厘米以上,大于汉帝、后玺数倍,那么,前后两个系统的帝后玺是如何衔接的,是突变还是渐变?隋唐官印改制,改为大型官印,不再由官员个人佩戴,但是帝后玺的形态如何不清楚。但有两件出土资料却没有引起印学界的关注,一是北周的"天元皇太后玺",4.4厘米见方,已经大出汉制不少;另一件是十国前蜀皇帝王建的谥宝,约11厘米见方(图7)。两件玺宝正好连接了中间缺环,帝后玺宝

图7

系统的演变就合乎逻辑了:(1)印形变大从北朝开始;(2)唐代改制进一步增大,钮制形变为龙钮。为什么王建的谥宝可以证明这一点呢?前蜀皇帝王建原来是唐代禁军的首领,跟着唐僖宗一起逃到四川的,后来封为蜀王,最后自己立国称皇帝,所以他实行的制度沿袭唐代是带有必然性的。这个缺环连接以后,从唐一直到明清,整个帝、后玺印形态就呈现出合乎逻辑的演化(图8)。

我举这些例子,旨在说明,近几十年来印史研究的进展得益于多科学的整合,印史研究同样要重视考古资料,通过类型学方法的贯彻,来取得突破和深入。

五代十国

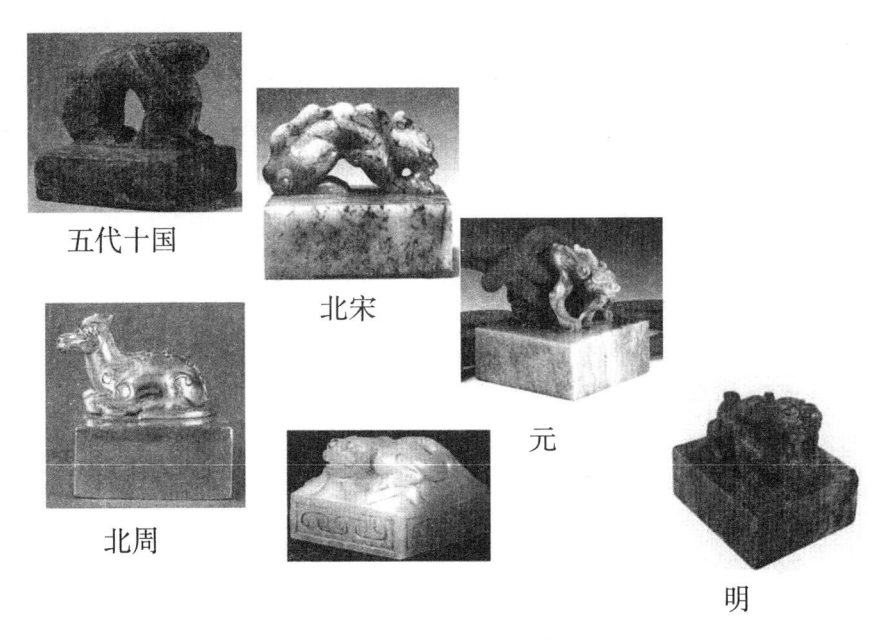

北宋

元

北周

明

图 8 唐—明玺宝形制演变序列

三、从官印封泥文字看秦代官制与郡县

今天的主题是玺印与中国古史研究，我们来看一看玺印文字对于我们研究秦代官制和郡县制度有哪些意义。

这是秦史研究的一个重要问题。基本资料是传世典籍和出土文字遗物。文物学、考古学主要是发现遗物、研究遗物，还原历史。玺印文字资料主要包括官印、私印和它们钤盖出来的封泥，两者在史料价值上是相同的。它和史籍有什么区别呢？有这样一个区别：史官记录下来的史书大多是追述性的，印文留下的就是当时的官制、地名，属于即时性的，也更准确。但地下出土遗物缺乏系统性，具有偶然性。所以两者需要互补。往往长期解决不了的问题，因为发现新资料而迎刃而解。这就是考古学和文物研究的一个重要的意义。

封泥是 20 世纪古文字资料的突破性发现之一，与甲骨文、简牍的发现一样。1990 年代中期以后，在西安相家巷村等秦代遗址陆续发现了 8000 多个秦代的封泥。我们知道，秦代官制只在《汉书·百官公卿表》里追记了一个框架，《史记》里面也有一些零星的记载，当然不完整。《百官公卿表》实际上也不是完整地记录汉代官制，班固自己说是"略表举大分"。所以过去研究秦代的制度怎么办呢？通过逆推，因为"汉承秦制"，由汉制推秦制。所以这批封泥的发现对秦汉历史研究是重大的资料突破。我梳理了一下，新发现了三百多种秦中央和地方职官，大大弥补了记载的缺失。这里列了一张表，仿宋体部分是已经知道的秦官，宋体的是过去未知的（表1）。我们现在对其中一些职官还不能认识它的职掌，就是说不知道是干什么的。所以封泥文字的发现带来了新的研究课题，它的价值不是现有文献可以替代的。

表1

太仆 （附中太仆）		御廄丞印　泰廄丞印　廄玺　廄丞之印　中廄丞印　中廄马府　马府　中廄廷府　右廄丞印　宫廄丞印　都廄　章廄印　小廄丞印　小廄将马　下廄丞印　车府丞印　中车府丞　中车丞印　寺车府印　寺车丞印　行车　行车官印　骑马丞印　上家马丞　下家马丞　泾下家马　代马丞印
廷尉	廷尉之印	
典客（大行令） （附典属国）	泰行	郡左邸印　郡右邸印　属邦之丞　属邦工丞　属邦工室
治粟内史		泰仓丞印　太仓丞印　斡都䣍丞　斡官　中斡官丞　铁官丞印　铁市丞印
少府 （附水衡都尉，诸宫、禁、苑官）	少府	少府丞印　书府　大府丞印　中府丞印 中官丞印　少府工丞　少府斡丞　泰官　太官　太官印　太官左中　右中飤室　寺工　寺工丞玺　寺工丞印　寺从丞印　铁兵工丞　佐戈丞印　佐弋之印　发弩之印　居室丞印　安居室丞　居室寺从　左司空丞　官司空印　官司空丞　右织　左织缦丞　涷布之丞　东园大匠　永巷丞印　御府之印　御府丞印　御府金府　御府器府　御府弩府　御府工室　御府阴园　御府行府　内者　宦者丞印　高章宦丞　北宫私丞　北宫干官　北宫御丞　北宫库丞　北宫工室　北宫工丞　北宫宦丞　北宫弋丞　特库之印　特库丞印　尚浴府印　尚浴　尚浴右般　浴禁丞印　尚卧　尚卧仓印　尚衣府印　尚佩府印　尚冠府印　尚帷中御　尚御弄虎　尚犬 御羞丞印　御羞行府　中羞　中羞府印　中羞丞印 章台　北宫　上林丞印　池室之印　母池　左云梦丞　右云梦丞　禁苑右监　咸阳禁丞　上林禁丞　宜春禁丞　圷禁丞印　平原禁印　庐山禁印　青㲵禁印阳陵禁丞　平阿禁印　阿阳禁印　突原禁苑　华阳禁丞　白水之苑　杜南苑丞　高栎苑丞　东苑　东苑丞印　鼎胡苑丞　平阳苑印　黄阳苑印　离园之印　桑林　麇圈

为什么秦代官制历来特别重视？主要是因为它奠定了汉以后两千年中央集权国家政治结构和官吏制度的基础。郡县制也是一样，唐以后设道、路，但州、县没有大的变化。所以秦汉制度是中国封建社会制度的基础。

我提出"封泥群"这样一个概念，是因为集中出土的封泥文字保存的官制和行政地理信息形成了一个系统。这些官制信息又可以使我们认识到秦代社会的一个侧面。比如说史籍记载秦的少府下面有"御府"，但我们从封泥中看到御府下又有"金府"、"器府"、"弩府"、"阴园"、"行府"等。"御府"本是管皇帝器用的机构，我们原来不知道"御府"下面的分工这么细。又如，少府下面有管衣服、管帽子、管佩物、管帷帐、管洗浴的；还有动物园，弄犬、弄虎、弄麋鹿的。《三辅黄图》里讲当时有三百多个皇家禁苑，现在名称保留下来的不多，封泥中却保存了不少。通过这些细节反映了秦的官制分工非常严密，是政治制度发展比较成熟的表现，同时也表明秦代的官廷服务系统特别发达。这些又使我们认识到秦的政治制度是在统一六国前后经过较长时间逐步完备起来的。

我们知道，郡县制是秦地方行政制度的重要设计，我们大概都知道秦代三十六郡的概念。官印、封泥中发现了若干前所未知的郡名（见表2），此前已有学者提出秦设郡的规则是以六为进数，这样，可以得出结论：秦在统一前后设郡是一个动态的过程，其间不断地有所调整，先后设立过的郡超出48个。

表2

印文所见秦郡（36） 仿宋体为近出秦简与 官印封泥中新见郡名。	内史 太原 南阳 衡山 临菑 河外	叁川 上党 颍川 九江 苍梧 巫黔	河内 潦东 四川 泰山 南海 酉川	上郡 恒山 （泗水） 城阳 浙江	汉中 邯郸 东晦（东海） 河间 江东	巴郡 东郡 清河 江南	蜀郡 琅邪 南郡 即墨 豫章
里耶简所见秦郡（8）	内史 庐江	河内 洞庭	巴郡	南郡	衡山	苍梧	
岳麓简所见秦郡（21）	内史 南阳 泰山	叁川 颍川 琅邪	河内 四川 庐江	泰原 南郡 九江	上党 恒山 苍梧	东郡 衡山 洞庭	河间 清河 江湖

官印封泥文字中的郡名是如何考定的呢？这就关系到印学的研究方法，我们来举例解读。

秦 琅左盐丞　　　　　秦 浙江都水

图 9

这两方印章文字、钮式风格是一致的（图9），表明是同时代的官印。证明甲是秦代，那么乙也属秦代。秦灭齐置琅琊，印文界格加蛇钮是秦印的形式，因此"浙江都水"也应是秦印无疑。"琅左盐丞"中这个"琅"，是琅琊郡的省称，在秦四字官印中，双音节地名省文规则是略去第二字。但秦汉有浙江郡，不见明确记载，前些年我们都误以《水经注》中"浙江水"来考释此印。我以印文为主要资料研究秦的郡官体系，确定"盐丞"、"都水"都是郡官而不是县官，所以推出"浙江"也是秦郡。但如果有史籍可以印证，结论会更扎实。《史记·高祖功臣侯者年表》中的这一条孤立信息长期没被注意：堂邑侯陈婴"自定东阳，为将，属项梁，为楚柱国。四岁，项羽死，属汉，定豫章、浙江，都浙"。想想，陈婴定浙江，不能指称一条水系，也不能以水系作为封地。上文中浙江是与豫章并称的，所以必是郡名。豫章入汉仍为郡，汉初有"庐江豫守"封泥，这个"豫"就是"豫章"的省称。"守"是太守的省称，也反证"豫"是郡名，这样就多出两个秦郡。这个考订过程，说明了封泥印文与史籍相互激活，获得了新的结论。

秦封泥中还有"江左盐丞"（图10），如上例，"江"一定是"江×"郡的省称，"盐丞"也是郡官。不久前，湖南大学岳麓

图 10

203

书院公布的新出秦简中，有一支简明确有"江东江南郡吏"的文字。秦江东郡、江南郡都是文献上未见的，这样又增加两郡。但封泥"江×"是江东还是江南？我们考知西汉会稽郡有盐官，设在浙江海盐，而海盐本是楚江东郡的旧地。这样一联系，可以推定秦灭楚后，仍以江东沿置为郡，后来并入会稽郡。那么，这件"江左盐丞"又透露了楚秦之际江东郡的存废。在秦史研究中，推定出一个郡有非常重要的意义。

通过上例，我们可以认识到研究印章史料的方法。所以很多行政地理变动在史籍中反映不完整，玺印封泥却把信息凝固下来了。又比如说，大量的秦县不见史籍记载，通过最近十多年来封泥和印章资料，发现了不少，可以看到汉代郡县确确实实建立在秦代设置的基础之上的。

四、作为考古资料的印章——印学介入的必要性

以上讲了考古学方法、出土资料对于印章研究的意义。然而，印学研究有它独特的方法和视角，印学介入考古学有其独特的优势。举几个例子。

图 11

今藏比利时、出土于越南中部的"胥浦候印"（图 11）介绍到中国来的时候，考古学者定为武帝时期。但在印学研究者眼中，它不是孤立的，与南越王墓出土的官印整合在一起的话，就可以揭示一个重要的史实。它和"景巷令印"的钮式和印文风格是相同的（图 12），两者印文中的"印"字末笔下垂较长，"印"字爪部是弯曲写法，秦的则是斜笔。这些微小的差异可以反映重要的地域风格、时代风格。"胥浦候印"不是武帝时期的，也不是秦印。"胥浦"在越南中部的清化省，是汉九真郡的治所。《地理志》说"九真郡，武帝元鼎六年开"，即公元前111年平定南越所立的九个郡之一。"候"

是郡的武官。那么一个结论就推导出来了：胥浦即是西汉南越国所建之郡。武帝所开九郡，只是将南越所有的地方收归中央，变为汉郡。考订这件印章时，我们重读《南越传》所说的"南越已平矣，遂以其地为南海、苍梧、郁林、合浦、交趾、九真、日南、珠厓、儋耳九郡"中的"遂以其地"四个字，正好印证了我的结论。这个胥浦郡，当是汉九真郡的前身。

再举朝鲜半岛出土封泥的研究为例（图13）。这些封泥出土于朝鲜大同江南岸汉郡遗址。朝鲜半岛长期没有文字，所以封泥是武帝建立朝鲜四郡后汉人吏民使用的遗物。

图12　景巷令印

图13

20世纪20年代以后，日本学者在朝鲜进行考古调查。平壤土城里出土的封泥总数超过200件。其文字特征说明，各县官印是中央制作后送到乐浪郡及其属县的。可见当时行政通道非常顺畅，管理效率很高。从封泥来源分布图上可以看到，当时设置了25个县，现在找到22个县的令、丞、尉官印封泥，均是各县随文书等送到郡府去的（图14）。封泥是动态的产物，它反映的是使用的过程，这个现象说明汉朝中央以及中央的派驻机构对朝鲜半岛的有效行政管辖，和内郡一样。同时还表明武帝设朝鲜四郡后，有一个很大的

205

图 14

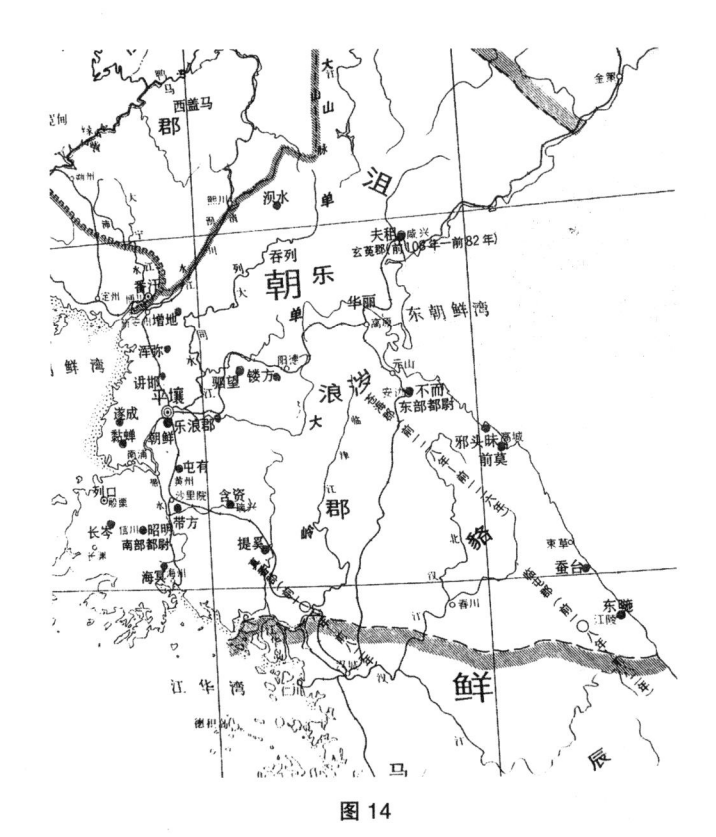

汉民群体,包括官吏、老百姓迁移到乐浪那里。这批封泥就是汉在朝鲜半岛建郡县、实行行政管辖的实物见证。

马王堆三号墓主的确定,印学研究结论成为其中的关键证据。

马王堆汉墓的发掘以后三十年,除了一号墓轪侯夫人,二号墓为轪侯利

图 15

苍,分别依据尸体、印章等条件确定身份之外,三号墓主人一直是个悬案,遂采取模糊的结论:"利豨的兄弟。"但这样说,等于否定了墓主是第二代轪侯利豨。为什么不是利豨,并没有证据。1990年我见到一本马王堆汉墓出国展的图录,上面的"轪侯家丞"封泥照片被长期忽略了(图15)。两个封泥一样吗?不一样,其中"家"不一样。再细看这个"丞"字末笔形态也不一样,A封泥有肥笔,保留着秦篆形态,比较早,与第一代轪侯封年相符合;而线条化的B比较晚,与第二代轪侯继位的时间即文帝末年大致相符。这是文字演变中的一个规则,可以从西汉印文演变序列上找到对应的坐标。两件家丞封泥的前后序次确定了,更为三号墓主被认定为第二代轪侯增加了一个论据支持。于是就一直思考,要了解清楚两种封泥出自哪个墓,还有没有其他文字佐证,才能进一步敲实结论。2002年我去湖南省博物馆,请他们把另一个同出的残封泥取出来,因为当时发掘报告写过"另有一个文字不同、残缺不全的封泥"。一拿出来,发现是这么个残泥(图16)。但我当时很兴

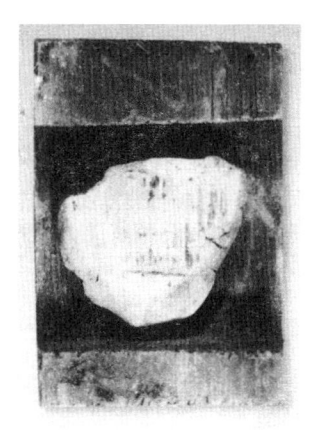

图16

奋,因为一看明显是个私印文字,而且可以复原释读。用铅笔描下来是这样,补出残缺笔画就是"利豨"两个字(图17)。我跟在场的保管员和副馆长陈松长讲,这个"利豨"既然是三号墓里出来的,不就是墓主吗?还有,刚才查实了两种"轪侯家丞"封泥出自一号墓,那就更符合逻辑,利苍夫人的葬事,由老轪侯的家丞料

图17

理，这就是 A 家丞封泥的来由；二代轪侯利豨当然也要参与，所以 B 家丞所封的物品即是利豨为他母亲随葬的。三号墓墓主的身份水落石出。

当时省馆的办公室主任问我：孙老师啊，这个结论太重要啦。但是我也有一个问题，利豨这个死人怎么还会给自己封东西呢？我说，你这个问题问得好。封泥确不是死人封的，但他生前封的别人不能开启，死后便随其入土。南越王墓也有先例，墓中有"帝印"、"赵眜"封泥，"赵眜"就是墓主自己的私印。除了以上的直接根据，三号墓的规格也符合列侯的身份，如大量兵器，几十种重要的帛书古籍、铭旌，《仪仗图》《行乐图》、两种地形图（《城邑图》和《长沙国南部地形图》），还有遣策上记录的"美人"、"才人"、"家吏"，这个配置都是与轪侯的身份相一致的。

那么，三十年来为什么一直不能解决呢？除了关键性证据被忽略以外，障碍在于出土木简上有葬于"十二年"的记载，与史书上所记载的利豨继位的时间是十五年不能衔接。我在研讨会上解释，简牍可能是抄错的，而且《史记》也有传抄甚至记载错了的可能性，但是印章一定不会错，是不是这个道理？可见印学的研究方法对于考古研究有特殊的意义。

印章看起来不过是一种工具性器物而已，但它很特殊。从官印来讲，它与一定的政治制度紧密联系，又与官吏制度相随而行。我们可以从印章中考察到某些政治关系与文化联系。日本的官印制度是唐代传过去的。先看东亚地区官印的简图（图 18）。从日本、朝鲜半岛、渤海国到唐，在从形制和

图 18

文字风格上一看就可以明了它们之间传播与模仿的关系,演变线索很清楚。唐的政治、经济制度和生产力发展在当时东亚地区处于先进的地位,周边民族效仿、引进唐的文化形成高潮。从日本官印模仿唐的形态,还可以进一步认识到日本并不是仅仅引进印章形态,而是整个官印制度以及唐的政治制度的移植。把印章的使用与社会发展和文化条件相互联系起来,会发现日本在5世纪开始使用文字,到7—8世纪初汉字书法的传播达到全盛。日本又派遣专使进入中国学习隋唐的文化,这个文化是一个广义的概念,大到政治制度,小到建筑、生活方式。从印章看,就是在日本引入唐的三省六部、地方郡国制的同时,作为行政作业工具一起引入的,两者不可分离。因为政治制度由官吏体系来维系,行政活动、推行政令过程中,社会的约定就是由印章来证实权利的合法性和真实性。我们看日本奈良时代的文牒、布告、租税、账本、户籍、地契等等,都完全照搬唐制,钤用官印。没有印章,行政活动几乎没法进行。日本的铜镜是模仿汉魏时代技术制作的,甚至早期的工匠也是由中国引进的,这类现象反映在生活方式或者器物技术的引入的层面。对于日本"大化改新"和律令制的推行来说,此中的"印章"是一个与国家政治体制变革相联系的特殊环节,凝聚了丰富的社会功能,是隋唐行政制度的物化形态之一,所以,它是一次"制度性的植入"而不是技术的传承和形态模仿。对于日本社会制度的变革来说,意义十分深远。

唐宋时期周边民族政权或方国都不同程度地引入了中原官印制度及其形态,在这一阶段由中原印章的传播而形成的区域性印章体系,我名之为东亚印系。这个印系以中原印制、形态为原生模式,包括西域、渤海国、朝鲜半岛、日本列岛和西南的南诏、大理先后形成的印制。后者是中原玺印的次生系统。

顺便谈一下印章在汉晋时期中原王朝与周边少数民族关系中的特殊地位。

两汉至两晋颁给周边民族和方国的一些官印,涉及族别有匈奴、胡、乌桓、鲜卑、高句丽、韩、濊、氐、羌、叟、滇、賨等族,这些官印的含义是什么呢?民族冲突和民族融合,是中国古代长期存在的问题。秦汉时期北方的一些少数民族经常侵扰中原郡县,除了抗击征伐,和平手段就是"羁縻政策",采取安抚、笼络或者接纳一些部族首领,互相修好,实现边境安宁和疆域拓展。也有一些部族希望取得庇护而归附汉晋中原王朝。"汉匈奴破卢长"中的"破卢长"表明受封印章的匈奴部族的首领是曾经帮助汉朝征战的。"魏乌桓率善佰长"是三国曹魏颁给位于北方的乌桓族部落首领的,"率善"表明与当地郡县保持和好的关系,"佰长"是少数民族的一个部落单位,更大的称"仟长"。其他"归义"、"保塞"等也都有不同的含义。同样是中原颁给的官印,有的冠以朝号如"汉"、"魏"、"晋",有的没有,如"南越中大夫"、"滇王之印"、"蛮夷侯印",后者表明中原王朝认同它们近于诸侯国的地位。所以,这些实物所反映的复杂关系和中原朝廷的不同应对,都是文献记载所不具备的。

五、文献的实证与辨误

玺印作为文字遗物,它的重要价值是证明史实、补充史实、纠正史籍讹误。印章是权信或者个人凭信物,刻错的一般就销毁。其文字的准确性高于文献记载。朝鲜大同江南岸贞柏里汉墓出土的这件银印(图19),首字为"夭","夭租"是地名,同时是朝鲜半岛濊族的一个族群。我们看《汉书·地理志》记载的是"夫租",说明史籍有误,夫、夭字形相近,传抄尤其容易错。这样的现象很多,江苏扬州,汉代官印里写作"杨州",后来"杨"字变成挑手旁了,也

图19

是字形很近,讹传久了积非成是。我把印章、封泥文字与《汉书·地理志》《后汉书·郡国志》记载地名变异整理出来一部分,可以发现印章文字带来了一个秦汉地名的原始母本。

荥阳丞印*(荥阳,河南郡)　　梴丞*　　　（挺,胶东国）
胡阳丞印*(湖阳,南阳郡)　　筥丞之印*　（莒,城阳国）
虖娄丞印*(雩娄,庐江郡)　　棘道右尉*　（棘道,犍为郡）
篓城丞印*(蓼城丞印,千乘郡) 存鄢左尉*　（邔鄢,犍为郡）
晥长之印*(晥,庐江郡)　　　犍为太守章*（犍为）
临菑丞印*(临淄,齐郡)　　　三绛尉印*　（三绛、三缝,越嶲郡）
劇魁侯相*(劇魁,北海郡)　　跋嶲太守章*（越嶲、越嶲郡）
夜丞之印*(掖,东莱郡)　　　甾令之印*　（甾,梁国）

弟其丞印*（不其，琅邪郡）	文阳丞印*（汶阳，鲁国）
赣揄令印*（赣榆，琅邪郡）	梁相之印章*（梁国）
临袁邑丞*（临原，琅邪郡）	胡令之印 （湖，京兆尹）

《汉书》记载了武帝平定西南夷时封"滇王王印"之事。兵临城下，滇王举国投降汉廷。武帝采取的方法是：以滇国地置为汉益州郡，派驻郡太守，又赐给滇王王印，令"复长其民"，就是仍然让他管部族臣民，这很像古代的"一国两制"。1956年在云南晋宁石寨山汉墓果然发现"滇王之印"金印，不仅证实史籍记载，又揭示了汉廷所赐是一方金印、蛇钮，这在史籍上并没有说明。于是，就和早年日本出土的东汉赐给倭奴国王的蛇钮金印可以串联起来，表明了汉中央政府给少数民族首领的封印，在西汉中期已经设定了一个形制体系。这背后的政治信息又是什么呢？就是至少在西汉以前，中原王朝已经实行羁縻政策，对新开拓的周边民族地区实行特殊的"双轨"管理。这即是证史和补史。

图20

再举两个例子。"方除长印"是传世的一方西汉印章（图20），《汉书·地理志》和《后汉书·郡国志》都不见"方除"县的记载，只有"方渠、除道"，似乎是两个县级行政区。在西安出土的秦封泥里面我发现一个"方渠除丞"（图21），证明在秦代它就是一个县，叫"方渠除"县或"方渠除道"，秦汉的"道"也是县级行政单位。今本《地理志》标点错了，把它分开了。回头再来看"方

图21

除长印"，是西汉晚期风格，表明就是个县。这样，封泥和印章与《汉书》联系起来证明了两点：（1）秦时县名为"方渠除"；（2）西汉曾设方渠除道，是少数民族地区，后来又改名为"方除"，把"渠"去掉了，这也符合汉县名多双音节词的趋向。这样，一个县（道）在秦汉时的沿革就被还原出来了。

图 22

另一个是有关官制的，我称之为"难解的印文与读不通的史书"。在90年代初我们收购了这样二方印章："岁宿申水为助中士五"（图22）。从它的锈色来看是一起出土的，两印存在关联，都有王莽官名"中士"。但怎么解读"岁宿申水为助"？没有这样的官名。今本《王莽传》里面有这么一段话："号将至曰'岁宿'，申水为'助将军'，右庚'刻木校尉'，前丙'耀金都尉'。"我80年代作《两汉官印汇考》的时候，对这句话一直没读通。我觉得这中间有错讹，但无校订依据。现在有了这方印章便豁然开朗，"号'将至'"的"至"一定是错的，如果释为"军"并重作句读，《汉书》与印文就全部贯通了而且互相得到印证，怎么读呢，"号'将军'曰'岁宿申水为助'将军右庚'刻木校尉'，前丙'耀金都尉'"，印文的本义即为"将军中士五"。王莽改制，就是复古好事，改名的思路很复杂，要追溯周代的制度，又要标新立异，还要贯彻五行学说，等等。那么他为什么把"将军"这个官名突然改成"岁宿申水为助"这么拗口的词呢？和五行说有关，公元23年昆明之战后，王莽军大败。王莽改汉为火德，自以土德代之。"申水"就是大水，按五行之说水克火，"岁宿"即岁星，是二十八宿之一，岁星所在可以伐人。他认为把"将军"改成这个名词以后，由"大水"来助他克灭对方的"火"，可以取胜。一段《汉书·王莽传》的讹文就纠正过来了。

我们作一个结论。古史研究，视野不应仅仅放在传世文献资料上。研究的深入，多学科方法的整合非常重要。印学研究的任务，不仅仅研究美学，研究艺术史，研究创作。印章的研究除了艺术的视野，还要打开历史的视野，这样我们就会真正发现方寸之中的另一种内涵和价值。这就是我今天讲座的主旨。

提问与回答

听众：孙老师您好，您刚才说的那个"方渠除丞"，后来在《地理志》分成两个县。我看您图片上打的文献记载，好像跟那方印章不太一样，"方除"，还是"方渠县"？

孙慰祖：是不一样。你这么一说提醒了我，要说明这方印章的识读应是上下为序二行来读。《地理志》方渠、除道分开了，是句读有误。

听众：孙老师好，"将军中士王诩"中那个"王诩"是不是个人名？如果是，那这方印算是官印还是私印？

孙慰祖：是人名。过去认为这类印是殉葬专用，将墓主生前官名和名字铸在一方印章上，等于为墓主记官记名，但是，我有另一个想法，王莽时一级官员的属官，员额不止一名，如每一大夫下置元士三人，一元士下有命士三人，最多的如执法，员额有数十之多。怎么分别，一是左、中、右、前、后，二是编号，甚至两者结合。如"司马中前士三"。这里的中士五，即是同样性质。本来西汉官制中，管什么事在官名中表达得很明确，管盐的叫盐丞，水丞、铁丞都明确得很，王莽把它改掉了。王莽时期出现后缀人名的官印，我很怀疑是为了互相区别，明确职责。现在还无法确切证实。王莽时期的改革，还有很多是出乎一般规则的。

听众：孙老师，我篆刻都是用冲刀法，从来不用切刀。那这对我以后的成长和发展是否会有影响，要不要用冲刀和切刀相结合，还是一直冲刀？

孙慰祖：这个问题我很感兴趣。印人是我的本来面貌。冲刀和切刀跟将来成就大小没有必然联系，它们只是表现的效果不一样。这对作品的风格会有一个界定。切刀倾向什么样的风格，冲刀倾向什么风格，这是毫无疑问的。工具和技法与个性风格有关，但与成就高低没有直接关系。风格的高下是综合的构成，刀法只是其中一个元素。换句话说，冲刀、切刀都可以形成很好的风格，比如吴让之冲刀，浙派用切刀，吴昌硕冲刀为主。你一贯用冲刀，不必改变，倒是要研究把冲刀的优势表现好。以我个人的经验，冲刀的自由度比切刀更大一点，但是它营造不出切刀那种效果。一种技法都有它的技术规定性。当然，必要时也可以两者有所结合，作为个人的尝试。但总以适合自己的个性为主。

听众：孙老师，有一方两个字叫"私府"。我想请教一下这方印章的历史，以及这"私府"是什么意思。

孙慰祖："私府"这方印章，不会是汉以后的。从中央一直到王国，都有"府"，就是管财物的机构，秦汉称为库、府两种。私府就是这样的机构，区别是：私府相对于国家财政而言，是帝室或诸侯王室的财物。在秦汉时代，国家财政与帝王私人财政已经有所分开，至少名义上如此，即大司农管国家财政，少府管帝室财政。诸侯王也有少府，有时也称"私府"。顾名思义就是管私人化的财物。

听众："私"是可以理解成中央和地方的区别么？

孙慰祖：还不是，秦中央也有私府，秦的"私府丞印"就是证明。

听众：孙老师，我问一个问题。我也是在大学里接触到书法和篆刻的，到了社会上，就很少有时间来关注这一块。昨天我得到这个消息，一定要来看一下孙老师，因为从高中的时候就一直关注您。所以我想问您，我们作为爱好者，怎么才能更好地去关注和传承这个东西。

孙慰祖：你说"传承"是指什么？是指传承篆刻艺术，还是作为印学研究？

听众：就是爱好者对印学的研究。

孙慰祖：我要告诉你，非常辛苦。你必须要有一个准备。起码你要做"两栖动物"，就是要一手拿刀，一手拿笔才行。你不拿刀的话，更艰苦。你看我讲的这些东西，要花去多少个日日夜夜。要统计数据、查史书、冥思苦想。所以，两手抓最好。说到传承，先把书法、篆刻学好。然后挤出时间多读点书，特别是从读印学的书开始，再去扩大读书范围，扩大到历史的、考古的、文物的，这样比较合理。如果书法篆刻艺术不入门，研究一下子很难进去。比如首先你要认识这个字，还要辨认字的具体区别，对这些细节，不搞篆刻、不写字，眼光的敏感度是不一样的。有一次我到外地开学术会，一方宋代的官印和一方唐代的官印，一位著名的学者说，我看是一样的。那我无法跟他讲，他没有具体深入地研究篆书风格，没有具体观察不同时期的细微差别，眼睛就存在着巨大的差异。所以，对这个感兴趣，首先应该把书法、篆刻学好，这是研究的基础。多读点书就会发现问题，逐步延伸到研究的领域。我非常欣赏你这样一种兴趣。我们现在跟古人相比读书不够。多读点书，我觉得才符合一个文人书法家、篆刻家的格局。

听众：孙老师，我平时刻印的时候，查《汉印分韵》，有的一千字有好几页。在挑字的时候，比如四个字，怎么能挑到组合在一起比较合适或者是美观。选字有没有一个审美标准？

孙慰祖：就是选字，是吧？我在上篆刻课的时候，每教一个班，三年时间，很多同学就不同程度处于这个痛苦之中。我发现往往最不应该选的字他偏偏选上。但是我想不出来什么办法可以使你一下子具备很高的取舍眼光。我只能跟你这样讲，（1）大原则是协调，怎么协调，如孙过庭《书谱》里讲的：一字乃终篇之准。第一个字你选定了，三个字结构、体态要跟它协调。（2）第一个字是不是选好了，又涉及审美标准。怎么解决？要老老实实地从正体的篆书开始写起。写到一定的程度，你篆书书法审美眼光就提高了。中国的书法篆刻很大程度上是依靠视觉经验，加上技术经验。视觉经验和技术经验两者相辅相成。缺乏视觉经验，就解决不了问题。理论原则只能讲统一和谐。这个协调也不是机械的，还有多样统一。多样统一也是协调的，但它包含更多样的元素在里面。作为初学者来讲，先讲协调更重要一些。我估计你的问题就在这里，是不是？学篆刻，对篆书训练不够重视，有些普遍性。但这对篆刻眼光、技法的提高是最大的"瓶颈"。没有后台支持，篆刻创作上不去。

孙慰祖 1953年生，上海人。上海博物馆研究员，长期研究中国篆刻史。代表作有《孙慰祖论印文稿》《两汉官印汇考》等。

江南文化与昆曲美学

主讲人：吴新雷

时间：2015年9月27日
地点：南京艺术学院图书馆报告厅
讲座主持：南京艺术学院艺术学研究所　张婷婷

很高兴能够和南京艺术学院的同学在一起，探讨江南文化与昆曲之美的关系。我们知道，昆曲原称昆山腔，发源于元朝末年江南苏州地区的昆山一带。明清以来，昆曲艺术以苏州府城为大本营流传到全国各地，盛极一时。众所周知，江南是一种文化符号、文化品牌，所谓山清水秀，人文荟萃，有着深厚的诗书礼乐、歌舞声艺的底蕴。在"杏花春雨江南"优越的地理、经济、人文环境中滋养出来的昆山腔和昆曲艺术，其戏声剧艺之美，足以令人陶醉！

今天我分两个部分来讲，先讲江南文化，再讲昆曲美学。

第一部分，先说说江南文化的历史渊源和地域特征。

（1）北京大学的老前辈刘师培教授在《南北学派不同论》中提出了"南北文学不同论"，讨论了文学和地域的关系。大家知道文学和地域的关系非常密切，新时期以来我们的文学有两个新的课题：一个是女性文学，一个是地域文学。我们把昆曲研究跟刘师培先生的观点挂钩，搞清楚文学和地域的关系，这是非常重要的。大家都知道，由于地域不同，文学的表现色彩便不一样。例如诗有南北，北为《诗经》，南为《楚辞》。又如曲分南北，北曲杂剧，南曲戏文。因为有了北曲杂剧，所以南方对应地叫作南曲戏文。昆曲本来没有什么南北之分，但自昆曲流传到北方以后，有人把它叫作北昆。因为有了北昆的称呼，江南的被叫作南昆，是为了对应北昆才叫作南昆的。

（2）民情风俗，方言各异，南蛮鴂舌，南腔北调。我们中国的戏曲品种特别丰富，有360多种，主要跟地方的风俗和方言有关。据《汉书·地理志》和《风俗通义序》论证，山川地理、民情风俗对文艺有深刻的影响。天象有寒有暖，地形有平有险，风土不同，人情便有差异，语音也不一样，叫作"言语歌讴异声，鼓舞动作殊形"。跳舞大家都会跳，但是北方跳的舞形和南方跳的舞形不一样。古人早就发现了这一点，这跟戏曲的形成有关系。古时交通阻隔，老死不相往来，又没有方便的交通工具，没有火车、轮船，因此千里不同风，百里不同俗，各个地方有各个地方的风俗习惯。风乃自然地理，俗乃人文地理，这便是中国戏曲有360多种的根源。

上古夏商周三朝，华夏文明主要发源于黄河领域，人文兴于北方，长江以南被称为蛮荒。《孟子·滕文公篇》嘲之为"南蛮鴃舌"。这个"鴃"是伯劳鸟，意思就是南蛮讲起话来像鸟叫，就像我的舌头讲普通话就讲不好。

南蛮鴃舌有什么生动的例子呢？方言各异，南腔北调，例如"北曲杂剧"四个字的读音，南方这四个字都是入声。江南的方言绕舌特别多，像鸟叫一样，入声字太多了，北方人都听不懂。北方没有入声，"平分阴阳，入派三声"，我们都知道普通话的"北"是上声，"曲"也是上声，"杂"是阳平，"剧"是去声。这是第一个例子。下面再举一个例子，古今音韵也有不同。例如唐柳宗元的《江雪》："千山鸟飞绝，万径人踪灭。孤舟蓑笠翁，独钓寒江雪。"绝、灭、雪是押入声韵，普通话里面是阳平、去声、上声，这就不能押韵了。而戏曲跟方言有密切的关系，是普通话不能代替的。

为什么要提到方言音韵和民情风俗问题？因为方言和声调是区别各个剧种的标志。有河南梆子，有湖北黄梅的采茶调，有秦腔，有广东粤剧，等等，地方戏的声腔不一样。不同的戏曲声腔，是基于方言不同的咬字吐音的差异而造成的。讲昆山腔必须知晓吴语音系，因为昆曲是在吴语区域兴起的；唱昆曲也必须知晓中州韵，为什么要知道中州韵？因为昆曲流行到全国各个地方以后，成为了全国性的剧种。昆曲不是地方戏，至今郴州有湖南省昆剧团，北京有北方昆曲剧院。昆曲的唱念用中州韵，全国观众才能听得懂。

（3）江南文化与吴文化。据《史记》卷三十一《吴太伯世家》记载，江南文化的始祖是泰伯。泰伯是中原部落周太王的长子，他为了让位给侄儿姬昌（开创周朝的周文王），主动流落到长江以南。当时江南荆蛮之地还处于氏族公社的原始状态，泰伯南奔，给江南"荒三千、蛮八百"的土地和原住民带来了中原地区先进的文化和农耕生产技术，促进了南北文化的交流，得到南蛮百姓的拥戴。孔子在《论语·泰伯篇》中，高度推崇了泰伯谦让的美德。泰伯二十一世孙吴王阖闾统治时，命伍子胥筑姑苏城，这是吴文化的源头。(明代昆山人梁辰鱼首创的昆曲剧本《浣纱记》,写了吴王夫差和范蠡、西施的故事。)

(4)江南的地域概念和吴语区的范围。江南的地域概念有各种不同的理解,清初顺治康熙年间设有江南省(包括江苏和安徽),但文化地域的概念和方言区的范围都不能以行政区来解释。

古代江南有楚文化和吴文化的分野。长江中游也有江南,是楚文化,我们今天的江南文化是指吴文化。自东吴东晋至唐宋元明清,江南的文化地域概念是指长江下游包括太湖流域和长江三角洲地区。当中原大乱时,晋室南渡,北人避五胡之乱,随王、谢等世家大族纷纷渡到江南来,民族大迁移,民族大融合,江南文化获得了繁荣昌盛的发展时机。六朝时以都城建康(今南京)为核心区,唐宋元明清以来以鱼米之乡苏杭为核心区。大家知道上有天堂,下有苏杭,这是指江南文化吴语区的范围,因此唐宋元明清以来的江南文化以苏杭为核心地区。

吴语区的范围,主要核心区在苏南浙北。吴语区的范围不是我说的,是有科学的划分依据的。中国社科院编的《中国语言地图集》将历史上的全国语言区分为十区:官话区、吴语区、粤语区等。从语言学的角度来考察,吴语区涵盖今江苏东南部、上海和杭、嘉、湖、温(永)、甬、金(金华)等浙江大部分地区,这是南昆的流行之地。

(5)从江南到全国(南北交流)。江南优雅的风物、富庶的田园、温润的气象造就了吴文化清柔、婉约、细腻的美学风格,也造就了这种文化动人的美感,引起了诗人们无限的向往,诗人们遥望江南,魂牵梦萦。唐宋词牌中有一阕【望江南】,又名【梦江南】、【忆江南】、【江南好】。唐代白居易说:"江南好,风景旧曾谙。日出江花红胜火,春来江水绿如蓝,能不忆江南!"宋代苏东坡的【满庭芳】说:"江南好,千钟美酒,一曲满庭芳!"元代虞集【风入松】"杏花春雨江南"更是脍炙人口的名句,你们想想:"杏花春雨,乍晴乍雨杏花天!"春季里大多数人讲梅花、桃花,但是诗人艺术家不一样,便讲珍品杏花!因为我今天是在南京艺术学院讲课,就想到了美术大师徐悲鸿先生曾经书写过的一副对联,上联是"白马秋风塞上",下联是"杏花春雨江南",这形象地对比了南北文化不同的景色氛围!你们看看,杏花对白马,春雨对秋风,江南对塞上,你们看,骑着白马在秋风里驰骋在北国的原野上,正好对着江南文化的"杏花春雨江南"。诗人艺术家用婉约柔美的杏花雨形容江南。在这样一种诗情画意的环境当中,在苏州府(平江路)五县之一的昆山地区产生了昆山腔;在吴中浓郁的文艺氛围中,以府城苏州为根据地发展了优美的昆曲艺术。吴侬（吴人的代称）以软语唱吴腔昆曲，轻柔婉转，动人耳目。昆山腔产生在这样的环境下，正如杏花春雨滋润了人们的心田！

昆伶苏籍化，吴中子弟成了昆伶的不二人选："填南词必须吴士，唱南曲必须吴儿"（梅鼎祚《长命缕记序》），"四方歌曲必宗吴门，不惜千里重货致之以教其伶伎"（徐树丕《识小录》）。这在文学作品中也有反映，例如曹雪芹在《红楼梦》中描摹的梨香院十二个昆曲女伶，就是从苏州觅来的。女性对昆曲的发展做出了重要贡献。江南先进的人本思潮突破了封建礼教的束缚，女观众群体得以涌现出来。

大家都知道，封建统治阶级曾发布禁令不许妇女看戏，封建家庭也有家训，不许女孩看戏。但是江南这个地方的思想开放得比较早，因为苏州地区首先有资本主义生产关系萌芽的产生，江南先进的人文主义思潮冲破了思想禁锢，主张思想解放，提倡男女平等、男女平权——男人可以看戏，女人也可以看戏。据专家统计，明清看昆戏的女孩子75%在江南，只有25%在北京、山东等地。明清时江南女性崛起的标志有两个：一个是看昆戏，一个是写诗词。这跟社会进步、思想解放有关。像"金陵十二钗"就是昆曲迷，女性代表人物是林妹妹，她们都是行家。《红楼梦》第二十三回"《西厢记》妙词通戏语，《牡丹亭》艳曲警芳心"中对此有精彩的描绘。王熙凤是个文盲，不会写字，但是看昆戏是行家，所谓"凤姐点戏，脂砚执笔"。王熙凤见多识广，会点各种各样的昆曲剧目。《浮生六记》中的女主人公芸娘，也是昆曲行家。

了解了江南文化跟昆曲的关系以后，有一句话非常重要，那就是：昆曲不是地方戏，而是全国性的剧种。自昆曲传播到全国各地后，全国各地都涌现了男、女观众群。昆伶也不必来自苏杭吴语区。从南京到安徽，从江西到广东、广西，到四川，各个地方都有昆班。有川昆，有湘昆，有晋昆，等等，各个地方都能够培养出当地的昆伶，把江南文化融入本地文化中来。有一个非常生动的例子。清代的昆曲大家李渔（《风筝误》是他的代表作），他家里有个昆班，到处跑。有一次从南京出发，经过扬州到了北京，到了山西平阳（临汾），当地有一个姓乔的贫民之女，只有13岁，是一个文盲，根本不识字，也不会写。但是她看到李渔家班演昆曲，高兴得不得了，就跟李渔讲："我也要学昆曲，不但要学唱，还要演。"李渔不相信她，你是山西人，而且不认识字，山西话能唱昆曲吗？女孩讲，你要教我，我肯定能学好。后来她因为特别爱好，半个月就把吴语和中州韵学会了，居然唱得很好，演得也很好，成了李渔家班的当家花旦。后来昆曲班子跑到了甘肃兰州（还从来没有昆曲班子去过那里），兰州又出了一个姓王的贫女，十二三岁光景，兰州本地人，不识字，也要学昆曲，狠下功夫，学得很好，这个女孩子后来居然出演女小生。乔、王搭档，一生一旦，成了李渔家班的双璧。

从昆伶苏籍化发展为昆曲演员全国化，从江南观众群发展为全国观众群，这是昆曲发展为全国性剧种的必然趋势。当今"北昆"、"湘昆"中，都涌现出了多才多艺的昆曲名家和群众性的热心观众，这正是南北文化交流融合的结果。例如北方昆曲剧院的杨凤一是山东青岛人，李淑君、刘静是山东济南人，丛兆桓是山东蓬莱人，侯少奎是河北饶阳人，魏春荣是北京人。因为南北的交流，所以江南文化跟北方文化已经得以融通。

第二部分，我们来讲昆曲美学。美学是什么？是一种艺术哲学。何谓昆曲美学呢？我认为：昆曲美学者，乃欣赏昆曲之美的艺术思维和审美理论。但因人们的思维方式不一样，观点论调不一样，会产生不同的看法，不可勉强，可以研讨，相互切磋。限于时间，今天暂提几点，跟大家讨论一下。

（1）南北文化的交流融合，南北曲合为双美。讲戏曲要讲声腔，声腔比较重要。昆山腔原本是南曲戏文的声腔，但经明代正德、嘉靖年间魏良辅革新后，吸收北曲，兼容并包，融合了南曲和北曲的优点，交融互补。

南曲的特征是五声音阶，1、2、3、5、6，唱词的四声平上去入俱全。如"停艇听笛"，停是平声，艇是上声，听是去声，笛是入声。南曲的风格婉转缠绵，如《浣纱记·寄子》【胜如花】，《长生殿·定情》【古轮台】。北曲的特征是七声音阶，1、2、3、4、5、6、7，有4、7两个半音。北曲没有入声，风格激越高亢，如《窦娥冤·斩娥》【正宫·端正好】："没来由犯王法，不提防遭刑宪。"

（2）唱腔细腻，调用水磨。南曲一字多腔，旋律极为丰富，例如《玉簪记·琴挑》【懒画眉】"月明云淡露华浓"，一个"华"字唱六拍，一个"浓"字唱到十拍。昆曲的唱词除了平仄押韵以外，每个字的声调都有相应的唱腔，基本上要运用十六种到二十多种唱腔，例如《牡丹亭·游园》【皂罗袍】："原来姹紫嫣红开遍，似这般都付与断井颓垣。良辰美景奈何天，赏心乐事谁家院！朝飞暮卷，云霞翠轩，雨丝风片，烟波画船，锦屏人忒看的这韶光贱！"其中"姹"、"遍"、"奈"、"片"等去声字唱豁腔，入声字"乐"、"的"唱断腔，上声字"卷"唱啋腔。此外还有擞腔、垫腔、橄榄腔（俗称宕三眼）等等。

为了风格多样化，昆曲剧本往往插用北曲套数或南北合套。例如《紫钗记·折柳》用北曲，《阳关》用南曲，《长生殿》的《酒楼》、《絮阁》用整套北

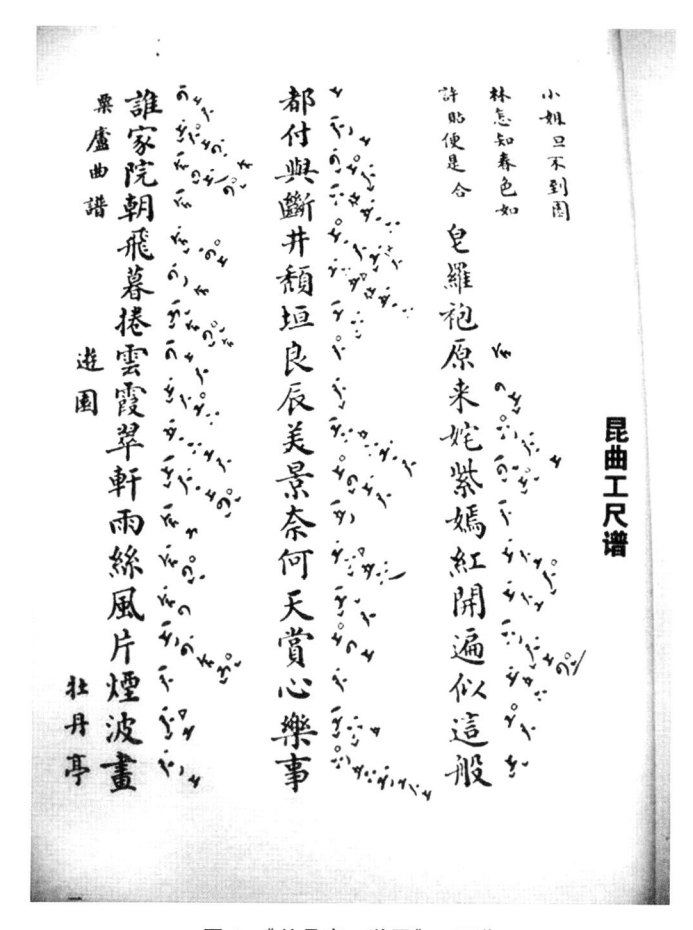

图1 《牡丹亭·游园》工尺谱

曲,《小宴惊变》用南北合套。这般多种多样的曲调组合,使得昆曲音乐抑扬顿挫,悦耳动听。

这里把昆曲工尺谱说一下:合四一上尺工凡六五乙,就是5671234567,节拍是一板三眼或一板一眼。

(3)韵白和苏白。昆曲作为全国性的剧种,为了让各地观众都能听懂,念白用中州韵(吴侬软语的中州韵),称为韵白,只有丑角和净角可用苏白。宋元以来,中州地区的语音成了天下通语,所以昆曲发展为全国性剧种以后,以中州韵为唱曲念白的基础音,但仍带有苏籍吴音的特性。例如《玉簪记·琴挑》里小生潘必正的念白。

(4)我们昆曲的表演了不起,它的表演艺术具有写意性、虚拟性、象征性、抒情性、民族性。昆剧的表演体系与西方歌剧、舞剧、话剧有明显的差异,其民族传统的特色是集四功(唱念做打)五法(手眼身法步)于一身,

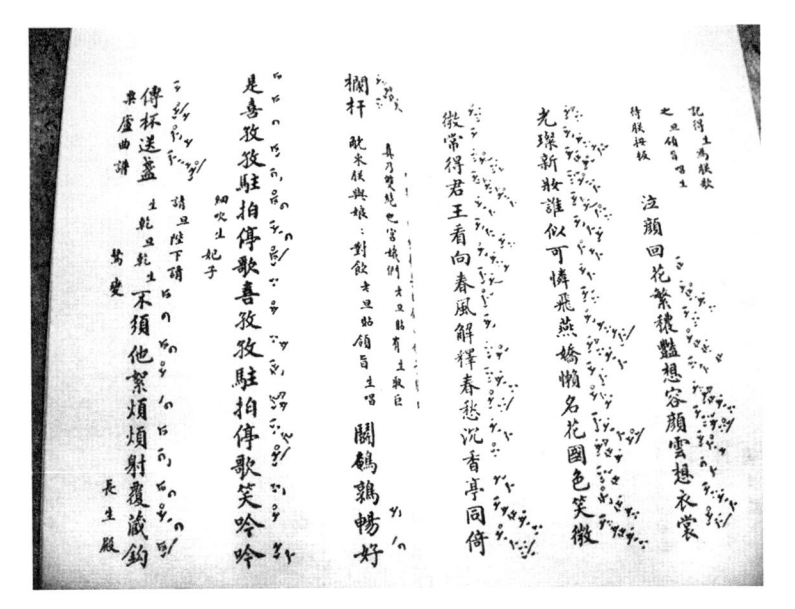

图2　昆曲工尺谱：《长生殿》中的南北合套，南曲《泣颜回》、北曲《斗鹌鹑》

形成了高度和谐统一的综合型演剧体系。特别是时空表现的自由性：西洋戏剧受到"三一律"（时间一致、地点一致、事件动作一致）的限制，而昆剧的舞台艺术不受时间和空间的束缚。

（5）审美意境文人化，艺术个性典雅化。昆腔源出于民间，它有通俗化市民性的一面，但自魏良辅改革旧腔以后，得到文人激赏，大批的文人积极参与，渗入了文人的审美情趣。我的师弟王永健教授在《昆曲与苏州》一文中指出，昆曲艺术的美学特性，可以概括为慢、细、软、雅。"慢"是节奏缓慢，我们平时生活太紧张，晚上回到家里，听听昆曲，听了以后，人的精神马上就好了。太快了不行，人的生活节奏要有快有慢。"细"是表演艺术十分精湛细腻，出神入化。"软"是指用吴侬软语，清柔的水磨调擅演缠绵悱恻的文戏，给人一种软而香的感觉。"雅"是指语言文采典雅，风格高雅，风韵清雅。2007年国庆期间，中央电视台文艺频道《文化访谈录》播出了于丹教授谈昆曲艺术的系列节目，共七集，极为精彩。

第三部分，白先勇先生的昆曲新美学。自2003年以来，白先勇先生为传承发扬昆曲艺术，大力动员海峡两岸的文化精英和苏州昆剧院精诚合作，共同打造了青春版《牡丹亭》和新版《玉簪记》，受到各地观众的热烈欢迎。为此，白先生多次演讲并发表了多篇论文。2009年12月17日，他还在北京大学百年纪念讲堂会议厅举办了"昆曲美学走向"的艺术研讨会。白先生在尊重传统美学规范的基础上，通过艺术实践，寻找并探索昆曲美学的新走

向。他将新的观念融入传统昆曲的美学范畴中,我根据白先生提出的理论,概括为几个要点:

(1) 古典为体,现代为用,既要有古典美,又要有现代感。

(2) 有关传统的唱腔和传统的演艺,力求原汁原味,做到正派、正宗、正统。

(3) 在演出方式上为适应现代观众的审美需求,必须拉近与新生代观众的距离。毕竟现代观众都是年轻人,要能让他们接受。所以一定要在整个舞台艺术上适应现代观众的审美观念,力求消除与21世纪观众的差距,在不妨碍昆剧表演的大前提下,可以适度发挥现代剧场灯光舞美的作用。明朝、清朝的昆曲舞台,一桌二椅,没有灯光效果,因为当时缺乏条件。现今有了物质条件,在不妨碍昆剧演唱的美学原则下,现代化的舞美可以适当运用。

(4) 在制作方向上,把传统与现代的因素,成功地磨合为有机的艺术整体。例如青春版《牡丹亭》以拿捏虚实之间的比例为最高美学原则,新版《玉簪记》的设计理念强调线条、简约,达到视觉美学的最佳效应。

在《玉簪记》里,白先生强调视觉美学,把昆曲、书法、水墨画融于一体,变成一组和谐的线条,这是对昆曲舞美的进一步探索。我根据他的论点概括为一句话:外在之美与内向之情的交流融合。这个情不仅指爱情,也指亲情、友情、爱国之情。

我们由江南文化讲到了昆山腔的来历,讲了昆曲的根本特性。随着南北文化交流,昆曲也成了全国性的剧种。我是搞考证的,每一句话都有来历。南北文化交流非常重要,现在是全球化时代,21世纪了,交通很发达。从南京到北京乘高铁只要四个钟头,到美国可以乘飞机,非常便捷。所以我们讲的昆曲,虽立足于江南文化,但也要看到它流传到全国各地后,又在南北各地生了根。昆曲源远流长,殊途同归。如今南北文化的交流已经开了花,结了果。今天我就讲到这里,如有讲得不对的地方欢迎批评指正。

吴新雷 1933年生,江苏江阴人。南京大学中文系教授、博士生导师,全国戏剧文化奖戏曲教学与研究终身成就奖获得者。主要研究中国戏曲史、宋元明清文学史、昆剧学和红学。代表著作有《中国戏曲史论》《中国昆剧大辞典》(主编)。

明清主要绘画流派鉴定述要

主讲人：萧平

时间：2015年10月21日
地点：南京艺术学院图书馆报告厅
讲座主持：南京艺术学院人文学院　李安源

今天的讲座涉及两个问题：第一，书画鉴定是怎么回事；第二，对于从明代一直延续到近代的所有绘画派别，该怎么认识、理解、鉴定他们的作品。

关于书画鉴赏，目前公认的有两种办法。一是目鉴，用眼睛辨别作品的真伪优劣；二是考据，考证作品是什么时期创作的，有没有相关记载显示发表、展览的记录，或者在个人著作中被提到。古代绘画作品多数见诸著录。著录是历代收藏家、鉴赏家为作品所做的档案文献。最近，为了庆祝故宫博物院成立九十周年，做了一个"石渠宝笈特展"。《石渠宝笈》是乾隆、嘉庆两代清朝皇帝对他们宫廷收藏历代书画作品最重要部分的著录文献。著录所及作品大部分都有乾隆或嘉庆的印章，甚至会盖多个印章，这实际上对画面有很大破坏。其中有一幅黄公望的《富春山居图》，后世称子明卷，乾隆皇帝在画上作了五十次题跋，幸亏这张画是假的，反而他命梁诗正书贬语其上的无用师卷是真迹。所以，历代著录甚至皇家著录中记载的作品都不能保证绝对是真迹，但大部分著录还是比较可信的。我们在考证的时候，对于这些著录内容也要去辨别。这是讲的考据。

我们今天主要讲目鉴。目鉴的差别太大了。一件作品，我看是一个状态，你们看是另一个状态。书画鉴定要练眼力，要看大量的真迹。鉴定时心里必须有一个标杆，就是这个艺术家的真迹，包括他若干个不同时期风格的真迹。拿鉴定对象去和心中的标杆比较，看看和心中所见作品是不是一样。有些艺术家早期的作品确实跟晚期的不一样，但个人艺术风格有一个慢慢发展变化的过程,其中有迹可循,所以我们对艺术家的作品要有全面的认识。要想练好眼力,首先要知道中国画发展的历史,中国画是怎么来的,怎么画的。中国画讲究笔墨,所以中国画的鉴定首先就要看笔墨,要知道什么是中国画的笔墨。每个时代的笔墨特性和风格都不相同,而且同一时代的不同派别不同,同一派别的每一个体也不同,要一一记住各个不同的笔墨,这太难了。可以先抓纲,然后再逐一了解每一个体,这是个基本的方法。比如说我们要了解某个时代的绘画,先看有哪些主要画派,这些画派的总体风格是什么;再看在这些主要画派中重要画家是谁,个体风格如何。这样慢慢延伸出去,就形成了一个纲,一本中国绘画史图像的纲。中国绘画史的文字记载是要去细读的,还要有一个图像的细目来加深了解。

下面把明清之际的主要绘画流派简单梳理一遍。明代早期第一个画派是浙派,主要代表人物是戴进,他是杭州人。以前我很纳闷浙派为什么会出现在浙江,我去过之后,发现那边的山全是大山,很适合斧劈皴的表现。浙派继承南宋山水画的画法,以斧劈皴为代表。南宋画家中有四个最出名的,号称刘李马夏,即刘松年、李唐、马远、夏圭。戴进早期曾进过明代宫廷,他使用大斧劈的画法,但有些作品也借用北宋的画法,所以他在浙派中是一个变化比较多的人。浙派的画家除了戴进,重要的还有吴伟,号小仙,性格狂放。他的作品跟戴进有相似又有不同,比较粗放,但又有细腻的地方。吴伟是湖北人,所以有人称他开创了浙派中的江夏派。浙派中还有张路,号平山,他的画也非常奔放。还有一些宫廷画家,如李在,画风相对严谨。从整体来讲,宫廷的欣赏趣味是偏俗的,宫廷画家大多数画风都细致严谨。浙派发展到后来愈加奔放,后期则一味狂放,渐渐失去了笔墨中严谨、细腻的东西。所以浙派的作品在艺术市场上,后期的价格相对比较低。浙派影响很大,甚至影响到日本。在日本被尊为画圣的雪舟等杨就受到浙派的影响,他的画在日本流传了很多年。这是讲的浙派,以大斧劈为画法的山水画派。

比浙派稍晚出现的,是苏州的吴门画派,代表人物有沈周、文徵明。沈周是吴门画派的鼻祖,文徵明是吴门画派的实际领袖,吴门画派的大部分成员是文徵明的儿子、侄子、学生等。这个画派产生之后,其影响大大超过浙派。文徵明是沈周的学生。同时代的唐寅跟仇英都不属于吴门画派,他们的老师是周成。周成完全学南宋院画,他的画法跟沈周不一样。按照董其昌的说法,就是南北之分,沈周属于南宗,周成属于北宗。唐寅也曾拜沈周为师,但他受到的影响主要在花鸟画上,山水画则受周成的影响。一个画派的风格特点也要看师承关系，这会在绘画作品的面貌中反映出来。文徵明笔下有粗纹和细纹的区别，粗纹是学吴仲圭和沈周，细纹是学元代的赵孟頫，细的这种，画得有点呆拙，不是很流利。中国画中用点是一个很重要的特点，又称为点胎。沈周点胎用秃笔，点得比较大，称之为胡椒点。画面的排布一定要自然，点在重要的地方。文徵明学他，但点比较小，叫梅花点，而且不是分散出现，是成组出现的。我们一般鉴定中国画要看笔性，即笔墨的性格。对于一个中国画家，一面考察其书法，一面考察其绘画的用笔，就会找到他的共同点，这就是笔性。其他东西可能会改变，这个东西很难改变，一旦成熟，会伴随终生。沈周和文徵明的绘画可以说是鉴定界最头疼的问题之一，他们的假画远远比浙派多。那个时代，家中张挂这两人的作品风行一时，是身份地位的象征，甚至到以此辨雅俗的地步。有他们的画就是雅人，没有就是俗人，到了这种程度，所以对他们绘画作品的需求量非常大。以至于文徵明家挂的画都买到过沈周的假画，这有真实记载。为什么会有这样的状态？沈周是一个忠厚长者，因为担心别人无法果腹，会出于同情在拿给他的假画上题字。到了文徵明的时代，他的应酬可能比沈周更多。那时的代笔者或造假者多产生在自己学生中。文徵明有个学生叫朱朗，造他的假画。如果不是很大的客户，文徵明会请他的学生代画一张，这都是有记载的。文徵明知道他的学生造假，他不以为怪。他还有个学生叫钱谷，家境贫困，有时文徵明会请他代笔，连他的朋友需要画的时候也经常去找钱谷代笔。在三百年前就是这样的状态，到现在可想而知。所以对吴门画派的作品，鉴定一定要严谨。在文徵明的子侄后学中，有几位名气很大。他的大儿子文鹏、二儿子文嘉都很有名。文人开始刻印就是文徵明的大儿子提倡的，他擅长刻章、书法，绘画只是简单的兰花、竹子之类。但是二儿子继承了文徵明，也是吴门画家，绘画以山水为主，风格比较简洁。侄子文伯仁则画得更细腻。后辈中还有一个很出名的画家，他的学生陈道复，以花鸟画闻名，他的早期山水画很像文徵明。吴门画派中隐藏着另一个画派，潜在的花鸟画派。从沈周的花鸟开始，影响最大的就是陈道复，一直往下延伸到清初，到扬州八怪和后来的海上画派。它流传的时间甚至超过了山水画派。这是明代早期的两个画派。

明代晚期，上海地区出现了董其昌。因为他是松江人，属于松江派。松江派中有支派苏松派，实际上董其昌是凌驾于苏松派之上的，一般我们并不把董其昌放在苏松派。苏松派另有发端人宋旭，他是浙江人，一直住在松江。他有两个弟子，一个是赵左，一个是沈士充，这两个都是董其昌的代笔人。所以在董其昌绘画的鉴定中，也有一个大难点，代笔的太多，造假的更多。董其昌是当时一个大官僚，官至礼部尚书，也是一个大鉴赏家、书画家，又是绘画理论的权威人物。在2007年金融危机那年，香港佳士得拍卖一本董其昌的册页——《书画小册》，价值上千万，我有幸看了。这个册页有个疑点：册页中包括董其昌六张字、六幅画，也有书名，但是没有盖一方图章。董其昌的画为什么不盖图章？这就讲到了中国绘画用印的问题。画家盖图章在宋代看不到，宋代大部分画家都不署名。李唐是署名的，但是署在石头缝中或是树根部位。明显在画面上盖章题字是在元代。宋代是藏款，元代则题字、盖印都很大。当然元代也有人不盖印，如倪瓒，只一张设色画有盖印。这是因为倪瓒的个性有洁癖，他的画百分之九十是水墨画。再往后就到了董其昌。董其昌自留的作品、传家的作品，往往不盖印。文献记载中并没有说董其昌不盖印的作品就好，但从多年的鉴赏经验看，他不盖印的作品一定是真迹。这些都是在鉴赏实践中慢慢摸到的规律。董其昌的真迹看起来既有画得很好的部分，又有画得不太好的部分，画中有些地方有道理，有些地方则会很稚拙。正是这样的画是有思想的画，有玩味的画，是隐藏着大智慧的画。徐邦达先生讲，你们要想看得懂中国画，就要先看得懂董其昌，看懂王原祁。如果没有看懂董其昌就没有入门。甚至可以说，董其昌的画开启了现代绘画。我们可以拿同一时代其他国家的绘画作比较。徐悲鸿与徐志摩有一次大争辩，关于对西方印象派绘画的认识。徐悲鸿先生对西方印象派评价很低，称他们为无耻画家；徐志摩不是很赞成，认为西方百分之八九十的人都非常喜爱，你怎能把他们称作无耻之徒。董其昌是同一时代在中国影响很大的一位画家，非常值得研究。这是明代晚期的最后一个画派及其代表人物。

明末清初，是一个王朝更迭的时代，这个时代在中国山水画史上是辉煌期，形成的绘画流派不得了。直接受到董其昌影响的，有四王，即王时敏、王鉴、王翚、王原祁，王时敏是王原祁的祖父。四王的画风笼罩着清代两百多年。王时敏是董其昌的学生，他的祖父是明代的宰相，他与董其昌同时在朝为官，所以他的孙子直接拜董其昌为师。但他的画跟董其昌有区别，他的画讲求平稳。他的画当然是文人画，在平稳中蕴有天性。王鉴的画不同于王时敏，对巨然的画很喜爱。四王的画总体来说秉承了董其昌的理念，师承南宗的绘画。北宋董、巨，再到元四家，这是他们直接师承的对象。王翚是常熟人，自小刻苦学画，是王时敏的学生。王时敏对他的这个学生评价非常高。这里面是有缘故的。王翚出身贫寒，对宋元诸家的描摹达到以假乱真的

227

境地，非常刻苦，但他在文化修养、文学修养、文人气质这方面比王时敏差不少。王时敏偏拿自己的短处与学生的长处相比，所以对学生称赞有加。我们对绘画要从不同的角度去看，不能仅仅从技巧的熟练与否去评判好坏。王原祁是一个创造性画家，他早期的作品像祖父，中晚期的作品开始形成自己的面貌，向董其昌靠近。他把董其昌不合理的个性，甚至是残缺，统统吸收进来变成自己的特点。他形容自己作画下笔如金刚杵，尤其是晚年的作品下笔的力度确实非常厉害。他作画讲究气韵，这是他的特点之一。他绘画上色，不是渲染，而是为了补气。晚期的画斑斑驳驳，有些甚至用泼彩，特别讲究画中之意，强调绘画自身的道理，而非模仿自然的道理，这是一种创造。用笔墨创造出画的特殊情境，这是从董其昌开始的，而由王原祁秉承下来。四王中实际上是两个画派，一个是王时敏和王原祁祖孙俩，还有一个是虞山画派，就是王翚和他的学生所形成的。

同时代还有一个有名的画家，叫恽寿平，常州人。他早期画山水，后来改画花鸟，开创常州画派。他自言学了北宋徐崇嗣的没骨花鸟，基本不用墨，用颜色画成。画得很清雅，虽则也艳丽，可说是既艳丽又清雅，充满文人气。常州画派从清初一直延续到民国，甚至当代很多画家还在学该画派。当年有很多女性把这种画法当作女红的方法不断演练。因此在常州画派中，女性画家占了相当的比例。

清初还有四个和尚画家，称四大画僧，即石溪、石涛、弘仁、八大山人。弘仁，安徽人，在安徽形成了新安画派。这个画派主要代表人物还有查士标、孙逸等。他们的画以山水为主，风格以枯笔为基调，强调枯和简，这样的画风对后人产生强烈影响。晚清的陈邃，可以说是在中国山水画史上使用枯笔最多的。枯简之风是明末清初很重要的风格。八大山人绘画风格偏纵放，绘水波山林时也从枯简中取了一部分，他行笔的变化在纵放与含蓄之间。石涛风格类似，他在六七十岁高龄时还俗，别号大涤子，这个称号与道家相关，后来定居扬州，影响到扬州八怪。

清代中期，在江苏扬州出现了扬州八怪，称扬州画派。该画派画家的实际人数算起来有10多个，这是个把文人绘画普及民间的画派，影响很大。扬州画派之后在江苏又出现了京江画派，有张夕庵、顾鹤庆、潘恭寿、潘思牧等，这些画家传承自吴门画派。清朝最后一个画派出现在上海，当时的上海属江苏。此派称海上画派，代表人物有虚谷、任伯年、吴昌硕和蒲华。其中吴昌硕影响较大，画风延及齐白石、潘天寿等人。海上画派把用刀的方法用到了笔上，用色大胆。

提问与回答

李安源：萧先生今晚主要为我们讲了明清时期主要绘画流派的鉴定方法，在短短一个半小时的时间里，萧老师如数家珍，侃侃而谈。萧先生之所以对明清时期的各个绘画流派、代表人物的风格、特点有如此精深的了解，究其原因，萧先生不只是一位研究美术史的学者，同时他也是一位画家，所以通过自身绘画经验的角度对历代绘画的用笔、用墨还是比较留心的，除此之外，萧先生还是一位大藏家。

听众：萧老师，您好！请问您最喜欢这其中的哪位画家？

萧平：这个问题很难讲，董其昌是我的最爱，我的最爱远不止一个，还有八大山人，这也是我的最爱之一。每一个时代都有杰出的人物、杰出的创作，会永久地触发我们的灵感以及我们喜悦的情感。作为鉴定家与艺术家不一样，艺术家可能有最爱，鉴赏家应该以最公正的眼光去看待。倘若没有这样的眼光，是不可能做鉴赏家的。

听众：萧老师，您好！您刚刚讲到董其昌的一些绘画或有一种稚拙的感觉，我个人感觉他的书法中也有这样的感觉，您如何看待？

萧平：董其昌书法中的"拙"有表现，但是更多的是表现在他的画中，他的书法，尤其是草书，还是非常隽秀的。拙，我们讲小孩，他画的画一定是拙的。你说这个拙是好吗，我们只能说是一种天趣，天真烂漫，很有意思，你不能说非常好。我们讲的这个拙，是画到精处时返璞归真的拙。这两种拙是有质的差别的。董其昌是一种有高度的拙。

听众：萧老师，您好！古人学画，学习的途径不像现在这么多，多数是跟着老师学，看一些前人的作品，慢慢形成了流派。当下来说，我们学习的途径很多，是不是慢慢地就没有了画派、流派或学派形成的环境。当下画家画的可能是博采众家之长，各自形成风格。对于书画的发展而言，个人的影响力肯定不及一个流派，对于当下的艺术发展和鉴定来说，这是好事还是坏事？

萧平：以前古代绘画流派的形成正如你所讲，是受了当时条件的限制。那个时候的学艺者，能够遇到一位好的老师是一件万幸的事情，他能够学到本领，形成风格。当下资讯非常发达，学习的途径非常多，对年轻人来讲有相当的吸引力。我认为有好有坏。他没有主张，尤其在年轻时，会失去方向。从鉴定角度来讲，我们对今天一些绘画作品的鉴定，跟我们对传统的鉴定，会有不同的眼光。因为一些中西合璧的作品，用传统的眼光一定出问题。因此，要因画制宜。如果你要鉴定现代画，你必须要了解现代画家、现代背景。鉴定也要跟随时代的变化而变化。所以很难说是好是坏。

萧平 1942年生，江苏扬州人。江苏省国画院一级美术师，主要研究领域为书画鉴定及中国美术史研究。代表著作有《龚贤研究》《倪云林研究》《陈淳》等。

国学与人生

主讲人：徐小跃

时间：2015年11月12日
地点：南京艺术学院图书馆报告厅
讲座主持：南京艺术学院人文学院　李安源

非常高兴能够来到南艺和大家一起讨论国学和人生的问题，因为最荣幸的事情莫过于进入艺术的殿堂。在江苏这块土地上能够称为艺术殿堂的莫过于我们南艺。今天和大家聊"国学与人生"。那么什么叫"国学"？"国学"就是"国故之学"的简称，国就是中国，学就是学术思想，就是说过去的事，那连在一起就是"中国过去的学术思想"，简称国学。大家对国学一词熟悉又陌生，但是对另一种表述却是熟悉的，就是中国传统文化，说得通俗一点，国学就是中国传统文化。提到中国传统文化，每一个人脑海里都会跳出两个印象：第一个时间久远，第二个内容异常丰富。那么在如此久远的时间里创造的丰富的传统文化，我们在哪里能看到？我经常把这个问题用通俗的说法表示出来，叫"国学在哪里"，国学在哪里呢？在四个地方，就是"经史子集"。大家可能对"经史子集"这四个字听得不多，但是对一个词应该非常熟悉，叫《四库全书》。前几年我们看一个热播的电视剧叫《铁齿铜牙纪晓岚》，纪晓岚就是主修经史子集《四库全书》的。库就是仓库，人要住房子，书也要有地方放。古人根据不同内容、文化形式把这个书摆在不同地方。

第一个就是经，什么叫经？经典的经，作为大学生、研究生至少要知道经是一些什么样的书籍。所谓的经就是儒家最重要的典籍，有多少呢？一共有十三部，就叫《十三经》。我想大家可能最熟悉的就是四书五经：《大学》《论语》《中庸》《孟子》和"诗、书、礼、易、春秋"。

第二个叫史，就是历史。中华民族是世界上最重历史的民族。大家注意这个表述，最重不是之一。所以说在几千年的历史长河中中国创造了大量的不同体裁的历史性著作，比如说正史、野史、别史、纪事本末等。但是作为一个稍微有点素养的中国人起码要知道两司马的书：一个是司马迁的《史记》，一个是司马光的《资治通鉴》，因为这两部书代表了中国人记录历史最流行通用的体裁，即体例。《史记》叫纪传体，什么是纪传体？就是根据人的不同身份、不同地位、不同职业，把同一类人物合在一起写。比如说"本纪"就是把帝王都摆在一起写。而司马光的《资治通鉴》叫编年体，简单来说就是按照时间顺序来记录历史。

　　第三种叫子。什么叫子？诸子百家。经是儒家的，除了儒家我们还能讲出哪些呢？墨家、道家、法家、阴阳家、杂家、兵家、纵横家、小说家。诸子百家的书摆在子部，另外中国科学技术方面的书也摆在子部。再有大家都知道中国自创了一个宗教——道教，在西汉末年东汉初年传进来一个外来宗教叫佛教，道教佛教之书也放在子部。子部的量是非常大的。

　　最后就是集部，集是集中的集、集合的集。在座的各位对国学的了解主要就是从集部中来掌握的，在座的各位哪一位不会背首唐诗宋词呢！所以集部就是唐诗宋词元曲以及各时代的文论。现在我们知道了原来国学在这四个地方。"经史子集"形成它特殊的学问叫经学、史学、子学和文学。

　　要读懂这些古书，我们得有一个前提，就是识字。中国有专门的文字方面的学问包括训诂学、音韵学、版本学、文字学，中国古人对这些学问有一个统称，叫小学。今天你就知道了，国学在哪里呢？国学在这五个地方，经学、史学、子学、集学，外加小学。你懂了这个知识就不会轻易称呼哪位研究古代思想的专家为国学大师，你这样称呼他说明你不懂国学。我告诉大家一个事实，在目前中国和海外，所有研究汉学传统文化的没有一个称得上是国学大师。过去我们称季羡林为国学大师，季先生说"我不是国学大师"。你看看大师就是谦虚，实际上我告诉你季羡林他懂国学。今天的"国学大师"，你说谁能把这五学精通？懂得了这个知识还有个实际的用处，以后你们要是成为一个知名的人物，你的书橱摆什么书、你家里摆什么书，往你书橱里一看就知道你有没有档次。现在好多的干部也说学国学、学历史，但是往他书橱一看都是什么书呢？《康熙大帝》《雍正外传》《清宫秘史》《厚黑学大全》，一点也不上档次。所以我教同学们以后买几套书往你书橱一摆，档次立马上去了，第一套书叫《十三经注疏》，这就是经。历史来两套书：一套《二十五史》，一套《资治通鉴》，再买一套《诸子集成》。第四部分配几本

《楚辞》《唐诗》《宋词》《元曲》。今天你们来听讲座了,那国学在哪里呢?你们往书橱一指,国学在这里面,"经史子集"。

我们学国学学的什么,学它最重要最核心的。最重要最核心的是什么?大家都是搞文化搞艺术的,那我问你们什么叫文化?你们会说不同的老师不同的教授会有不同的定义。现在文化的定义不下一千种,但我告诉你我们中国古人怎么讲文化、讲文明。中国人有一个简单的道理,只要是人创造的一切东西都叫文化。这个文化分成两类:一类就是看得见摸得着的具体存在,那叫形而下者。如果再给这个形而下者一个概念就叫器,比如说茶杯、手表、麦克风叫器,器物的文化。那么在器之上的背后的更本质的东西,古人给它一个概念叫形而上者。什么叫形而上者呢?再给它一个概念叫道,所以你看中国古人讲文化是什么,文化就是器和道。每一个中国人谈到文化无不自豪地说我们有灿烂的文化。我们有四大发明:造纸术、火药、罗盘针、活字印刷术;我们有长城、都江堰、兵马俑等。但是古人眼里那都是形而下者的器物的文明,真正值得中国人自豪的恰恰就是背后的形而上者——道。被称为群经之首的《周易》就有这两句话:"形而上者谓之道,形而下者谓之器。"我认为艺术学院的老师和同学对这两句话一定知道,因为不管是音乐、绘画或其他艺术种类,你一定会通过具体的形式、样态表现出来。有形的、有声的、能感知的,但是它们要表征的是一种什么样的道呢?这是最重要、最见功夫的。那么道是什么?学艺术和文学的人可能都知道"文以载道"。那你知道什么叫道吗?道是无形的本质的抽象的,但你即便说出这些还没懂。各位同学你们记住,道是从下往上逐渐上升的三个层次,第一个是思想,接着是精神,最高的是信仰,我们所表现的道里面一定要有思想、一定要有精神、一定要有信仰。所以你看我们的国学、我们的传统文化,古人告诉我们要"思以其道易天下",就是说我们所有的思想家都要思考如何用他们的道改变天下。这个意思虽然简单,但是有两个概念你至少要懂。第一个概念是道,第二个是天下,道就是思想信仰,那什么是天下呢?把天下都改变掉,中国古人气魄太大了。我们现在怎么理解天下,全世界都改变掉说明你中国不称霸?说不通啊。但是今天我告诉大家,中国古人在古代讲到天下,不是在地理空间概念上使用。天下不是一个空间概念,是一个文化概念。接下来我要问大家一个问题:"国家兴亡,匹夫有责",你们想过这句话的对错吗?你讲"我没想过,这句话没错啊,我们都这么说啊",但我今天告诉大家这句话说得不对,至少不符合古人的本意。古人说国家跟天下不是一个概念,国家建设好坏不应该把责任推给老百姓。比如说我们国家好多事情没做好,大气污染严重、打开电脑炒股整天一片绿、银行利率低、腐败现象严重,你讲"匹夫有责",这说得通吗?我今天跟大家讲一个理念,中国古人讲什么叫亡国、什么叫亡天下。古人说"易姓改号,谓之亡国",什么叫易姓?西汉东汉王朝姓刘,唐王朝姓李,宋王朝姓赵,明朝姓朱,清朝是爱新觉罗。"仁义充塞而至于率兽食人,人将相食,谓之亡天下。"这句话什么意思呢?我讲通俗点,这个国家的人民不讲仁也不讲义了,人与人之间像动物一样相食,这就是亡天下。

所以说"保国者,其君其臣肉食者谋之",国家做得好坏是吃肉的人谋划的,用现在话来说国家事务更多的是公务员的事情。"保天下者,匹夫之贱与有责焉耳矣",这整个一段话是谁说的呢?是我们江苏人顾炎武。如果各位参加一个竞赛问你"天下兴亡,匹夫有责"是谁讲的?你们不假思索地说顾炎武,主持人说"对了,加100分"。我今天跟你讲不是他说的,这个理念是顾炎武的,但这八个字是梁启超根据顾炎武上面原文概括出来的。我把顾炎武的原文再跟大家复述一遍:"易姓改号,谓之亡国。仁义充塞而至于率兽食人,人将相食,谓之亡天下。保国者,其君其臣肉食者谋之。保天下者,匹夫之贱与有责焉耳矣!"对这段古文做解释后,我们要有一个理念,所谓的国家就是最深层的最根本的文化灵魂,这个民族的精神所在,再通俗一点说就是世道人心。

我现在再跟大家说一个观点,能把道的文化表征体现、反映出来的在整个中国文化中有三家思想:一是儒家,二是道家,三是佛家。所以说我们学习了解国学主要就是了解这三家思想。知道这三家思想在中国古代的重要性吗?中国古代有两句话,在传统社会是妇孺皆知的。这两句话叫"天有三光日月星,人有三教儒道佛"。什么意思呢?天上有三个光源,一为太阳、为月亮、一为星辰。社会人间也有三个智慧之光,一为儒、一为道、一为佛。我经常讲中国传统文化主要的表现就是这三家,既然如此,就一定有这三家各自追求的终极目标。我们一般讲儒家是治世的。治理社会,要达到一个什么目标呢?达到它的安定。道家是干什么呢?是治身的。要达到什么目标呢?安康。佛教要达到什么目标呢?是治心的,安宁。所以对儒道佛提出三安的理论,叫世之安康、身之安定、心之安宁。我跟一个朋友结合对儒道佛三家和三安的概括总结了三句话"以儒治世求安康,以道治身求安定,以佛治心求安宁"。作为一个中国人,你要知道人生的幸福如何获得,这三安缺一不可。我说的第二句话是作为一个中国人是极其幸运的,为什么?世、身、心都可以安顿得好好的。但作为一个现代的中国人又很遗憾,怎么说呢？这么好的东西你居然不知道。

前几年大家知道，中央电视台记者没事拿着话筒大街小巷逮到人就采访，"你幸福吗"，有的人问急了就说"我不姓（幸）福，我姓曾"。当然这几年话题又有所改变，"你的梦想是什么"，然而我今天告诉你这两个问题的答案就是这三安，我喜欢讲这三句话。我讲儒道佛三安思想，并且特别强调人的幸福的标准就是同时实现这三安，那么以后你们不小心再被中央电视台记者采访问"人生幸福的标准是什么"，你就说所谓人生幸福就是同时实现世之安定、身之安康、心之安宁。我同样开一句玩笑，哪一天被采访到、被拍下来，你肯定会上头条，如果不上头条来找徐小跃。这个回答不得了，有历史有思想。

古人说"斯以其道易天下"，这个"易天下"就是和谐自然、和谐社会、净化人心、安顿生命、培植人格。儒道佛分别指向三安，这个境界很高。我说再通俗点，这个地方好不好啊？蛮好的，我想实现它、达到它。同学们，到一个好地方总是要有路啊！你要沿一条路才能去啊，如何到达目的地呢？中国古人说我给你指一条道路，这条路两个字，在座的南艺学生可能不比我们南大用得少，可能还会用得更多。这两个字是什么呢？"人文"。人文素养、人文关怀、人文精神，我们作为艺术家一定要有这个素养，是不是？同样作为群经之首的《周易》有这两句话："观乎天文，以察时变，观乎人文，以化成天下。"古人通过观察天上的日月星辰运转就可以知晓春夏秋冬四时的变化；而通过观察关注研究人文，你就可以实现变化成就天下。天下讲过了，就是达到五个目标，特别是世道人心的净化。讲到这里，我喜欢问一个问题："你听到这个时候最想了解什么。"听众总是要求作为主讲者要讲得精彩，但是作为老师对学生也有要求，学生要会听课啊，你不会听哪行啊！讲座讲到这里，你一定想知道什么叫人文，也许你觉得这还用讲啊，我们南艺天天讲人文，那可未必哦！你听了我讲的就知道了。

"文明以止，化成天下"。"文明以止，人文也"。翻译成现代汉语什么意思呢？就是归止、安止，安宁地待在一个地方。待在文明这个地方，那就是人文。所谓文明，把它归类出来并且按照人的主观目的呈现出来，这就是文明。而把这些乱七八糟的整理出来、把光明呈现出来，谁能做到呢？只有人，所以这叫人文。文明和人文一定是同时存在的。把杂乱无章的东西按照我们人的目的并按照客观规律呈现出来的就叫文明，能够完成这个任务的就是人，因此叫人文。讲到这里我又要引入另一个问题，每当徐老师讲到一个古人原话就要提醒大家引自哪里，我现在问大家《周易》是一本什么书呢？

中国人总讲《周易》是讲算命的书，预知未来的。《周易》所有的思想都在告诉你，一个人如果这样做你就会成功，如果那样做你就会失败，这就是预知未来。我这个人有一个特点，再深的东西喜欢用最通俗的语言表达出来。我跟我的学界同仁说，《周易》是一本看图说话的书，中国古书唯一一本有图画的，那就是《周易》。想问问大家知道《周易》有多少幅图画吗？64幅图。中国人讲"大道至简"，你们画画的知道，把复杂的东西用最简单的线条表示出来才是本事。中国人说我就用两根线条把整个宇宙社会人生画出来。一条是两个断的横杠，不要连起来，那叫阴爻。连在一起的那个叫阳爻。这两个东西是什么？古人讲两种功能、两种属性、两种能量，只要这两种东西一搭上，什么都可以表现。我从通俗的再到学术的来讲，就是一个公的一个母的、一个雄的一个雌的、一个男的一个女的，更学术的一个阴一个阳。左边一个女的右边一个男的，男女一结合就是了。古人告诉你"天地合而万物生，阴阳结而变化起"，"太极生两仪，两仪生四象，四象生八卦"，八卦再重叠变成六十四卦。中国人讲的八卦是什么呢？是构成整个宇宙的八种存在——天地雷风水火山泽，八个重叠变成六十四卦。

我们为什么要讲这些看图说话的书呢？我引用的"文明以止，人文也"是六十四卦里的一个贲卦。什么叫"贲"，怎么写呢？愤怒的愤字右半边，那个不要念 fen，念 bi，那这个卦象是哪一个呢？下面是火叫离，上面是一个山叫艮，这火是什么呢？代表光明和美丽。爬山是说到了一个地方就要停止就要安定下来，我们每个人都爬过山吧！爬到山顶你要干什么，你一定要停下来，那叫止。大家讲我爬到山顶要干什么，要观景，一看底下一团火，熊熊燃烧的大火，火又代表光明和美丽。古人又讲，这幅图画是什么意思，看图说话嘛！"文明以止，人文也"，所谓的文明、所谓的人文就是要朝着光明美丽的方向前进，找到个好地方你就安静地停下来，这就是文明，这就是人文。

这样的解释还是很文学。那什么是光明和美丽的地方？大家记好，中国古人给它一个概念叫"至善"。《大学》其开篇就是"大学之道，在明明德，在亲民，在止于至善"。我们南京东南大学的校训就是"止于至善"。什么是至善呢？超越时空规定的是非善恶美丑、人之为人的本来状态叫至善。你现在知道文明、至善就是为了回到、停在人之为人的本性之上，这叫止于至善，所以说各位同学，我们所熟知的人文概念实际上就是要你止在人性之上，不是大家理解的写字画画唱歌跳舞，人文的本意是人性。止于至善、止于人性。我们每个人在社会人间都扮演不同的角色身份，只要你把身份演好了就是止于至善，《大学》里有这段话："为人君，止于（仁），为人臣，止于

（敬），为人子，止于（孝），为人父，止于（慈），与国人交，止于（信）。"国人就是没有血缘关系的人，我们普通人，你们填什么？你只要填对了就是止于至善，就是文明的人，就是有人文素养的人。为人君，当领导者，止于什么呢？这个字会是什么字，仁爱的仁。比如你们李院长，作为领导者就要有爱心，不爱你的员工那叫什么领导。

为人君要止于仁，为人臣要具备什么素养，填哪一个字呢？忠，原文不是忠是敬，敬也是忠，忠也是敬，敬者忠也、忠者敬也，就是说被领导者，你要做一个有人文的人、止于至善，一定要有恭敬之心。在这里我多讲两句，在座的都是年轻学生，以后走上工作岗位了，知道怎么体现人文素养吗？

什么叫国学啊？我有个观点，国学就是止学。文明、人文我们解释过了，讲人之为人的本性叫文明，那什么叫人之为人的本性，什么叫人性啊？这是我们国学最注重的问题。有人讲人性是恶的，有人讲人性是善的，有人讲人性是不善不恶的。我最近一直在研究《孟子》，我们这两千年都冤枉了孟子，孟子所讲的人性是什么，是人所独有的属性。吃喝拉撒，食色、性也，孟子讲那个怎么叫人性呢！那个所有的动物都有，不叫人的属性。所以说孟子有个很著名的命题，所有听过我徐小跃讲课的人都知道我很喜欢引用那句话，这也是听没听过南京大学徐小跃讲课的一个标志，孟子讲过一句话"人之所以异于禽兽者几希"，什么意思呢？是说人和动物的差别只有一点点。我随便讲，小王啊你没听过国学，你不懂这个道理，你搞得跟禽兽差不多，他肯定跟你急，这是什么话。你回宿舍说小王啊你怎么搞得跟禽兽差不多，他不但不气反而淡然一笑"然也"，就是这样的，人跟禽兽差不多。差多少？孟子讲一点点，现代的科学、遗传学、生物学研究表明，从DNA上讲人跟动物的相似之处高达99.99%，换算一下只有0.001不一样，人之为人的本性就是0.001啊！过去你们的老师怎么跟你们讲啊，一定说人之所以高于禽兽的本质在于人有高级的语言能力、人有思想、人有理性，人靠着这个思想和理性制造工具和使用工具，拿着工具劳动。这怎么能是人和动物的本质区别呢？因为时间关系，大段的原文我没法引用，我直接给出答案，那0.001的不同之处不是语言、不是知识、不是理性，也不是使用工具，是大家最熟悉的两个字"良心"，人之为人的根据就是良心。什么叫良心？天良。什么叫天良？人一生下来就有的那个本质就叫天良。我有天良干什么？同学们，有两大功能，那0.001不是要命吗，就那么点区别，你别看它量小，它质大啊！它有两大功能，能生出只有人所具有的道德属性，人以外任何动物都没有这个功能、没有天良，这是第一功能；第二功能是它能判断你讲的和行的是不是真道德，言行是否一致，所以我概括天良有生德功能和判断功能。

良心，人生下来就有，具体的又表现为这四种心。学国学的一定要知道，第一种是恻隐之心、不忍之心、怵惕之心；第二种叫羞恶之心；第三种叫辞让之心；第四种叫是非之心。而恻隐心能生出什么道德，是什么道德的开端呢？仁。羞恶之心生义，辞让之心生礼，是非之心生智，大家连起来读一下（仁义礼智信），还少一个"信"，到了汉代才有。这个信是哪个心生出来的，宋明理学讲哪个都没生出信，这个信是保证你这四个德是真实的，所以叫验视，五常要不要信没有关系。当人进入到他的那个领域时就是后天社会，上幼儿园就是后天了，小学、初中、大学直到工作岗位，有多少因素污染着你，把你原来那一点点良心弄没了、搞脏了、掩盖了。儒家讲"君子之所以异于人者，以其存心也"，什么意思？君子之为君子就是因为保留了那点良心，小人之所以成为小人就是因为良心不在了。孟子说家里养了一窝狗、一窝鸡你都知道去找，你的良心丢了都不知道找，孟子说岂不悲乎哀哉！

我们现代人有几个知道人的本性是良心，更何况良心丢了也不知道找，那不是更悲哀吗！所以说我们的国学、传统文化、儒道佛家，所有的学问做到最后，目的只有一个，是什么？把不小心污染的、丢掉的、跑掉的人的本性，儒家叫良心，道家叫道心，佛家叫佛心——找回来，如此而已。孟子讲"学问之道无他，求其放心而已矣"，什么叫放心啊？放宜之心，跑掉的良心。今天南艺的同学们，大学四年学国学是学什么，就是为了把你跑掉的良心找回来，如果你不找回来，将来走上工作岗位你就已经输在人生的起跑线上了，一定要把古人这话听进去。

良心生出这四种道德，如果我问各位同学仁义礼智信让我们干什么。仁就是要我们爱，义让我们公平公正，礼让我们敬之、尊敬他人，智以善之，善良地对待别人，信就是要对他人讲信用，仁义礼智信就是仁爱公正恭敬良善诚信，我们社会主义核心价值观体现的就是这五个词。最后跟大家讲一个观点，这五常中最为全德的就是仁，仁就是爱！如果我有板书就会写下爱的繁体字，中间有一个心，繁体字最不应该取消的就是两个字——爱和亲，没有心如何爱、没有看到怎么亲呐！法国有一句谚语，当你眼睛看不见的时候心就远了。所以我在这里总结了五句话十个字，你把这十个字记住你就会爱、知道怎么爱。

这里再送上五句话：有心有情，爱没有心谈不上爱，没有浓浓的情也不行。爱就是给予，如果只是一味索取那不叫爱，令爱荡然无存，爱一定是给予。所以，要做到老师给学生爱，学生对老师尊重、老师对学生也尊重！人与人之间一定要互相尊重，没有尊重就没有爱。最后一句话"宽容"，爱的情怀一定要落实在宽容。简单点讲，如果他做错了，我宽容他。每个人有他的生长环境，有其个性，我尊重他的个性，不要强求跟你一样，尊重个性在孔子那里有两句话叫"己欲立而立人，己欲达而达人""己所不欲勿施于人"，自己不喜欢的不要推给别人，自己认为真善美的一定要给予别人。今天我写了一篇杂记，讲爱的精神体现在分享，我读《孟子》，他说"故君子莫大乎与人为善"。什么叫与人为善？与他人一同为善，分享快乐。爱被我概括为有心、有情、给予、尊重、宽容，你只要记住这五句话十个字，在生活中实践一下，你就应该会得到应该得到的东西。现在为什么人生很迷茫？我开玩笑，珍惜你的初恋、珍惜你的恋爱。有的人经历过了，但是人生的意义完全没体会到，你游戏人生，那不会再来的。不珍惜初恋的美好，你不遗憾吗！怎么珍惜初恋的美好，有心、有情、给予、尊重、宽容，如果你没有这五点，你应不会获得人生的快乐。所以我读到孟子的话真的是感慨良多啊！爱是一种互换，"仁者爱人也，爱人者人恒爱之"。只要你爱别人，别人一定会爱你。"敬人者，人恒敬之"，为什么人与人的关系搞不好啊！这个交换的原则没有建立起来，生活中遇到一个不接受你的人，"我对他蛮好的，他就是不识抬举"，孟子讲是这样吗？当有矛盾、不愉快了，作为君子一定是从自身找问题，一定是我自身哪块做得不好，而一般小人有问题了肯定认为是对方的错，把对方讲得一文不值，所以修养一定要"反求诸己"。相信人性是公平的，古人曰"人同此心，心同此理"。孩子们，一定要把这个话听进去。"各美其美，美人之美，美美与共，天下大同"，这是费孝通的名言。只要有爱，这个世界一定是爱的世界。也就是说，只要是仁义礼智信建立起来，良心呈现，这个世界一定是良善的世界，这就是国学最大的魅力，这就是国学与人生最大的关联。谢谢大家！

徐小跃 1958年生，安徽滁州人。现任南京图书馆馆长，南京大学教授、博士生导师。主要研究领域为中国哲学、中国宗教。代表著作有《禅与老庄》《罗教与〈五部六册〉揭秘》《罗教与禅宗》《禅林宝训释译》等。

唐宋诗词与现代人生

主讲人：莫砺锋

时间：2015 年 11 月 23 日
地点：南京艺术学院图书馆报告厅
讲座主持：南京艺术学院人文学院　李安源

各位同学、各位老师，首先感谢大家在一个冷雨敲窗的冬夜到这里来听讲座。讲座的题目是"唐宋诗词与现代人生"，我先把题目稍微解释一下。我们习惯用的一个文学史名词叫作唐诗宋词。当我们说唐诗宋词的时候，基本上是源于王国维的一个判断。王国维说过中国的古代文学叫作一代有一代之盛，就是一个朝代有一种文体特别发达。唐代是诗，宋代是词，下面元代是曲，明清是小说。但是我今天的讲座稍微改了一下，改成了唐宋诗词。因为我觉得就诗词而言，唐宋两个时代都非常重要。也就是说，我们除了读唐诗以外，也应该读宋诗。我们除了读宋词以外，也应该读唐五代词。那么什么叫现代解读？凡是古代的文学，只要我们现在还在说它，我们一定是用现代人的观念来理解它、来阐释它、来接受它。意大利的美学家克罗齐说：一切历史都是当代史。他的意思就是只要你说这个历史，你一定用当代人的意思来言说它。至少你会选择说这个话题，不说那个话题，这本身就是一个价值判断。所以我今天就是想谈一谈唐宋的诗词跟我们现代人到底有什么关系。

诗词是中国人用方块字码成的文本中间，最能充分发挥汉语、汉字的美学潜能的一种文体。有人问艾青什么叫诗，艾青说"诗就是文学中的文学"。我们完全可以说一句"唐宋诗词就是诗歌中的诗歌"。唐宋时代的作品距离我们最远已经有一千四百年了，距离我们最近的也有八百年。这么一些老古董，为什么我们还愿意来读它呢？很多年轻的妈妈教小孩子读一些作品，一开始就是"白日依山尽，黄河入海流"，并不读我们现在的白话诗。大家到任何一个书店去问一下有没有《唐诗三百首》，有没有《宋词选》，肯定有。每年都在印，一直还有读者，还有人来购买，这个原因在哪？第一，唐宋诗词非常的简洁，诗词在形式上是最简洁的文体。诗最短的是五言绝句，一首诗20个字，就是一个完整的作品。词更加简短，最短的词牌叫作《苍梧谣》，又叫《十六字令》，顾名思义，它才16个字，比日本的俳句还少一个字。中国人的汉语汉字最大的特点就是简洁，读读唐宋诗词可以有力地提高我们的语言文字的简练性。第二点更重要的是优美，我们怎么能够把话说得优美、动听，同样的话表达得更加婉转？有一个办法就是多读诗词，尤其是多读唐宋诗词。

下面转到第二点，为什么我们现在的人看到这些老祖宗写的作品还会喜欢读它呢？一定是它里面所包含着的那种情感，那种人生观、人生态度，那种价值判断跟我们产生共鸣，我们才会喜欢它。人的基本的情感，七情六欲、喜怒哀乐，人对基本价值的判断，我们对纯洁的友谊、纯洁的爱情的肯定，我们对祖国文化传统的热爱，对祖国大好河山的热爱，这些东西是千古不变的。唐宋诗词中的好作品写什么？就是写这些内容。因此虽然是八百年以前的人写的，一千年以前的人写的，但是我们今天读起来并没有时代隔阂，仿佛就是我们身边的人写的，甚至就是我们自己写的。我举两个例子，有一年的国庆节，我到学生宿舍去看我们的新同学。我走到一个男生宿舍里，看到只有一个男同学留在里面。这个男同学是从云南考来的，一个很魁伟的小伙子，他一个人站在屋里，拿着一块手绢在那里抹眼泪。我就问他，同学你怎么了。那个同学也很老实，他说：莫老师，我想妈妈。我就安慰了他一番，当时我就想，假如这个同学此时此刻要想写一首诗来表达一下内心的情思，他应该怎么写。我觉得他完全不用写，他只要读就行了。他可以读王维的《九月九日忆山东兄弟》："独在异乡为异客，每逢佳节倍思亲。"你不可能比王维写得更好，王维把这种情况之下的这种普通人都会有的情感，非常优美地、淋漓尽致地抒发出来。你读了以后就仿佛是王维替你抒情了。不要认为只有我们的一年级新生才有这种情况，我们做老师的中年人也同样。我本人就有过经历。1986年的中秋节我在美国的哈佛大学做访问学者。到美国没几天，中秋来临了。中秋节我们中国人很重视，在古人看来就是合家团聚的节日。但是那个中秋我偏偏一个人待在大洋彼岸，那天晚上我走出寓所，真是浮想联翩，我看到一轮明月升上校园的上空，非常想家。我真想写一首词或者写一首诗来表达一下中秋之夜想念亲人的这种情感。但是回头一想,哪里用得着我写?苏东坡早就帮我们写过了。东坡的《水调歌头》是千古第一的中秋词,他说得很清楚:"人有悲欢离合,月有阴晴圆缺,此事古难全。但愿人长久,千里共婵娟。"我心里的全部情思,东坡的词里都帮我表达了,我读就行了。唐宋诗词为什么今天还有读者,为什么这么一个冷雨霏霏的夜晚大家会到这里来听这个讲座,奥秘就在于这里。

那么除了代替我们抒情以外,唐宋诗词还有没有其他益处呢?当然有的。我一直觉得我们现代人是不太懂生活的,也不太懂人生的。现在社会上有很多人一天到晚匆匆忙忙,一辈子也是忙忙碌碌。到最后蓦然回首,你问他这一辈子过得有意义吗?往往摇头,生活不但没有幸福感,当然更没有美感,更缺乏诗意。而唐宋时代的诗人、词人是非常懂得生活的,他们真会理解生活、享受生活,抓住生活的某一个片段来欣赏它、来咀嚼它。有一次中唐诗人韩愈约了两个朋友到长安的南郊去看春光,曲江边上有很多亭台楼阁,风景很好。结果张籍来了,两个人看了一番风景,白居易没来,爽约了。然后韩愈事后就写了一首诗去问白居易:你为什么不来。这首诗很短,我念一下给大家听一听。"漠漠轻阴晚自开,青天白日映楼台。曲江水满花千树,有底忙时不肯来?"韩愈问白居易你有什么忙的,这样的风光你居然不来。这首诗寄给白居易以后,白居易可能会说:我忙啊,我走不开啊。我们来看一看他忙不忙呢,是忙。白居易这一年做中书舍人的官,中书舍人是什么官?朝廷三品官,相当于我们现在的中央办公厅秘书长。但是韩愈这一年做吏部侍郎,相当于现在的中组部副部长,官居二品。他二品官都能抽出空来看春光,你三品官反而倒没有时间啦?所以关键不在于你有没有时间、忙不忙,关键在于你是不是能够欣赏生活。我们有时约某个朋友去看看花,朋友就说哎哟我这两天正忙呢,过几天再说。问题是过几天以后花早就谢了。晚唐诗人李昌符有两句诗写得很好:"若待皆无事,应难更有花",就是你要等到什么事情都没有,那花都谢了。不但自然界的花季很快就过去了,人生的花季也很快就过去了。大家一定要抓住你的青春、你的壮年,抓住生活的每一个瞬间,好好地欣赏你的生活、品味你的生活。实际上普普通通的生活中间都蕴藏着幸福感、蕴藏着美感、蕴藏着诗意。关键是你会不会发掘。唐朝的诗人会,宋朝的词人会,而我们不会。不会怎么办,你可以学啊,我们应该多读一些这样的作品。

下面讲第三点,也是我今天要讲的重点,就是唐宋诗词中的好作品可以提升我们的人生境界。读了以后我们会受到熏陶,受到感染,同时也就受到教育。下面我用具体例子来说一下,唐宋诗词为什么能提升我们的人生境界。限于时间,我在唐代的诗人和宋代的词人之间各举一人为例,看看他们的作品对我们有什么意义。唐代我举杜甫,宋代举苏东坡。这是两个在我学术研究上面下力气比较大的人物,是我比较喜爱的人物。先看杜甫,三年以前,公元2012年,是杜甫诞生1300周年纪念日。那一年很奇怪,在学术界还没有开展任何纪念活动的时候,社会上先关注到杜甫啦。那年春天发生了一个事件叫"杜甫很忙",《扬子晚报》的记者第一时间给我打电话说:莫老师,听说你是研究杜甫的,请你对"杜甫很忙"事件发表看法。我听了以后一愣,说你不要搞错了,杜甫是古人,怎么讲杜甫很忙。记者说没错没错,现在有个事件就叫杜甫很忙。原来中学的某一年级的语文课本上面有一幅杜甫的肖像画,某些中学生就对那幅肖像画进行涂鸦,把它改画成其他东西。有杜甫拿着话筒在卡拉OK的,也有杜甫骑着摩托车在飙车的,什么都有。我看了以后有点不高兴,就没接受采访。到了年底,北京图书馆请我去做一个讲座,他们指定的题目就是"诗圣杜甫",因为那一年是杜甫诞生1300周年嘛。我在那个讲座上就讲了一下我为什么对"杜甫很忙"事件有一点不高兴。因为我认为杜甫是不能涂鸦的。你涂鸦别的唐代诗人也就算了,千万不要涂鸦杜甫。为什么?因为杜甫是诗圣,就是诗歌中间的圣贤,圣贤是不能涂鸦的。你可以不相信他,你可以不喜欢他,但是你必须要对他表示敬畏。下面来讲讲为什么,这实际也就是杜甫对我们的意义到底何在的问题。1458首杜诗,其意义到底何在?当然杜诗几乎是当时社会生活的一个全景图,从山川云物到草木虫鱼,以及社会生活的方方面面,他都写的。但是就其核心精神来说,一部杜诗实际上就是儒家精神的艺术化,把儒家的精神、儒家的思想、儒家的价值观,他用艺术的方式、用诗歌的话语把它表现出来,这就是杜诗的基本精神。儒家思想说千道万,它的核心精神是什么呢,实际上就是一句话:仁政爱民。儒家的仁政爱民的思想是从哪里来的呢,它的理论上的出发点是什么呢。很简单,儒家认为"人之初,性本善",只要把这个向善之心培育好、养护好,它就成为仁政爱民之心。孟子把这个道理说得最清楚不过了,他有两句话:"老吾老以及人之老,幼吾幼以及人之幼。"杜甫把儒家的这个精神用他的诗歌作品极尽优美、淋漓尽致地表述出来,用具体的生活场景把那些干巴巴的条文演绎出来,读来就特别动人。杜诗最动人的一点在哪里,就在于杜甫尝到生活艰辛的同时,他往往是推己及人,联想到天下苍生。在那个秋风秋雨之夜,他的茅屋被吹破以后,杜甫就希望"安得广厦千万间,大庇天下寒士俱欢颜,风雨不动安如山"。什么叫作"安得广厦千万间",这实际上就是中国历史上最早提出来的安居房的概念,就是盖一些房子,在风雨之夜不摇不漏,让穷人住在里面。所以杜诗不是一般的诗,它就是把我们传统文化中的一种正能量、一种核心的价值判断用诗歌表达出来。这样的诗你读了以后会受到感染,你的人生境界会得到提升,你会觉得我们普通人也应该这样做。口说无凭,我举一个杜甫的读者为例。这个读者名叫文天祥,是南宋的民族英雄。公元1279年蒙古军队在广东南边南海上的崖山这个地方包围了最后一支南宋军队,南宋的最后一个宰相陆秀夫把9岁的小皇帝赵昺背在背上跳海自杀殉国。南宋就灭亡了,南宋的领土一寸也没有了。当陆秀夫跳海自杀的时候,文天祥在哪里?文天祥这个时候已经当了俘虏,已经被元军第二次俘虏,正在元军中。元军围攻崖山之前就强迫文天祥写信去招降旧部,文天祥不肯,写了首诗,里面有两句大家都知道:"人生自古谁无死,留取丹心照汗青。"崖山沦陷以后,蒙古人就押着文天祥回到北京,当时叫元大都,把他关在监狱里面,然后就开始了长达两年半的劝降。文天祥坚决拒绝,坚持了两年半以后终于就义。一个人做出一种特别壮烈的行为,一定是有精神力量作为支撑的。我们现在来追查这样一个问题,支撑着文天祥在南宋灭亡两年半以后还坚持民族气节,这个精神力量来源于何处。文天祥在北京监狱里面写了一首很有名的诗叫作《正气歌》,《正气歌》的最后两句是"风檐展书读,古道照颜色",就是我在一个藏风漏雨的屋檐下面,打开书本来读,古人的道德照亮了我。他认为我的精神力量来源就是读古书,读这些典籍,从传统文化中间来。那么传统文化包罗万象,到底具体是指什么呢,我们再仔细看一看。文天祥就义以后,欧阳夫人去给他收尸,在他腰里面解下一根衣带。古人的衣带用布做的,很宽,他事先在上面写了一段文字。这段文字当然当时是没有标题的,后人给它起了个名字叫《衣带铭》。他写的是这么几句话:"孔曰成仁,孟曰取义。唯其义尽,所以仁至。读圣贤书,所学何事?而今而后,庶几无愧。"这个《衣带铭》明确地告诉我们,支撑着文天祥坚持到最后的一个精神来源是儒家思想,是孔孟之道。但是还有第二个来源,就是一部杜诗。文天祥在燕京的监狱里写了两百首《集杜诗》。什么叫集杜诗呢,集就是集中的集,杜就是杜甫的杜。他写了两百首集杜诗,都是五言绝句,一共有八百句。他为什么要写两百首集杜诗呢,他在序言中说得很清楚。他说,第一,自从我遭遇国破家亡以来,我的全部经历、我的全部痛苦杜甫都帮我写过。第二,我的所思所感,杜甫也都帮我写了,所以我觉得我不用写诗,集杜就行。两百首集杜诗告诉我们,文天祥的第二个精神来源就是杜诗。文天祥的例子告诉我们,杜诗绝不仅仅是一个审美的对象,杜诗可以提升你的人格和人格境界。

说完了杜甫,下面说一说宋代的苏东坡。假如说杜诗引导我们接受儒家思想,那么苏东坡的诗词主要是教导我们怎么走好自己的人生道路。苏东坡这个人我们可以说他是德才兼备。讲德吧,在北宋后期的政治家中间,他是最有高风亮节的,就是新旧党争变来变去,他始终说真话、始终坚持真理,不看风头,所以经常被政敌排挤。他坚持真理,所以高风亮节。他做地方官时一心为百姓着想,为地方上的长治久安尽心尽力。讲才吧,简直不用多说,大家都承认东坡是个天才。东坡尽管德才兼备,但是命运善待他了吗?社会善待他了吗?没有。苏东坡22岁考上进士,进了仕途。就不停地受到别人的妒忌、陷害、诽谤、打击乃至迫害。终于在44岁那年遭遇了乌台诗案,被关进御史台的大牢,差点被处死刑。他45岁那一年的正月初一,汴京城里鞭炮齐鸣过年的时候,两个差人押解着苏东坡到湖北的黄州,他作为政治犯被流放到那里去。东坡后来又遭受到两次流放,直到65岁那一年才从海南岛回来。在他生命的最后一年,临前死一个月,他走到江苏镇江的金山寺,金山寺的和尚看到苏东坡来了,就说我们这里有一幅您的肖像画,请您自己在上面题一首诗。东坡就在上面题了一首六言诗,这首诗四句话,后面两句是这样说的:"问汝平生功业,黄州惠州儋州。"就是问你这个人平生有什么功业,我一辈子就到了三个地方:黄州,惠州,儋州。他一辈子被流放三次,前后长达整十年。东坡到了黄州以后,除了政治身份上的落差以外,他的物质生活也立即陷入了窘境。因为北宋时候官员的薪水本来是很丰厚的,但是一变成罪犯流放之后就没有了,只发一点生活费。东坡家里人口多,他三个儿子,大儿子已经成婚,孙子都有了。然后他奶妈叫任采莲,一直跟着他,后来死在黄州。他家里还有丫鬟、还有书童,全家共有二十多口人。因此他到黄州第二年就开始开荒种地了,不开荒种地就养不活自己。他的朋友出面向政府申请借一块荒地给他种地,黄州官府就把黄州城东面山坡上一块荒地借给他种。这个山坡在东边,原来地名叫东坡,他在上面开了荒以后盖了几间房子,自己起了个号叫"东坡居士",从此我们就叫他苏东坡。假如当年黄州官府在城西山坡上借一块荒地给他,我们现在就没有苏东坡,可能有苏西坡了。他虽然在东坡上开了荒,这块荒地大概有四十来亩,但那不是农耕田,好不容易开出来了。第一年种麦子收成还过得去,第二年种水稻收成就很不好。四十亩地种水稻打下来不够二十多口人吃。很快到了第三年。好心的朋友就劝他说,眼看朝廷的政治一时半刻也不会变化,你恐怕暂时没有希望回朝了,你必须要做好在黄州长期生活的准备,然后就劝他自己去买一块好的地来种。朋友还帮他打听好了,在一个叫作沙湖的小村庄,有人要出

245

售一块水田。苏东坡听了也欣然同意，所以在他47岁那一年的三月初七，两个朋友陪着他到沙湖去相田。那天早上天气阴沉，东坡还担心可能会下雨，就叫一个书童先带着雨具到路上去等，万一半路上刮风下雨有人接应一下。没想到书童拿着东西一溜烟跑到前面去了，东坡跟两个朋友走出门没走多远，突然刮风下雨。一下子三个人都淋湿了，两个朋友淋成落汤鸡以后就很狼狈，焦虑不安。只有苏东坡尽管也淋湿了，但是他不焦虑，他依然淡定从容，他一边慢慢地往前走，一边还在那里吟诗。下午他们没有买成那块田，空手而归。天气转晴了，斜阳又出来了。虽然此行苏东坡没有买成那块田，但是他写了一首《定风波》，现在我把这首诗跟朋友们分享一下："莫听穿林打叶声，何妨吟啸且徐行。竹杖芒鞋轻胜马，谁怕？一蓑烟雨任平生。料峭春风吹酒醒，微冷，山头斜照却相迎。回首向来萧瑟处，归去，也无风雨也无晴。"这首《定风波》写的是苏东坡47岁那一年三月初七到沙湖去相田途中经历风雨的一次经历吗？是，这首诗前面有小序，交代得一清二楚。那么这首词仅仅是写偶然碰到了一次风雨吗？当然不是。它实际上写的是人生途中的风风雨雨，这里的风雨不是自然界的风雨，是人生的风雨。苏东坡之所以会说"一蓑烟雨任平生"，他的意思大概是我连政治上的大风大雨都经过了，自然界的小风雨有什么可怕的，走下去就行了。苏东坡就是以这种淡定坚韧的态度一路走过逆境的。他的十年逆境生活，黄州惠州儋州，地方越来越偏远，越来越贫困。但是他不但是活过来了，他还把逆境变成了顺境。他在黄州的四年半中，词的艺术跟书法艺术水平都有突飞猛进之跃升，就是因为他善于把人生的逆境变成顺境。苏东坡的这些诗词我觉得对我们当代的读者具有最大的意义。我一向认为我们普通人在人生途中都会碰到风风雨雨，我们也无从规避，但是我们可以学习东坡，当我们碰到风雨的时候，当我们暂时处在人生逆境的时候，我们采取什么态度。我们是消极、沮丧、放弃还是像苏东坡那样"一蓑烟雨任平生"，坚定地、淡然地、从容不迫地继续走下去，等待逆境变成顺境。东坡一辈子那么多辉煌的成就很多是在逆境中间取得出来的，他要在逆境中间垮掉的话就没有现在的东坡了。所以我想我们读东坡的诗词，最大的意义就在这里。最后再补充一点，朋友们也许喜欢东坡的人不少，现在市面上最流行的介绍苏东坡的书就是林语堂写的《苏东坡传》，这本书的标题起得好。大家也许会纳闷《苏东坡传》这个标题有什么好呢，好像很一般。问题是林语堂这本书他原来是用英文写的，英文版原著并不叫《苏东坡传》，英文版的书名是三个单词，叫作《The Gay Genius》，the 冠词，gay 的本义是愉快的，第三个单词 genius 是天才，也就是说林语堂这本书原来的标题叫作"一位愉快的天才"。这个书名起得好，苏东坡其人多坎坷，一生十年在流放，遭受那么多的挫折、打击，但是他留给我们后人的一个形象是一个愉快的面容。现代无论是画家还是雕塑家，凡是画东坡或者雕塑东坡的时候一般都取他在海南岛的形象。东坡到了海南岛，头上戴着斗笠，身上披着蓑衣，脚下穿着木屐，有时候背一个酒葫芦，脸上露出愉快的笑容。东坡一生就是用这种心态来对待人生。东坡是最善于生活的，最善于发掘生活中间所蕴藏着的那些幸福感、美感和诗意的。东坡是过过锦衣玉食的好日子的，他在朝廷里做过大官，但是他也有过沦落流放的时候，他更喜欢的是在民间的时候。所以东坡最欣赏的实际上是简朴的物质生活，普普通通的饭菜、普普通通的衣服，甚至他欣赏风景都是一样的。庐山、黄州的风景当然他也描写过，但是山东密州，就是现在的诸城县，有什么风景啊，就是一片平岗小山，但苏东坡照样把它描写得很优美。关键不在于这个对象如何，关键在于他有一个审美的眼光。他善于从普通生活中间发现美、寻找美，所以在他看来无往而不美。简朴的物质生活都是幸福的。所以读东坡的作品真是可以帮助我们怎么生活。你读了东坡作品以后你就不会抱怨，不会一天到晚焦躁、焦虑不安，你的心情就从容，就淡然，就优哉游哉。最后总结一下，我觉得唐宋诗词对我们现在的读者来说，最大的意义就在于透过这些文本，我们跟古人产生心灵的碰撞。读诗读词读到最后是读人，就是读这些作品中间，古代的这个作者他在里面所寄托的、所渗透的那些情感，那些思想，他们的人生观、他们的价值判断，他们传递给我们的正能量。读了这些以后我们就接近它了，这些东西对我们是大有裨益的，有很大的好处。

提问与回答

李安源： 今晚的逸夫图书馆可谓座无虚席，大家听莫老师一席课程时也是鸦雀无声。现在的时间留给大家跟莫老师一起来分享古人的诗意人生。

听众： 莫老师，您好！您的讲座我也听了好几次，都非常精彩。能不能向大家推荐一些唐宋诗词这方面的有一定学养的又通俗易懂的书籍？

莫砺锋： 这个书籍呢，首先当然是读作品了。第一是读作品，不管是对中文专业还是非中文专业的人来说，接触唐宋诗词最主要的还是读作品。读了作品以后再讲其他的，那么作品我推荐这两本书：第一是《唐诗三百首》，第二是《宋词选》。《唐诗三百首》是非常好的书，也是唐诗的第一入门书。

我们现在已经有了一些我们现代人编的新的唐诗选本，可能比较体现我们现代人的眼光。而《唐诗三百首》虽然是清朝人编的，但是它也是非常好的。下面我稍微就这个话题展开一下。《唐诗三百首》我推荐它并不是因为编者跟我是老乡。《唐诗三百首》的编者叫孙洙，孙是孙悟空的孙，洙是三点水一个朱元璋的朱。这个人是我江苏无锡的老乡，但是我肯定不认识他。他是清代乾隆年间的人。这本书是乾隆二十九年编好的，公元1763年，距离我们现在两个半世纪了。可以说，自从《唐诗三百首》出现以后，到现在为止我们已经没有办法统计它印刷过多少次，无穷多的版本。大概印数最多的中国文学的选本就是它，没有一本书比得过它，所以家喻户晓。那么它好在什么地方呢？我说一说我在南大课堂上碰到的一个学生的提问。因为以后如果我们要去读这些书，读关于唐宋诗词的书，我们需要知道我们要关注什么。这个话题比较有普遍意义。大概在十多年以前吧，那时候我给本科生上课讲到唐代文学史的时候，我就推荐过这本书。那时候我说你们作为中文系的本科生读古代文学应该要背一些作品。比如现在讲唐诗，你们先给我把《唐诗三百首》背一遍。年轻人记忆力好嘛，很快就背出来了。然后我就讲为什么要背，为什么这本选本特别好。我说它全面、有代表性，初盛中晚，各个诗派，如田园诗派、山水诗派等等都照顾得上，而且突出大家。杜甫最多，杜甫一个人独占了40首。李白跟王维居第二，都是每人29首，各方面都符合我的价值观。但是我补充了一点，说《唐诗三百首》这本书在选目上有一个重大的缺点，它漏掉了一个重要的唐代诗人李贺。李贺在《唐诗三百首》里一首都没有选，我觉得这是不对的。李贺是个短命的诗人，他虽然27岁就死了，但是他作品风格自成一家，很有价值。我觉得绝对应该选的，应该选他个四到五首才符合他真正的地位。那天我还没讲到一半，突然一个女生举手。我说你有什么问题，她说：莫老师你刚才说的不对。我们做老师的最喜欢听到学生说什么呢，就是批评我们说我们说的不对，因为这样我们就可以讨论了，或者可以纠正我们的错误，教学就相长了。我就问她说什么地方说的不对呢，她说你刚才说《唐诗三百首》里没有选李贺不对，实际上已经选了。我大吃一惊，因为我一想里面是没有选的。我就反问她说选了吗，这同学就站起来了，她从课桌抽出书包，从书包里面抽出一本《唐诗三百首》，她随身带着的。她就非常熟练地翻出那一页书，老师你看。我走过去拿来一看，差点当场晕倒。一看上面白纸黑字印的李贺，再往下翻，下面一首也是李贺，一连好几首，什么《苏小小墓》《致酒行》《金铜仙人辞汉歌》都是我比较喜欢的李贺诗，全部差不多有四五首。白纸黑字就是李贺，一看封面，

《唐诗三百首》,清代蘅塘退士编。我这个无锡老乡用的是号,他的号是蘅塘退士。我想是不是现在的出版社改编过,翻开来看,前言后记都没有。原汁原味的《唐诗三百首》,里面就有李贺。我当时简直是大吃一惊。这个事情发生时我还没到50岁呢。说实话我今天站在南艺,如果待会哪个同学说莫老师你这里说错了,或者那里说错了,我一点都不奇怪的,我承认错就是了。为什么?我现在66岁了,66岁是什么概念,就是你距离老年痴呆不是很遥远了,你本来就有点糊里糊涂了。但是那个时候我还没到50岁,我想明明上面有李贺还有好几首我怎么说没有选,还说这是一个缺点。我当时心乱如麻,就没法上课了,我头脑都昏掉了。我想我还没到50就老年痴呆也真是可怕,所以我就说暂停,课不上了,让我翻翻这本书。南大的本科的课是管得很紧的,教务处一天到晚来检查,我有好几次看到教务处的官员在外面偷听。但是那时候我不管了,也不管课堂纪律。我就使劲翻这本书,一边嘴里在念叨怎么会有李贺呢,怎么会有李贺呢,然后很快地翻到这本书的最后。凡是读过《唐诗三百首》的同学一定会记得它的次序,它首先是按照诗体来排的,五言古诗、七言古诗、五言律诗、七言律诗,最后七言绝句。每一种诗体内部它是按照时代来排的,初盛中晚,所以一翻翻到最后就是晚唐的七言绝句。我一下子发现了另外一个问题,发现了一个诗人的两首诗。这个诗人是肯定没有选到《唐诗三百首》里的。我一看到这里呢,脑子就恢复清醒了,神志又恢复了。所以我就放心了,放心什么呢?我还没老年痴呆,我就把这本书放下来对那个同学说:对不起,你这是一部伪造的《唐诗三百首》,不算数。那个同学不服气,莫老师我怎么是伪造的,我又不是地摊上买的,我是新华书店买的,还有书号。我说对不起,我现在没时间和你讨论,下课再讨论,我要上课了。我下课以后跟她说,为什么我翻到最后发现问题了呢。原来在这本《唐诗三百首》的最后出现了一个晚唐诗人的两首七言绝句。这两首七言绝句同学们不一定都读过,但是里面有一句在座每个人都知道。张艺谋用它拍过一个电影《满城尽带黄金甲》,大家应该知道是谁了。这个诗人是晚唐的黄巢,农民起义领袖。黄巢写了两首咏菊花的诗,一首是"飒飒西风满院栽,蕊寒香冷蝶难来。他年我若为青帝,报与桃花一处开。"还有一首就是杀气腾腾的"待到秋来九月八,我花开后百花杀"。菊花是秋天开的嘛很冷下霜,其他花都凋零了,我一花独放。"冲天香阵透长安,满城尽带黄金甲",这是革命领袖才写得出来的咏菊花的诗。我一翻到这里为什么清醒了,因为我断定在清代乾隆年间他不可能选这样的诗。你选进去也没有用,因为这触犯了忌讳。一个农民起义领袖怎么可以选进去呢,选进去这本书马上就将成为禁书了，不可能家喻户晓，所以我当时就恢复清醒啦。我现在为什么要提这个事呢，就是说大家以后读书要注意版本，不是说看到一本《唐诗三百首》你就拿来读。你拿了这本来读一看黄巢的诗也是代表作啊，上面就选到他了，不是。它是现在的出版社胡编加进去的，大概这个出版社的编辑自己觉得怎么没有李贺，给他补了几首进去，这个我举手同意。怎么没有黄巢啊，他又补两首进去，黄巢一共就两首诗他全写进去，真是荒谬。所以我说的第一点是这个。那么第二呢，除了作品以外，我们也可以读一些引导我们怎么读作品的书，这个我很难说哪个比较好。有一个作者是很好的，叫叶嘉莹。叶嘉莹先生她现在在南开大学，以前在加拿大的不列颠哥伦比亚大学，她现在回南开了。她唯一的学生在她那里做博士后，去年陪她到加拿大把原来的房子卖掉，彻底回归南开了。她年纪90岁了，还在那里讲唐诗宋词，她讲得很好。她有很多书就是讲稿，大家可以看看。另外呢，我也王婆卖瓜自卖自夸，推荐一下自己的书。我有一本书叫作《莫砺锋说唐诗》，这是我在"百家讲坛"的记录稿。我做讲座从来没有讲稿，"百家讲坛"也没有。他们记录下来给我一个文字稿，后来出了一本书。这个呢，我不敢说讲得怎么好，讲得很通俗易懂。我是按题材来讲的，就像山水、田园，按照一个一个方面来讲的。关于苏东坡，我也有一本书，我当然推荐林语堂的《苏东坡传》，我本人写有一本书叫作《漫话东坡》。我用漫谈的形式来介绍苏东坡的方方面面。我不是写传记，不是从青年写到晚年。我是写他的各个方面，他怎么在朝廷做官的、怎么在地方上做官的、怎么被流放的等各方面的表现，我在这方面尽量写一个大家容易理解的苏东坡。第一我们是读作品，读作品以外也读比较浅显的，帮助我们理解的书。至于那些研究性的书、我们这个专业的人写的论文我劝大家暂时可不读，包括我本人写的论文你们千万不要去读，一读你就再也不想读唐诗宋词了。我们都写得很乏味，我们的论文写法，我自己也不想读了，发出去以后我就再也不看了，只有我们的同行才读。同行要参考，你们一般的读者可以不读。

听众：莫老师您好，我特别喜欢听您讲，非常幽默。那么我想请教一个题外的问题：您今天讲这个唐宋诗词，《红楼梦》里面曹雪芹先生也写了特别多的诗词，您觉得里边写的哪一个人是您相对比较欣赏的？或者说他塑造的这些人物里边人物性格或者作诗吟词的方式更接近曹雪芹本人呢？

莫砺锋：这个问题比较难讲。因为好多喜欢《红楼梦》的读者爱屋及乌也就喜欢了《红楼梦》里的那些诗词，好多人很喜欢。从我们专业的眼光来看，《红楼梦》是第一流的甚至是超一流的小说，但它里面的诗词，从诗词本身来看不是一流的作品，怎么也是二流或者三流的作品。我有一个朋友，中山大学的陈永生教授，他曾经公开讲过这个问题，结果好多红迷来骂他。《红楼梦》里的诗词当然不能反映曹雪芹本人的诗词水平，曹雪芹本人的诗词水平应该比《红楼梦》里这些诗词更高一点。他写的时候要帮里面的人物量体裁衣，他帮林黛玉写两首，帮薛宝钗写两首，这两个人物性格完全不一样。《红楼梦》里的诗词最大的优点就是它适合于每一个人的身份。黛玉写的就像黛玉这个人物的口气，就像她的想法，就像她的价值判断。宝钗写的就是宝钗写的。他把这个十二钗、十二副钗都分开来的，所以这一点他非常了不起。因为一个人要替好多人写，所以他帮人家写的诗词单个看，比如黛玉的《葬花词》《秋窗风雨夕》，二流是达到的，一流够不上。曹雪芹被人物捆住手脚了，他不可能放开来写，所以只能这样。另一个优点就是《红楼梦》的诗词是全书的有机组成部分，它跟书非常吻合，不是生硬的叠加。我们现在读其他的古典小说，比如《西游记》。《西游记》描写唐僧师徒来到什么地方的风景，专用一段骈文似的东西写，这个完全是可以剥离的，它跟小说的情节、人物的性格一点关系都没有。但是《红楼梦》里的诗词跟人物性格、人物形象是密切相关的，帮助我们丰满人物形象。假如把《葬花词》等诗词都抽掉，林黛玉的形象就受到影响了，她就不完整了，不那么血肉丰满，所以这一点非常好。它不是单纯的诗词的对象。现在学界有这样的书，有一个叫蔡义江的先生曾经把《红楼梦》里的诗词整个做了一个阐释，有专门的著作。但是这些只是帮助我们读《红楼梦》这部小说，真的要欣赏诗词，还是读唐诗宋词。我的看法大致这样，我有过一篇文章谈这个问题，我那篇文章叫作《红楼梦诗词中的女性意识》，就是从女性主义的观点来看这些作品，属于另外一种解读。

听众：莫老师，听了您的讲座特别开心，我是学中国音乐史专业的，刚好今天听了这个与唐诗宋词相关的讲座。最早的《诗经》还有《楚辞》还有《乐府》这些都是最早的入乐的诗篇。同时大家又说中国音乐史是一个哑巴音乐史，因为没有乐理。从唐诗宋词中我们如何能够根据汉语的平仄、音韵还原当时人的唱腔，您觉得可能吗？

莫砺锋：这个问题是这样，因为古代没有完整的记录音乐的工具。我们有乐谱，有那个工尺谱，但是工尺谱好像不很完整，它有欠缺。这个我不懂，据说不能完全还原成我们现在的五线谱，但它大致上是可以传递的。古代的诗歌大部分都是很久远的。我们扬州大学以前有个老先生叫任二北，他有部著名的著作叫作《唐声诗》，他的观点是唐代的诗歌特别是近体诗，绝句啊律诗啊都是入乐歌唱的,都可以唱。我们在唐朝的笔记中也看到好多唱诗的记录。王维的《阳关三叠》是一首送别的诗,入乐。词更是入乐的,古代的每个词牌都有乐谱。因为古代没有录音机,也没有一个完整的记谱方式,所以现在传下来的资料不多。据我所知,姜夔的词,南宋姜白石的词有谱。姜夔有十七首词,词牌是他独创。他因为精通音乐,自己创造了17个词调。像《淡黄柳》《暗香》《疏影》原来都是没有的。他自己创造了以后想告诉人家这是怎么唱的,所以在这词的边上注了工尺谱。这个谱是传下来的。所以现在研究古典音乐可以根据工尺谱至少还原这17首词大致上是怎么唱的。那么还有一些少数作品,像《满江红》可能是历代口耳相传,一直有人唱,所以基本上就传下来了。现在我们可以部分还原古代诗词是怎么唱的。那么你刚才问的问题就是假如说这个乐谱都没有,仅仅根据汉字的平仄,根据四声能不能还原古代的唱?这是不能还原的,只能还原到吟。吟诵有人也叫吟唱,实际上是一种拉腔拉调的读法。一般都用方言,用普通话读不好听,而且平仄也不对。普通话里没有入声词。南方方言、吴方言、闽方言、粤方言有入声词。入声词收缩非常快,节奏感就特别强。有了它以后四声的美就显出来了,没有入声,这个节奏感就不强。我们现在只有吟诵,那个唱很难复原,但是我们知道古代肯定是有的,古代诗乐是一体的。这里有一个很有意思的问题。美国有一个美学家叫苏珊·朗格,研究现代流行歌曲。她说一首歌曲有两个组成部分,有歌词又有曲脉,有音乐的部分还有文字的部分,这两者是不平衡的。一首歌的文字部分和曲两者是不平衡的,要争的,争重要性。她对于美国流行歌曲的观察是最后往往是音乐战胜了文字。音乐传下来了,文字没传下来。但我们古代恰恰相反,文字都有的,音乐没有传下来,所以我们现在缺少这个资料,没法完全还原。扬州大学任二北先生专门研究古代音乐、文学的问题,江苏师范大学还有一位李昌集老师也是,感兴趣可以联系。

　　最后我讲几句话作为结束。今天这么一个冷风冷雨的夜晚,有这么多朋友跑来听我这个演讲,而我讲的只是一些老生常谈。我向大家强烈推荐唐宋诗词,这些作品要比当今诗人写的更贴近普通大众,也许对于个别孤芳自赏的现代诗人来说,这些东西都可以割断了。但我觉得传统是割不断的,它实际上已经溶解在我们整个文化中,已经溶解在我们的语言文字中,也溶解在我们的民族性格中。这是割不断的,只能接受它。我觉得我们中国人拥有唐宋诗词这样一份珍贵的文化遗产是我们的福分。不懂汉语、不学汉字的人没办法了解这一点。外国哈佛大学的学者可以研究得很好,但他从根本上不能理解，也无法欣赏。所以我想说的就是，抽出一点时间来读唐宋诗词，对我们的人生大有好处。谢谢大家。

莫砺锋 1949年生，江苏无锡人。南京大学教授、博士生导师。研究领域为中国古代文学、古诗词研究等。主要著作有《江西诗派研究》《杜甫评传》《朱熹文学研究》《唐宋诗论稿》等。

国学如何立名

主讲人：刘梦溪

时间：2015年11月23日
地点：南京艺术学院图书馆报告厅
讲座主持：南京艺术学院人文学院　李安源

各位老师、同学，晚上好！我讲的这个题目，叫作"国学如何立名"，换一个说法就是什么是国学。为什么出现"国学"这个概念？什么是传统文化呢？我把这个问题做一个延伸，讲一讲国学与传统文化的关系，然后对国学的来龙去脉做一个分梳。

当前流行"国学热"、"传统文化热"，人们首先会关注：传统文化是什么意思？什么是传统文化呀？可是你要问什么是传统文化的时候，你首先会问一个问题：什么是文化？这个定义很多。20世纪50年代初，美国有两个人类学家，一个叫克拉孔，还有一个叫克洛伯，他们是兄弟二人，他们写了一本书，叫《文化对定义的探讨》。这本书里面，他们兄弟二人列出了西方关于文化的160种定义。没错，居然有一百多种。那么我们要问，这么多种定义，我们一般常用的定义该是什么呢？我想作为专门的学者来讲，各自都有自己使用的定义。我经常使用的定义是，文化是指一个民族的整体生活方式和它的价值系统。讲文化首先涉及族群，这就是文化人类学的来历。它是讲人的，讲人类的，而人类是有族群的。所以，文化跟生活、跟人类的生活联系在一起，它是指一个民族的整体生活方式和它的价值系统。文化不是石头，不是僵死的东西。大概十五六年前，我有一段时间在哈佛大学做研究，当时费正清中心有一位了不起的学者叫史华慈，他是专门研究跨文化沟通的。我们有一个很长的谈话，谈过两次，一次差不多三小时。在这个谈话中，主要谈文化，东方文化、西方文化、中国文化。他早年研究日本，是犹太裔美国人。他的学问非常好,他研究文化的基本理念是跨文化沟通,觉得不同的文化、不同的文化系统是可以沟通的,可以不那么对立,大家是能够对话的,这是他所追寻的理念。那当我们谈文化的时候,他讲的一个定义对我是很有启发的。他说:"文化是一个松散的结构,里面充满了张力。"这是史华慈的原话,他现在已经故去了。

"文化是一个松散的结构,里面充满了张力。"所以,当我们讲文化的时候,首先要分梳。你讲的是什么文化?什么时期的文化?文化这个概念,你在研究它的时候不要笼统化,要把它加以具体的分梳。你是讲的法国文化还是近三百年以来的美国的文化,或者是日本的文化,或者中国文化你是讲什么时候的,唐朝吗?宋朝吗?具体到这些文化的时候,还要追寻:中国文化你是指什么地方的文化?你看这个文化有不同的分野,说起来也很复杂。在文化里面的艺术这个层面当然也同样如是。它有没有一个综合的定义呢?就是我使用的,它是指一个民族的整体生活方式和它的价值系统。好,这是文化。那么马上追问:什么是传统文化?我们可以简单地回答,是指传统社会的文化。什么是传统社会?传统社会是跟当代社会相比较、有区别的一个概念,可是它们之间有联系,不是截然分开的。传统和现代社会这个衔接和转变点是在清末和民国初年,具体的时间应该在 1895 年到 1905 年,这前后十年左右的时间是中国传统社会向现代社会转变的一个时期。那当代的社会、现在的社会,我们可以叫现代社会。这个现代社会是从传统社会脱胎而来,它本身还带着传统社会的种种痕迹。而现代和传统的关系是一个非常值得探讨的问题。现代可以和传统全然分离吗?如果不分离,传统社会的那些形态对我们今天还有用吗?就文化来讲,传统社会的文化在今天还有意义吗?传统文化里面的那些存在、那些形态、那些有形无形的文化资源对今天不仅是有用的,而且是学者们喜欢研究的对象。那么我想追问:中国传统社会的这些文化、这些资源在今天到底有什么用?

我一开始讲到了史华慈教授,他讲文化是一个松散的结构,但是他还讲了另外一个理念,他主张跨文化沟通,不同的文化之间是可以沟通的,可以不那样对立。恰好中国文化就具有这样的特征。中国文化倾向于人与人之间的不同的部分可以通过讨论、对话达到相同或者求同存异,这是中国文化非常重要的学术观念。在公元前 8 世纪到公元前 5 世纪这个期间,各文化的源头都出现了第一批最了不起的思想家。他们把这个时段叫作世界文化历史的轴心时代。这个理论是德国的思想家雅斯贝尔斯提出来的。近年来中国学术界对这个概念也比较认同,因为大家开始关注中国文化的源头,它的来源以及它跟世界对话的形态的特殊性，觉得在老子、孔子以及到战国时期的孟子、庄子这个时期，恰好是中国文化、中国历史上第一批思想家出现的时期。

大家知道那个时期是在秦朝建立之前，是春秋战国时期，这是中国历史上一个百家争鸣的时代。大家现在讲儒家思想，儒家思想在当时诸子百家时期只不过是百家当中的一家。它的地位并不特别高，孔子的生活也不平静，他一生并不得志，他所推行的理论系统在当时各个国君面前并没有得到认同。他有一个看法，他觉得春秋时期退化成那么多的小国，它是由西周到东周，在东周后期分裂成这么多的小国，天下大乱，他觉得中国不应该是这样的一个局势，应该建立一个更完美的、文化得到保留的局面。他比较向往周，他说："郁郁乎文哉，吾从周。"这是倒退吗？不是，晚古的一个文化理想是他改变今天的一个理论资源。所以早在《易经》里面，在《易经·系辞》里面就提出这样的观点："天下同归而殊途，一致而百虑。""天下"当中有各种各样的人，在各种各样的人当中存在着很多差异。但是这些差异你仔细追寻，它是指方式、方法、途径、道德的差异，而不是人性的根本差异。人类最后还是要走到一起，这些差异不影响他们最后走到一起，可以取得一致，暂时无法取得一致也可以保留自己的意见。中国文化的思想，它不把人与人之间的差异看得那么绝对。孔子有一句有名的话叫"君子和而不同"，这话多厉害。所以我讲"和而不同"是中国文化的大智慧。如果现在全世界的人都能理解孔子的这个思想"和而不同"，可以减少许多麻烦。"和而不同"，你要知道它的前提在于不同，承认不同的存在。因为你可以想象，如果这个世界每个人相同，说话相同，穿的衣服相同，走路的方法相同，这个世界就窒息了。正因为这些不同、千差万别，才显出这个世界的丰富性，但是这些不同不影响他们遵循的目标的相同性。

我刚才讲到春秋战国时期，那是百家争鸣的时期，但是秦朝建国以后，它统一六国，不愿意多种思想存在来使得它的统治不稳固，所以秦始皇有一个焚书的行为。首先，儒家的书不要了，但是《易经》没有烧掉。音乐方面的书他没有烧掉，跟园田植树有关的书他没有烧掉。秦之后就是汉朝建立了，到汉武帝时期，大概是建元五年，他接受了一位儒者董仲舒的建议，"罢黜百家，独尊儒术"。所以在汉代的中期，儒家思想占据着社会的主流位置。儒家思想，从汉代中期以后一直到清朝，是在中国的传统文化当中占统治地位的思想。所以你要讲文化史呢，这里还要有一个区分。文化有大传统和小传统。占主流地位的这个思想是文化的大传统，比如说中国的儒家思想，它是文化的大传统的代表。那么小传统是指什么呢？小传统是指民间文化、民间信仰、民间艺术。如果说儒家思想在汉代中期以后成为社会的主流思想，是大传统的话，那么，道家思想、佛教思想在中国历史上存在的形式常常体现在民间，它是文化的小传统。你看，汉朝儒家占主导地位，而佛教和道教都在这个时候出现了，而佛教的传入并没有受到儒家思想的大规模的排斥。不是说它们完全相同，它们的形态并不同，但是它们仔细了解到东方有圣人，西方也有圣人，他们认为释迦牟尼也是圣人。这个思想也很了不起。而道教是中国本土宗教，所以在东汉出现以后到南北朝时期，佛教思想大规模地发展，道教传播也很快，在南北朝时期，几乎是儒释道三家思想分庭抗礼的时期。在思想史上，汉代的学术思潮代表是经学，在魏晋南北朝时期是玄学。什么叫玄学？研究庄子的思想，研究老子的思想，它是很抽象的，研究什么是道。而《易经》在这个时候尤为人们所尊崇，易、老、庄成为中国的三玄，它是讲很抽象的东西。而到隋唐时期，有几个皇帝信奉佛教，像武则天是信奉佛教的，所以佛教的地位不低。唐朝的皇帝姓李，跟道教也有关系。所以在唐朝的时候各家思想的这种竞争还是很厉害的，恰好是在唐朝，儒释道三家思想合一的局面开始形成。

但是宋朝发生了一个大的变化，宋朝出现了一批大的思想家，有一个人叫张载，字横渠，张横渠有名的四句教，这个你们应该了解，叫"为天地立心，为生民立命，为往圣继绝学，为万世开太平"。这是中国古代知识分子一个非常了不起的理想，很高，做得到做不到呢？不一定，但是他的抱负在此。不过，他还有另外的四句教。它使我感到很震撼，他的另外的四句教是哲学四句教："有象斯有对，对必反其为，有反斯有仇，仇必和而解。"这是哲学四句教，它是对整个的宇宙世界发源的。因为在整个宇宙世界里面，到处充满了象，有动物的，有植物的，有生命体，都是不同的象，万象纷呈。由于这个象不同，它们是不同的，你要注意它，它就会出现，这个"对"本身就是不同，这个不同达到了扭解的程度，那就形成仇、仇人。"有象斯有对，对必反其为"是说这个不同的象它们运动的方向不同，比方说你往这边走，我往那边走，会有相反的情况，相反的情况出现而且会有对立，会形成扭解，扭解不开。所以"有反斯有仇"就是扭解在一起了，可是重要的是他最后一句话"仇必和而解"。

我们探讨他这四句话，非常有趣。他讲的这个"仇"，在古代的写法，左边一个"隹"，右边一个"隹"，中间是言论的"言"，"隹"是一种短尾巴的鸟，这是两个短尾巴鸟在这里说话，它们是在讨论，显然又有争论。你看两个短尾巴鸟,中间一个言论的"言",我们正好可以解释它们是在吵架、讨论、争论、辩论,所以"有反斯有仇",它们在这辩论、讨论、争论、吵架,我们关注的是最后一句话,讨论、争论、辩论、吵架没动手,结果是"仇必和而解"。后来两个鸟高高兴兴地,或者是取得一致,或者是没取得一致,大家都可以谅解。或者是一起飞走了,飞向天空。或者是一起互相礼貌地分开,或者不分开一起又去一个地方。总而言之,它们是"仇必和而解"。这种发生扭解、吵架的结果并不是这只鸟把那只鸟吃掉而是和而解,你看,这是中国哲学。大家想想,如果用这种哲学的精神来看待今天的世界,不是可以减少很多麻烦吗?

不仅古代的圣哲,他们在讲人类同和不同的时候,他们觉得同是主要的,历史上一些大的学问家也都有这样的看法。大家一定知道钱锺书这个名字,钱锺书的学问在当代学者中很少有人超过他。如果你们学艺术的学生,他的《管锥编》还不能读的话,你们可一定要读他的《谈艺录》,这应该是艺术学院每个学生的必读书,应该要把它列为必读书。它在1948年刚刚出版的时候,在引言里面有一句话,"东海西海,心理攸同;南学北学,道术未裂。"你注意它的理论,东方跟西方尽管人种不同,语言也不相同,但是他们心理的结构和指向是相同的,心理攸同。而在他之前,有一个晚清的也是很有地位的学者,叫陈宝琛,给溥仪当过老师。陈宝琛也写过一副对联,他这副对联是:"文明新旧能相宜,心理东西本自同。"这是个旧学者,他都有这看法。"心理东西本自同",陈宝琛的这副对联挂在哈佛大学图书馆里面,所以,刚才安源教授在介绍我的情况的时候,特别提到我主张在这个世界,人的相同的地方是主要的。我就是有这个思想。人类本来不应该有那么多的冲突和纠结,主要是理念的昏昧产生那么多的问题。当然理念的昏昧反映出的是利益的差异,昏昧的原因是由于利令智昏。孔子呢,给出了另外一个思想——己所不欲,勿施于人,这个思想多么重要啊!自己不喜欢的东西,你就不要强加给别人,就是要将心比心,就是要换位思考。联合国教科文组织,他们把孔子的这个思想,看作是人类的道德金律。我讲的和而不同、己所不欲勿施于人,这都是孔子的思想,在公元前5世纪他提出来的,这个思想具有永恒的价值。

今天的人,今天的世界,如果能够接受这样的思想,能够使得自己的精神世界跟这个思想融而为一,我想这个世界可以减少许多麻烦。"和而不同"、"己所不欲,勿施于人",这个思想虽然是孔子讲的思想,但是我刚才讲的"天下同归而殊途,一致而百虑",这是《易经》里面的思想。孔子的很多思想都来源于"六经"。什么叫"六经"？"六经"就是在孔子之前出现的六种形成文本的著作，是孔子用来教弟子的文本经典，所以在当时叫"六艺"。那个"六艺"有两种六艺，一种是礼、乐、射、御、书、数，这"六艺"主要是实践方面的。另外还有文本方面的，就是"六经"：诗、书、礼、易、乐、春秋。孔子和孟子的思想主要来源于"六经"，我为什么突然说成一个"六经"，这个跟国学有关。

我们再回来讲什么是国学。国学这个概念是在什么时候出现的呢？国学这两个字在中国古代很早就有，在《周礼》里面就有。《周礼》里面就讲：国师，在国学教国子以小舞。那里面就有国学，而这个国学是指国立学校的意思。

那么我们现在探讨的国学的概念出现在什么时候呢？据我了解，大体上在1902年，国学这个概念就开始出现了。这个概念的出现是两个人在一次通信当中提起的，这两个人在晚清都是了不起的人物，一个是梁启超，晚清的了不起的改革派的大人物，还有一个人物叫黄遵宪，是大诗人。他们这两个人在一次通信当中，提到了国学这个概念。

而在1904年，梁启超在《中国现代学术变迁的大势》这篇文章第四节中谈到一个问题。他说现在有人很担心，说年轻人唾弃国学。因为西学冲击很大，年轻人唾弃国学，很担心国学将来会消亡。他这时候使用的国学的概念显然是我们现在所探讨的国学的概念。这和他在1902年跟黄遵宪通信里面讲的国学是一样的，而不是中国传统社会讲的那个国立学校的意思。

那么，什么是国学呢？大体上是中国的学问、中国的旧学问，这应该是国学。这个话说出来以后，国学这一概念出来了。但是当时没有一个人对国学这个概念加以讨论，就是概念需要分梳。就像我一开始讲的文化需要分梳，开始分梳国学这个概念是在1923年。北京大学1922年成立国学门，1923年它要出版一本刊物叫《国学季刊》，《国学季刊》需要有人写一个发刊词，请谁写的呢？请的是胡适。他对国学的概念做了分梳。因为他是美国的博士，对西学、哲学非常熟悉，他是哲学博士，所以他在讲国学的时候就要分梳概念。首先他提出什么是国学。胡适讲自从太炎先生写了一本书叫《国故论衡》，国故这个概念就成立了。你看，下面他又说，国学就是国故学的简称。国学是什么呢？胡先生认为国学就是国故学。但是有意思的是，他这个定义后来没被采用，没有人认为国学就是国故学。

什么是中国的固有学术呢？就是指先秦的诸子百家之学、两汉的经学、魏晋的玄学、隋唐的佛学、宋代的理学、明代的心学、清代的朴学或者叫考据学。那么现在我要问一句,国学的这些问题跟你们有没有关系?没有关系吧?这么深奥的学问跟你们有什么关系呢?不仅跟你们学艺术的没有关系,跟学文学的也没有关系,跟公务员也没关系,跟中国科学院的那些自然科学家也没有关系,跟任何一个技术人员都没有关系。那我要问了,这种所谓的国学既然跟所有的人都没关系,只有跟研究学术史的人有关系,那它对普通人的意义何在?

幸好在1938年,有一个人出现了。当然这个人不是出生在1938年,但是他在1938年对国学的概念作了重新的定义。这个人叫马一浮。马一浮是浙江上虞人,上虞属于绍兴府,所以通常讲马一浮是绍兴人。但是他出生地在四川,因为他的父亲在四川做县丞,这个官很小。当马一浮5岁的时候,他父亲就辞官不做了,又回到他的绍兴老家。马一浮是个天才,从小他的父亲给他请家庭教师,前后请过两个老师都时间很短就辞职不做了。他的父亲很惊慌,说是学生一定有不礼貌的地方对不起老师。结果老师讲实话,说这个孩子天分太高,我们教不了。其实马一浮也没上过小学,也没上过中学,也没上过大学,但是在他20岁左右的时候,几乎所有的人都知道他是中国最有学问的人。他的好朋友当中有一个人你们都知道,他叫李叔同,后来出家叫弘一法师。这个人就是马一浮的朋友,而李叔同的出家跟马一浮的影响有很大关系。马一浮不仅精通儒学,而且精通佛学。在我的眼里,20世纪的佛学学者当然很多,但是超过马一浮先生的我没有看见第二个。20世纪的儒学学者很多,但是你要举出一个人超过马一浮我也看不到。他在绍兴时期参加过一次绍兴府的考试,绍兴是何等地方?章太炎是浙江人,蔡元培是浙江人,鲁迅是浙江人,马一浮也是浙江人。浙江的人物太多了,但在绍兴的考试当中马一浮考第一,鲁迅和周作人兄弟一个考第九,一个考第十一。所以这次府试之后,当时绍兴一个了不起的人物叫汤寿潜,他一下子看中了马一浮,觉得这个人才华太高了,就要把女儿嫁给他。三次到他的家里,第一次去,他的父亲非常惊慌,说我们是寒门不敢当,坚决不同意。第二次也是拒绝,第三次啊,中国的古礼,一般是事不过三。所以我有时候给学生讲,你们要是遇到有三次要把女儿嫁给你的人,你们一定不要回绝了。所以他的父亲只好答应了,答应以后,他的父亲生病了。按照乡俗,如果结婚的话可以冲冲喜,可能对父亲的病有好处,所以本来不应该结婚,他们就还是结婚了。可是结婚不久,他的父亲去世了。而结婚不久,这位新妻子也去世了。他的妻子去世以后,马先生终生未娶。他一生只读书,住在杭州的很贫困的巷子里面,也不写文章,也不到大学去任教。1912年,蔡元培推荐马一浮做教育部的秘书长。马先生去了，但是没有多长时间他就回来了。他跟蔡先生有一个分歧，蔡先生是新派，反对读经。这个经主要是我讲的六艺经典，六经，蔡先生反对读六经。而马先生是主张读经的。虽然有分歧，不一起做了，但是不伤友谊。所以当1917年蔡元培出任北京大学校长的时候，他还是请马一浮，想请他担任北京大学的文科学长。马先生这次没接受，给他拍了个电报，八个字：礼有来学，未闻往教。说按照古礼的话，应该到我这来学，我没听说还到你那去教。他是等于幽默了一下，用古典的文辞拒绝了蔡先生。

但是他们关系一直很好，马先生虽然大学请他，他不去。但是后来发生一件事。1936年，一个大气物理学家叫竺可桢，他是哈佛大学的博士，中央研究院的院士，是中国早期很有名的大气物理学家。他出任浙江大学校长，他刚到任的时候，就听说此地有一个马一浮学问好，立刻带人去拜访他，就请马先生到浙江大学担任讲习。可不成想马先生拒绝了。没过多久，竺可桢先生又带人第二次前往拜请，怎么样？拒绝了。又没过多久，第三次拜请。怎么样？同意了吗？有点意向，但是没谈妥，所以也没有去。但是第二年，"七七事变"，日本人打来了。日本人打来，先是上海，很快就打到浙江，浙江大学在杭州不能安生了，所以浙江大学就撤退，撤退到江西的泰和。学校西迁了，马先生也不能安生。他也不能在杭州安居，也得逃难，而他没有妻子，也没有子女，跟着他一起逃难的是几个学生和他的一百箱书。在逃难的过程当中感到很多困扰还有艰难，这个时候，马先生想跟浙江大学一起逃难也许会好一点。所以他就给竺可桢校长写了一封信，讲到这个战乱的环境，国将不国，非常痛心。他说如果要是避难的话只有江西。可是江西我没有认识人，如果竺先生能够代谋传计帮我找一个住的地方，非常感谢。他这封信写得非常典雅，用文言文。竺先生何等人也，一看就知道他想来。立刻就派人把他接来，接来以后高兴得不得了。你看他自己来了，不用细想肯定是叫他来开讲座。马先生不好拒绝。

第一次讲座是在1938年的5月10日，马先生的第一次讲座名称就叫"国学讲座"。而在"国学讲座"的第一课，他就讲什么是国学。马先生说现在人们都把中国固有学术叫国学，他说这个定义太宽泛也太笼统。但你是指中国的什么学术呢？你是指儒家、道家还是佛家？你是指中国哪一个时期的学术呢？这里有点像我开始分析文化这个概念。他说这概念太笼统，他说在我看来，如果举出一个名字来楷定国学之名，国学应该是六艺之学，具体地说国学应该是六经。马先生认为六经是中国文化最高的经典，最高的思想形态。如果用这个做国学的话,全国人民都可以从六经当中,从国学当中得到启发和好处。他这个定义我非常同意,但是非常可惜,在他1938年讲了之后,一直到1986年,多少年?多少年的时间没有人再提他的这个定义。到1986年的时候,有一个人写了一篇文章叫《论国学》,重新提马一浮的定义。这个人是谁呀?本人。我写的一篇文章叫《论国学》。我就特别提倡马先生这个定义,国学就是六艺之学,就是六经。如果国学是经学的话,跟所有的人都有好处,都很直接。为什么?因为中国文化的价值伦理都在六经里面。刚才我讲的和而不同在《易经》里面,孔子的很多思想都在六经里面。比如说,像诚信,这个概念多么重要啊。人而无信,不知其可也。《易经》里面讲"修辞立其诚"、"忠信,所以进德也"。讲"己所不欲,勿施于人",讲"恕",讲"和而不同",讲"知耻"。"知耻"出在哪里,出在《中庸》里面。而《中庸》是《礼记》里面的一篇,《礼记》里面有两篇文章,一个是《中庸》,一个是《大学》。到宋代的时候,朱熹把这两篇拿出来,《中庸》《大学》跟《论语》《孟子》合在一起,它叫"四书"。我们还原,我们可以讲《中庸》《大学》就是《礼记》里面的,就是六经里面的文章。而《中庸》里面讲得非常明确,"好学近乎知,力行近乎仁,知耻近乎勇",它说知道这三者你就知道什么叫修身了。所以我给学生讲课,我说修身应该从"知耻"开始。"耻"这种观念呢,是人的很内在的一种心理感受。如果一个人不知耻的话,这个人就很难称其为人。所以孟子就讲,如果没有羞恶之心就是非人,不是人。一个人只要有耻感就可救,如果一个人连耻感都没有,不可救。修身就要知耻。而后来这个概念的延续,把耻跟廉连在一起叫廉耻。"礼义廉耻,国之四维",这是《管子》里的一篇提出来的。而顾炎武还讲,"廉耻是立身之本","士大夫之无耻视为国耻"。士大夫是指有文化的做官的人。说明这个"耻"这个概念是六经的基本价值伦理,"诚信"的概念是六经的基本价值伦理,"和而不同"的概念是六经的基本伦理。"忠恕"的概念,"知耻"的概念,"仁爱"的概念,都是六经的基本价值伦理。大家想想这些跟大家有关系没关系?

所以要讲国学,讲中国传统文化,首先要追溯到六经的基本价值伦理,跟所有的人都有关系。我们今天的价值重构,当代的文化价值重构,传统价值理念的这些基本的资源可以直接变成我们的精神力量。现在我很高兴,国家的最高领导人在谈到当代价值建构的时候,他说传统资源是来源,是源泉。大家知道他的具体讲话,我不一一叙述。所以只有把国学当作六艺之学,当作经学,才跟所有人都有关系。这些价值理念既是永恒的价值理念,也是具有普适意义的价值理念。我们得承认有普适价值的理念,西方有但是中国文化里也有,我们可以跟西方的价值理念对话。可是按照古代的说法,你要了解经学的话,你需要懂得小学。小学指什么呢?包括文字学、训诂学、音韵学。文字学指你得认字。音韵学,你得念出这个字的声音来。因为古代的这个字的念法,在秦汉、在唐宋、在晚清不同,音韵学要了解这个问题。还有训诂学,你不仅要认识这个字,你还要懂得它的意思。所以,文字学、训诂学、音韵学是小学的三个内容。所以要讲国学的话,应该包括经学和小学。我前不久在人大国学院和文学院,他们请我做一次演讲。因为他们的国学院成立最早,早在十年前他们就建立了。但是一直有一个困扰,这国学院跟文学院、历史学院、哲学院有什么区别呢?始终区别不开。我说你要是按照马一浮先生的这个定义,国学院它的研究应该分为三部:经学部、小学部、国学教育部。国学要普及到教育当中来,怎么普及?要研究国学怎么进入小学、中学、大学。我最早提出来是国学应该进入小学,而进入小学不是直接读六经,应该从《论语》《孟子》开始。这个概念在宋代二程、朱熹就讲过。说你要进入六经的话,应该从《论语》进入。他们就是这么讲的,我只是重复他们的话。而这些概念都在中国文化的最高经典"六经"里面,而其最简洁的文本就是《论语》和《孟子》。

所以如果用这个"国学"概念,它是属于大家的,而且是我们直接跟中国文化的最高经典建立一种连接。国学对今天当然有意义了,这个意义不仅重大而且直接。实际上这个基本价值伦理就是中国人的基本价值伦理,它不应该变。社会在变迁,这个价值伦理不应该变迁。你能够没有诚信吗?你能够不知耻吗?你能够没有礼义廉耻吗?己所不欲勿施于人这是多么重要的理念啊!我称它为中国文化的仪量之美,承认他人的价值,承认他人的存在。所以我觉得国学应该这样立名。这样的国学对大家都有意义,你们也离不开。无论你学的是什么艺术,不论是古代的、现代的,油画还是中国画,还是音乐、美术、电影,你内心的德范如果没建立起来,你的精神世界能够充盈吗?你的立足能够坚持吗?任何伟大的艺术家、科学家都是一个有德范的人,如果他的德范不能树立,他成不了大家。小智慧、小技巧只是一时的而不是永恒的。我讲的国学,中国文化的六经,这些基本价值伦理,它是永恒的。按照20世纪的大学问家马一浮、熊十力等人的说法,六经是中国人做人和立国的基本依据,不仅是做人而且是立国的基本依据。外交,国与国之间的关系能够靠骗吗?能够靠撒谎吗?能够不讲诚信吗?我不相信小的技巧是解决国与国关系的基本手段,而是那些大的理念,即和而不同。谢谢大家!

提问与回答

李安源：梦溪先生的演讲启人心智，下面把时间留给诸位和梦溪先生交流。

听众：老师是怎么看待"五四"运动对国学的影响，对于传统文化的影响的？

刘梦溪：大家知道，"五四"时期一个潮流是反传统，一流大家概不能外。蔡元培先生不赞同读经，鲁迅先生大家都了解，当时这个早期的第一流思想家都这样。这个陈独秀啊，李大钊啊，胡适之啊，他们都是如此。而胡适之甚至讲过，我主张全盘西化。后来人家批评他。他说："中国呀，这个思想太保守了。我说成全盘西化呀一折中也还是个中学为体，西学为用。"非常有趣的是，大家知道胡适之先生长期留在美国的经历，他是美国的博士，后来又是国民政府时期驻美国的大使，他在美国时间很长。在他的全部著作中，用英文写的著作占有很大部分。我的一个朋友，他是普林斯顿大学的教授，他从台湾到美国去的，普林斯顿大学称他为研究胡适之的专家。安徽教育出版社出的《胡适全集》，英文著作部分是他整理的。我请他到我的所里做过一次演讲，题目叫"胡适，英文笔下的中国文化"。他得出一个结论，胡适用中文写的著作在国内发表的时候对传统文化的批评不遗余力，可是在他英文笔下写中国文化全都是赞美。大家能够理解吗，这个是中国知识分子之心啊。但是你不要误会，他用中文写的著作里面也不是完全否认中国文化，他本人就是研究中国文化的专家。他写过《中国哲学史大纲》，那是中国最早的中国哲学史，可惜他只写了上册。大家还知道他是《红楼梦》的考证专家，是《水浒传》的考证专家，是禅宗的研究专家。所以，胡先生既通西学，不过，他的根底还在中学。而他的个人道德而言，无论从旧道德、新道德他都是站得住的。所以我们也不责怪胡先生，觉得他还是好。"五四"时期，反传统的潮流跟西方思想的大规模进入有关系。因为晚清的中国，处于弱势，属于积贫积弱，所以当西潮大规模涌来时，中国的应对失衡。这个应对很有意思。西方的思想到中国来，不只从晚清开始。汉朝就开始了，东汉的时期佛教传来了，这是外边的思想。佛教的传来，静悄悄地传入，一点声都没有，儒家思想对它采取包容的态度。为什么？当时中国很强大。而到明朝的时候，另外一种思想传来了，天主教入华。天主教入华的时候，中国在明代的时候没经过衰败时期，所以天主教入华中国照样地可以接纳，以朋友相待。而那些早期的传教士，从利玛窦开始，他们也被称作中国的儒士，他们也尊重中国文化。所以没有产生激烈的文化冲突。所以我这个研究文化史的知道一个结论，当这个国家强大的时候，处于强势的时候，不论多少外在的思想进来，都不会发生文化失衡，都会很舒服地进入。大家高高兴兴，你来了，我欢迎你。你的东西我也不一定同意，但是没关系呀，你影响我什么呢。但是当这个衰败到无以自立的时候，人家大规模地进入以后，手忙脚乱，进退失据，晚清就是这个时期。西方进入中国时带着它的科学技术，你不是它的对手，使你忽然对它崇拜。中国太落后了，你会觉得它什么都不行。那就追问，中国为什么这样落后、这么不行？儒家思想就成了唯一被反思而否定的对象，说就是这个儒家害人，什么仁义礼智信哪，对人束缚那么多。在这个反思过程当中，"五四"时期第一流的人物，你要知道，他们在反思当中你不要轻看他们。你的问题提得好。一个在当时的历史条件下，他们对传统采取否定批评的态度，是有历史的合理性的。你看我分析的背景。另一方面，事情经久而论定。这个尘埃已经论定了，我们重新再回观"五四"时期对传统的态度，你不觉得他们有点太过了吗？我觉得我就这么看。谢谢你！

听众：刘老师，您好！我想请问一下，民国时期的陈映潢先生，他是一个人类学家，他在讨论人类起源跟人类社会形成的时候，认为有一个必要条件是必须要有宗教的信仰。那么在我们三皇五帝，或者说更早以前的话，那中国社会是已经有宗教的萌芽了。那么如果按照您刚才讲的话，那就是国学是六艺之学的话，那我《易经》没读，但是我看《春秋》里面也没有对中国传统神话的一个比较大致的概括，《御览》里面提到了。那么我想提问的是我们中国的传统神话是否可以列入到国学当中？中国的传统神话跟国学有关系吗？谢谢！

刘梦溪：这提的是另外一个问题，我刚才讲的是六经、六艺。那么中国神话应该处于一个什么位置？另外这个里面涉及一个信仰的问题。在中国的正史之前，假如说三皇五帝再之前的话，因为在史学界觉得中国的正史的话应该从商周开始。在三皇时期，五帝时期，尧舜禹时期，他们觉得那是中国的传说时代。而在传说时代常常和神话结合在一起，所以当时的那些人物有很多神力。比如后羿射日，共工怒触不周山，等等。早期的历史人物，传说中的人物，都是跟这个神力结合在一起的。这个不奇怪，在人类的早期，把他自己解决不了的问题寄托在神的身上。神是什么，不清楚。其实在中国古代，什么都是神，草木皆神，山也是神，河也是神。其实这个传统是由民间承继的，而民间信仰当中，田野当中，草木当中，山神当中，都是他的信仰对象。还有一个就是进行祭祀，民间到现在还这样，这是一个传统，没有断。但是作为这个文化的主流的世界，这个传统没有丢。因为从最早的思想家孔子开始，对这个超自然的力量他不想多做追寻。你记得他有句话：祭神如神在。那么不祭神，神在不在？假如有一个人信仰天主教或者基督教，你问他上帝在哪里？他说上帝在我心里。你问他上帝存在吗？他会非常不高兴的，认为你提出一个太没礼貌的问题。这还要问吗，当然在。这是信仰。所以在祭祀的时候，你要相信神是存在的，要有一个诚敬的心来祭祀，朱熹甚至讲你要怀着一颗诚敬的心祭祖，祖宗虽然离你很远，祖宗甚至会感受到你在祭祀他们，这个概念叫感格。所以你讲的神话系统是中国另外一个系统，那个系统在民间还保留着。但是这个中国的神话研究真的远远不够，研究神话最有成就的人叫袁珂，四川的一个教授，他在很早就已经故去了。我年轻的时候读过他的《中国古代神话》和《中国神话传说》，但是我寻找信仰是从六经里面找，我找到的信仰是敬。敬是一种自信、庄严，是谁也夺不去的庄严。孔子："三军可以夺帅，匹夫不可夺志也。"军队的领袖可以被杀掉、斩首，但是匹夫，一个普通的男子他的志你是夺不去的。这个志是什么？就是敬，就是信仰。谁也夺不去的，也就是一个人的人格的尊严。这就是信仰。谢谢！

刘梦溪 1941年生，山东黄县人。中国艺术研究院终身研究员、中国文化研究所所长，中央文史研究馆馆员。研究领域为文化史、学术史和近现代学术思想。主要著作有《中国现代学术经典》《陈宝箴和湖南新政》《红楼梦与百年中国》《论国学》《中国文化的狂者精神》《陈寅恪的学说》《马一浮与国学》等。

古琴述作及其相关问题

主讲人：吴文光

时间：2015年11月26日
地点：南京艺术学院图书馆报告厅
讲座主持：南京艺术学院人文学院　李安源

各位老师、同学们，我是中国音乐学院的退休教师，长期从事古琴的教学、研究和演奏。现在年龄越来越大，在演奏方面可能力不从心了，但是我在研究方面的一些心得想利用这个机会跟大家介绍一下，不过，在短短一小时内要介绍古琴这样一种深邃宏博的文化对我也是一种挑战。关于古琴的形制、代表性乐曲、文献及相关文化，我想在座很多人是专家或者相关专业的学生，所以这方面我就不多说什么了。总体来说，古琴是横弹、七根弦，在西乐属齐特琴一类（zither type）的乐器。

关于琴，古代很早就有记载，诸如《诗经》等先秦文学典籍里都有。根据考古发现，西汉以后，琴逐步有了琴徽等重要特征，基本得以定型。经过隋唐宋元明清，形成了今天的体制及格局。其音乐文化，与哲学审美、音乐本体、工艺制作（等方面）相联系，形成了丰富的理论体系。这些方面的内容今天也姑且从略。

这里要介绍的是古琴的一种独特的传承方式，它是琴曲生命的一种动力，我称之为"述作"。以前没有这么一个固定术语，我觉得这个称谓比较适合古琴传承的特征，我们甚至可以从这里切入关于今后琴乐的一些前瞻性思考。孔子说"述而不作"，实际上应该是有述也有作，述即是作。为什么提到"述作"呢？因为这在古琴领域里应该是跟创作有所区别的概念。当然创作很重要，也是古琴领域琴曲生命力的主要体现。据目前调查，古琴音乐遗产大概有3000首琴曲，里面有600多首不同名的琴曲，这和创作关系比较大,但是剩下的两千多首,基本上就属于述作范畴,跟述作关系比较大了。因为同名的曲子是在历史上形成的不同版本,既同源又有变化。按这么统计下来的话,述作数量相当可观,的确是一种值得重视的类型。当然,历代琴家也从来没有忽视过述作类型,不同流派、各种琴谱(的形成)都跟述作有关。下面就想就这个题目跟大家来探讨,并且通过一些实际演奏来看看述作的可能性和现状。

述作,是古琴特有的一种音乐诠释方式。跟其他形式不同,古琴独特的记谱形式是"指位谱"(又叫"减字谱"),指示左右手的弹法、动作及位置。古琴有徽,手指按在几徽几分,怎么弹,都详细地记录在传统的减字谱中。减字谱中关于节奏的记录就没那么详细了,谱式结构中的这个层面基本上采取开放形式,不像西方音乐记谱那么具体、准确,音乐家可以根据琴谱自己处理节奏,节奏的不同就会形成不同的版本。这是古琴述作的一个根本的基础。这种述作和阐释跟其他民族文化的阐释方式是有所不同的。当然,各种音乐或者其他艺术语言都有阐释性,我认为西方音乐是一种对于原创的表演性阐释,比如说西方演奏家对乐谱不能做太多改动,但在乐谱音乐表现上的诠释还是五彩缤纷的,这是西方古典音乐的特点。再如也有比较注重即兴演奏的其他民族,在基本曲调和节奏规范下,音乐家来进行即兴演奏演唱。然而,古琴演奏跟这两者多少还是有区别,节奏非常开放,没有严格限定——这里必须一拍、那里必须两拍。其间在曲调行腔上虽有一定的自由,但也不是可以任意发挥,琴谱会有所指示,奏者须根据指示来展示曲调,进行音乐表达。我归纳一下:琴曲的传承之所以形成"本文"与"文本"的相互转换,是由于减字谱的记谱特点造成的。比如说,古人作谱和弹奏后,在记谱时节奏方面保持了开放,古代没有录音录像,伴随着时间推移,这个减字谱在时值上变成了一种不可回溯的"曾在",即所谓本文。这个本文,通过弹奏又形成了新的文本,但由于在记谱上仍采取一种节奏时值开放的减字谱,所以它又回归到次一代的本文,如此循环往复,本文、文本代代相传,就形成了一种传承模式,我们来看:

打谱的阐释学范式图解

原始的本文——文本(打谱文本)
　　　　　‖
　　　本文(子代减字谱)——文本(子代打谱文本)
　　　　　　　　　　　　‖
　　　　　　　　本文(子代减字谱)——文本(子代打谱文本)
　　　　　　　　　　　　　　　　　‖
　　　　　　　　　　　　　本文(子代减字谱)……

文本、本文相互交替、生成转换，就是所谓的"打谱"的过程。关于"打谱"一词的来源有很多说法，有的说是从围棋中的"打谱"一词借用而来，也有的说有其他方面的渊源，没有考证出一个明确出处。"打谱"一般认为就是"对谱打按"，"打"就是右手名指往里弹入，因为古琴的每个指头指法都有一定名称，"按"是左手按在弦上，所以对谱打按就称为打谱了。这个过程历代都有，许多古人为打谱做出了很多贡献，现代人则更多，通过打谱一方面发掘古代音乐，另一方面形成自己演奏风格。这方面我想多说一点。打谱应该怎么打？有的人没学多久，自己就开始打谱了，这是一种情况。还有一种多学一点，学的时间长了，觉得现在有些曲子不能满足自己的音乐表现或者音乐创造，才开始打谱。像我属于后一种情况。我从小跟父亲学习，他怎么教我就怎么弹，后来进了音乐学院学习，也是按部就班。后来改到音乐史专业，才慢慢开始发掘古代琴谱。我导师说你还是打谱吧！这才开始。面对很少有人弹的古谱，去深入思考对比研究。虽说起步比较晚，时间长了也积累了不少曲目。我弹琴六十年，在父亲的打谱基础上又积累了不少，几十首吧，曲库变大了。这是我的一种情况。经验大体有三个方面，打谱首先要了解古曲背景、文化、解题，你要根据你的需要、你的情况选择一个版本，有些名曲有几十个版本，打谱者总要有所选择。

（播放投影）

对！刚才这是一个古琴谱，大家看，写的都是指法和指位，手怎么运动，不能明确标示节奏或其他细节，都是些古琴指法，通过把汉字简化以后组合的，叫"减字谱"，譬如"名指九徽挑六弦"，九是古琴上的九徽，即左手名指按在六弦九徽上，右手挑六弦，挑是右手食指往外弹出，这个指法就是这样。"注"是下滑音，滑下去，"猱"有一些装饰性的腔韵，还有带、还有起，所以就是（哼唱），总而言之并没有规定节奏。这些音应该形成什么样的节奏，就需要你在打谱过程中把它们连起来，组成乐句、乐段，并进行整曲安排，形成结构。

中国古琴记谱的特点决定了琴乐传承是一种打谱性的阐释，刚才也说过了，它与西方音乐不一样，西方音乐比较固定，乐谱什么样就是什么样，古琴琴谱在节奏方面的构建相对灵活。当然跟印度音乐的即兴也不一样，他们有调式、节奏的很多规范，很深奥。不过古琴也挺深奥，具体的过程就是怎么运用你的艺术构思把乐曲弹好，这里面文章还是很多的，看自己体会吧！大体有几个方面，一个是选本，选清朝、明朝的或者更古老的版本。譬如你读研究生，你的导师让你发掘古曲《潇湘水云》，那你可以选《神奇秘谱》中的《潇湘水云》，理由是：因为它是现存最早的版本，原本找不着了，想了解南宋郭楚望弹的《潇湘水云》是什么样的，可以选离郭氏时代最近的神本（《神奇秘谱》本）。

当然你也可以选清代的《五知斋琴谱》，因为觉得通过初步摸弹，这个版本更便于把你对这首乐曲的理解表现出来。打个比方，就拿《潇湘水云》的内容来说，琴谱中的解题有所不同，大体有两种，一是每当楚望先生欲望九嶷（九嶷为山名），却为潇湘之云所蔽，而寓惓惓之意也。二是云山霭霴、杳雾空朦的一幅潇湘图景。对此打谱者或演奏者，就要做出决断，是抒发南宋士大夫的爱国情怀，如陆游、辛弃疾那般的激情，还是描述扁舟五湖、放浪于江湖的隐逸生活？如果选择既定，我认为需要立意。我父亲在1937年抗日战争中打谱，认为应该抒发爱国情怀，所以偏重于北望九嶷、收拾河山的视角；如果侧重于云水瀴霴、徜徉五湖，弹的就不一样了。至于怎样把主体立意表达出来，我觉得定节后在演奏时还是要移情，要投入。如自己的情感和乐曲内涵能相互观照，打谱就容易成功，言之有物。虽然音乐比较抽象，但可以建立相应艺术基调来体现音乐境象，与主体的情绪有机结合，打谱的效果肯定会好一些。我来放一放由我演奏的《潇湘水云》。

（播放演奏视频）

先播放到这里。音乐跟美术不一样，美术可以一边放一边讲，音乐等的时间比较长，不能随看随讲，这是视觉艺术跟听觉艺术的区别吧！前头有两段，仔细听会有些说法，当然这是我的意见，音乐不能那么具体化。开始的时候朦朦胧胧，音色有些暗，好似一幅江上雾境，整段也不完全是一种写景，也有主体情感的投射，还是有一种主体的情绪跟写景结合在一起的感觉。我认为音乐最好还是有些讲法，你就这么平平地弹下去，当然也行，但总觉得缺少点什么，没有深入，觉得不那么动人。有的音乐理论家主张音乐只是一种形式，怎么听怎么是。我个人认为还是有点说辞比较好。下面听到的是入板，节奏比较明显了，用按滑音来表达江畔行吟，犹如歌唱。左手吟猱的一阴一阳或者是滑音的一硬一软，好像郭楚望先生步履蹒跚，漫步在江边的不平小路上，确有特点。这就是"江畔行吟"的境象基调。

下面有些变化，水云声，速度变快了。这样的一种心潮澎湃，演奏者的心态跟音乐形象结合得很紧密，滚拂和大幅度的滑音，渐强渐弱，再移高八度，在整个音乐里面激情犹如水云澎湃。这就是"心潮逐浪"的境象基调。

在结束的时候会入慢，所谓"大曲三入慢"，让音乐渐渐缓慢下来，气息渐渐缓冲下来。《潇湘水云》的吴氏版本也是如此，有些变音，所谓"湘江转舵"。有一点悲怆苍凉，犹如苏东坡"江海寄余生"的诗境。此曲在琴曲中很有代表性，查阜西先生把它称为伟大的作品。

我基本上算是表情派吧！现在琴风中有两种流派，一种表情、一种养性，当然表情里也有养性，应该说表情过程中也会获得某种程度的养性，二者或多或少应该是有结合的。一个外国电视台记者采访一个老琴人，问其弹琴有什么感受，他说弹完以后很舒服，浑身出汗，口舌生津，得到了一些养生经历。后来那位记者说，其实什么乐器弹完也都冒汗、生津，可见其他音乐也有这种功能。这种有关音乐功能的讨论的确有意思！从清末以来古琴的养性功能，我个人观点是，觉得强调得有些多，养性论过重，会使琴乐生气不足。鉴此，民国以后一些琴家提倡古琴回归艺术，琴不光是一种道器——有道之器，还是一种乐器。但是，当时做得还很不够。这种回归理念在50年代得到了更好的重视和实施。很多艺术院校成立了古琴专业，大部分是注重琴乐艺术性的开发，这个方向直到今天在专业艺术领域里还是得到充分承认和肯定的。我认为这是一个正确的现象，因为如果琴乐完全停留在古代养性层面上，终究是个问题！我有一种迫切的心情，我练了60多年的古琴，我还是希望（古琴）能够在今天的文化界、艺术界和音乐界起到更大的作用，建立它应有的艺术地位。

我不知道为何古琴能成为我们古代的代表性文化符号。从古琴的方方面面来看，诸如音量小、弹不快等情况，使其有着一种与现代通行乐器在技术上的非兼容性（电脑领域有非兼容性这个术语，这词儿有时用在古琴作为乐器的某些性能方面挺适合）。通行乐器从音阶、和声、速度等方方面面来说，与现代审美是有契合的。古琴演奏有些虽然也挺快，但是和今天意义上的"快"还是有区别的，和声也不易演奏，基本上属于单声乐器（monophony）。这些非兼容性对于专业音乐创作和演奏现代作品来说确有一种困扰，从音乐上想让它与世界接轨，还是有不少问题值得研究。

于是我便在思考中想到了述作这一途径。以前的老先生们（就是我的前辈们），他们也说过用别的乐器来就合古琴琴曲会容易些，而用古琴去直接参与乐队或与其他乐器搭配来进行非传统琴曲对话就相对困难得多了。是否可以用一些通行乐器来阐释传统琴曲，在古琴音乐的现代多元实践中开拓它的外化能力，这是提升琴乐述作性阐释水平的关键。我认为琴乐阐释是应该分阶段的，用琴器打谱只是一个基础阶段。琴器打谱当然还是需要的，因为传承古乐仍然是一个主要方面，古琴曲库有三千首，相当丰富，应该尽量再现全貌。而第二阶段则是要运用现代技法和手段来再诠释已由第一阶段完成了的精准的带个性的打谱文本。在这个阶段中,音乐形式应该多样,而不是局限于古琴这一个乐器,这是我最近十多年来的想法。当时想,把"器"跟"曲"略为分开,可能琴乐诠释的状态会有所改变。当然光想也没用,说服不了别人,所以自个从事编曲,主要采取的是完形的方式,原来古琴弹的那个调完全保留,增添了一些东西,有些填鸭式,但听起来调还是那个调,曲还是那个曲,然而内部构造复杂了。可以称之为化成式阐释吧。我迄今作了几十首这样的曲子,时间关系不能每一首都放,有时候想放一段弹的再放一下我编的,让大家有个对照,但今天时间不允许。我释编的管弦乐和钢琴的《潇湘水云》,在我释编的曲目里面算是成功曲之一,通过分享,希望大家能有个印象,改变一下知识结构,这对大家可能不无裨益。

(播放音频片段)

大体如此,保留了基本曲调,采取了一些完形的方式,可以说听起来还是吴氏《潇湘水云》。这与主题改编或元素论的方式还是不一样,所谓主题改编或元素论是从琴曲里边摘取出一些元素或音调来创作,而这种述作式的释编则是原曲多长释编后还是多长,而且是考虑到尽量保存原来的基本音乐境象。虽然从微观来说在古琴的滑音和吟猱上有些损失,我也采用了一些方法来弥补,如用点衔接来拟似线,用复声及音型来加强境象等,可谓有得有失!总之,方法多样,进行种种试编吧!也许整个古琴音乐在大文化的视角下会拓展一些,这些方面利用这个机会跟南艺的老师同学领导交流汇报一下,希望听到大家的意见,有什么问题可以提出来。因为时间有限,也不可能一次讲座把古琴音乐文化讲清楚。今天先讲到这,大伙有什么问题请提问,我来跟大家互动一下!

提问与回答

李安源:吴老师对《潇湘水云》这首曲子作两种演绎,一种姑且说是中式演绎,一种是西式演绎,从这个个案也可以看出来吴老师对音乐的理解模式是一种开放式的。下面还有半个小时时间,欢迎同学们包括外来的古琴爱好者跟吴老师交流,现在开始!

听众:吴老师,您好!我是我们学校音乐学院的,最近在做古琴音乐美学的研究,想问您,在古琴打谱过程中您有没有感觉古琴美学理论是一方面,曲目对古琴美学又是一方面?曲目方面有没有对古琴美学的一种背离呢?比如说虞山派整体是清微淡远的风格,您有没有发现有些曲子变得繁复了,这是否背离其审美初衷呢?

吴文光:我的观点是,古琴的审美,有一种是比较养性的,比较清微淡远。也有表情的,具有代表性的有《离骚》《广陵散》《潇湘水云》这些大型的在古琴历史上占有地位的曲子。就拿《广陵散》来说,很难设想嵇康在临刑之前要养一下性,应该是慷慨激昂!《潇湘水云》有两种理解:水光云影的隐逸心态或是云水激荡的拳拳情怀。我觉得两种风格都成立吧!儒家偏向入世,道家虚无些,跟音乐审美不矛盾。弹得虚无缥缈或慷慨激昂,这个得看曲子,庄周梦蝶、列子御风皆有一种境象在曲中,不只是养性。不能没有音乐的表现,而怎么表现则根据曲情和音乐内涵而定。清微淡远仍然只是一个方面,也适合一些曲子吧!如《良宵引》《平沙落雁》等,但不能排除琴乐审美的表情功能,这是我的观点。

听众:吴老师,您好!这个是一个友人托我问的,他是九嶷派的。您打过很多谱子,您在打《离骚》《白雪》时的阐释和管平湖先生的阐释有何不同,或者说有何更为独到的见解?我们知道管平湖先生晚境凄凉,他的境遇对打谱有何影响?

吴文光:管平湖先生晚境应该不凄凉吧!他在研究所有职业,晚境应该不错,可能中年有些生活上的坎坷遭遇,这是关于头一个问题。第二个,《离骚》,我还是这样,本着屈原的故事、事迹、身世,我想尽量挖掘《神奇秘谱》里《离骚》的音乐内涵,看有没有一种吻合,"帝高阳之苗裔兮,朕皇考曰伯庸……惟庚寅吾以降……",这是屈原的自述:高贵的出身、忠于楚国的信念,有一种天命,好像在平静当中有一种主宰。起始泛音段落过后,短琐犹似一种呼号——为什么苍天对我如此不公?为何怀王被上官大夫蛊惑,听信谗言,疏远于我。继而旋律变为抒情,表现一种忠诚,再而,两段被处理成"散发行吟"的泛音段落穿插于纠结和抒怀的交织曲调之中。仿佛在流放过程中一方面感到了一种无奈的失望,一方面又感到了一种千舟竞发的力量。我弹的录像不知道你看过没有,应该说是略显得豪放和表情一些。管平湖先生《离骚》打谱的过程我并不十分了解,必定有他的处理。他当时想到什么我不太清楚,不能妄评,我只能说些我的想法。

听众:吴先生,您好!非常感谢您给我们做这个讲座,刚才听您讲到古琴的继承和发展问题,我们听管平湖先生和吴景略先生的演奏是有一些差异的。想请教您,您认为对作品的改编和继承哪些是我们应该原原本本不动的、哪些是应该发展创新的?

吴文光:继承和创新有个时代性,像我父亲跟我,毕竟有一个代的差异,这里边也有不同。虽然我跟我父亲学,他是我唯一的古琴正式老师,从小时候一直到他去世,但是对于琴乐,每个人的想法不会完全相同,我就在我父亲基础上进一步个性化了!我父亲也教过很多学生,(按道理)儿子应该更接近父亲,因为耳濡目染的关系,这里包括方方面面,包括他的为人处世、学习与工作,但我在他基础上更个性化,也是时代不同的原因。我还是相对忠实于我父亲原谱的,但是也不一定,举例来说,当时的人不愿意听左手这种划指噪音,擦擦擦,这种噪音有时候多了,会产生音乐的负面效应。我当时的观点认为:如果能把产生噪音的滑音简化或隐化,做一些小的揉弦但意趣相同,应该也是被允许的。例如《潇湘水云》。因为时代审美变化的关系,现在很多人认为这种左手走指噪音代表着一种琴人的能够听到的气息。可见时代不同,说法也不同了。不过,我现在还是承袭了以前的那个简化的想法和做法。另外如吟猱,有时把感觉做出来就可以了,不必做得那么明显和死板,我父亲也认为可以有一些变化,细微的地方根据要求不同是可以改变的。同时代的人也有不同,比方我在音乐学院长大,受西方思想影响,同龄人中也还是有差异。我父亲是走古琴艺术化道路的他那个时代的代表性人物,他从业余的琴人调到音乐学院,环境要求他必须学五线谱、知道记录节奏并且编写教材,当然与之前的他不完全一样,完全纯粹的不变是不可能的。我也没做到,没有跟我父亲一模一样。

听众: 吴老师,您好!刚才您讲,西汉以后古琴才有了现在的面貌定型,我想问一下,西汉之前古琴是什么样子?当年俞伯牙是怎么弹的没有定型的古琴从而吸引了钟子期的呢?

吴文光: 我试着回答,看到随县擂鼓墩和长沙马王堆出土的古器以后,觉得弹琴人可能有一种挫败感,三千年以前弹的琴怎么成现在这样了。是不是这种情况,它是不是一种明器,古琴历史是不是缩短了?现在的两种主要观点:一是认为今琴的原型就是随县擂鼓墩和长沙马王堆出土的楚琴,一是认为今琴的前身不是楚琴,而是另外一种中原琴,中原琴之所以没有出土,是因为北方对木材保存不利,烂掉了。中原琴将来是有可能再出现的。我的观点是"琴"有一个最早的原型,后来有分叉了,有一支是所谓的楚琴,还有分成瑟和筝的,至于中原琴和楚琴哪一个是今琴的直接前身,还有待考古的发现。最近看到海昏侯墓考古工作的报道,记载着有琴出土,这些琴如果不一样的话,我也挺想看看。

俞伯牙弹的琴我认为可能是弹一些空弦,因为琴面不平,不可能有更多按音,一按前头后头碰上了,出不来乐音。或有可能是拍击,因为早期文献中弹琴又称"鼓琴"。有些拍击空弦也能出现美妙的音乐,打击乐也没什么音符,也能产生很好的音乐。但是究竟伯牙弹的什么样我也不知道。应该是伯牙,"俞"是明代冯梦龙小说里头加的,我就回答你这些。

听众:吴老师,您好!今天有越来越多人知道古琴,但很多人学琴可能连原谱都没看过,就是看一个简单的考级教材;全本也没有看过,只是看一个节选的东西,琴谱有很多版本,可能也没有研究过。对于这种肤浅表面性的学习和古琴多样性的缺失,您持一个什么样的看法?

吴文光:这个应该是种正常现象吧!每个人都有孩提时代,我开始学琴的时候也是勾剔抹挑,谁都有经过初级的阶段吧!顺其自然吧,如果有条件就坚持。以前有这样的说法,即"坚持数年必有所获",循序渐进是对的,谁也不可能一蹴而就。以前我的职业也不是弹古琴,以前在乐团弹琵琶,虽然我出身于古琴世家,但是我的工作是别的,某种原因使我弹琴断断续续坚持到现在。如果条件许可和确是爱好,那就继续,不要马上就想成为一个什么家。的确,今天也存在上述的急躁现象,各种各样的原因吧!正常。随着时间的推移,各种现象自会回归到正常上来。普及工作也需要,对学琴的人来说,选对路还是很重要的,别养成一些技术上的毛病,浪费时间。总之,就跟其他艺术一样,别急躁,慢慢来,坚持数年必有所获。

听众:我的意思是古琴多样性会慢慢变得单一简单吗?

吴文光:我觉得老靠这样还是觉得不够,提高的速度跟水平,跟世界上的音乐接轨还是有一定距离,还是需要努力。今天水平还是不够,无论是哪方面,弹也好研究也好改编也好,新古典主义还没有形成。需不需要是一回事,努不努力又是一回事。

听众:吴老师,您好!我问两个问题,您觉得学好古琴除了掌握技巧以外还要加强哪些修养?关于其他能帮助我们学好古琴的方面,您有什么建议?您弹了这么多琴曲,自己最喜欢哪首或者哪三首,我很好奇。谢谢!

吴文光:每个人情况不一样,条件也不一样,应该提高哪方面也不同。基本修养应该是本行里面的,诸如基本音乐知识、欣赏能力等。其他的姊妹乐器像弹古筝琵琶、拉二胡、学钢琴,都是音乐领域内的。行外的,如书法绘画、文学诗歌,也应该了解乃至尽量去掌握。时间有限,在音乐院校里音乐方面的事够多,其他方面有所不逮也是可以理解的。几十年以来在艺术院校里面都存在这种问题,是一种存在。我的意见是个人看情况吧!你觉得书画修养挺好了,你就加强音乐方面吧,你觉得音乐方面挺好了,那就加强绘画诗歌其他方面。大学里面学音乐也有好处,比方说在南艺就有很多优势,能接触其他一些艺术门类。比如说你到其他有些学校，没有音乐系或者没有古琴系，产生很多矛盾，怎么解决？一时半会我也说不好，找地方学吧，如果非常爱好的话。古琴跟其他艺术门类也相通，书理、画理很多跟琴理也相通，尽管具体操作各有不同。像我偶尔也画点画、写点字、学习文学，这些都有帮助，虽然不一定是直接的。

听众：吴老师，您好！很多流派和琴家对吟猱的处理都不一样，您对吟猱是怎么处理的或者有什么看法？

吴文光：这也是个大问题，我觉得吟猱种类很多，从古代文献上看，指法记载和解释方面，隋唐有赵耶利的、陈康士的、陈拙的，宋元以降有赵维则的、则全和尚的等，对吟猱也没有一个固定的完全规范化的解释："吟是往上，猱是往下"，或者反之，几十种，繁复不堪。到了清末，杨宗稷规范的吟猱，每一拍的转数都有规定，由于太程式化，后来也没有人真正实行。我以为，学好吟猱首重师承。像我，父亲教我弹《平沙落雁》，往下就别往上，总有一定道理，活的传承要搞好，所谓"熟读唐诗三百首，不会吟诗也会吟"，是说弹多了自然就知道。大的节奏会了，根据你的表现的需要来决定，不能太程式化了。派别不同，吟猱的方向转数也就不同。要会唱，唱很重要，你觉得转三下很好，就可选转三下。我比较赞同在音乐的进行当中少用退猱。音乐有一种往前进的拟动状态，你做退猱会有一种反作用力，所以退猱一般在琴曲开始的时候、或者长音的时候、或者入慢的时候用，可以把速度降下来。不要在音乐进行中用得过于频繁，使速度变慢。这是我的经验。

吴文光　1946年生，江苏常熟人。中国音乐学院导师，国家级非物质文化遗产代表性传承人。长期致力于古琴谱的挖掘、整理，用打谱来重建中国古代音乐。主要著作有《中国音乐现象的美学探索》《吴景略的古琴音乐》《〈碣石调·幽兰〉研究》等。